KB153391

러시아 Russia

Санкт-Петербу́рг
상트페테르부르크

Каза́нь
카잔

Екатеринбу́рг
예카테린부르크

Москва́
모스크바

Ирку́
이르쿠

Со́чи
소치

수 도	모스크바
면 적	1,708만㎢ 한반도의 78배, 세계 1위
인 구	1억 4,700만 명
주요언어	러시아어
화폐단위	루블 Ruble

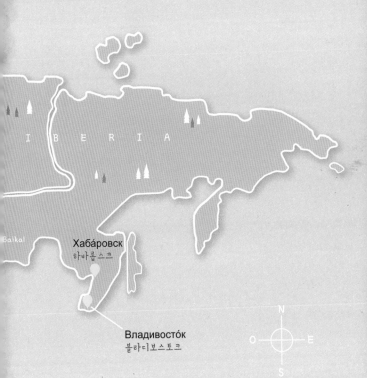

SIBERIA

Baikal

Хаба́ровск
하바롭스크

Влади́восто́к
블라디보스토크

N
O — E
S

초보자를 위한 컴팩트 러시아어 단어

초판 5쇄 발행 | 2024년 6월 25일

지은이 | 손은정
편 집 | 이말숙
디자인 | 이지숙, 윤누리
제 작 | 선경프린테크
펴낸곳 | Vitamin Book
펴낸이 | 박영진

등 록 | 제318-2004-00072호
주 소 | 07250 서울특별시 영등포구 영등포로 37길 18 리첸스타2차 206호
전 화 | 02) 2677-1064
팩 스 | 02) 2677-1026
이메일 | vitaminbooks@naver.com

© 2018 Vitamin Book
ISBN 978-89-92683-85-2 (13790)

초보자를 위한 컴팩트

러시아어 단어

손은정 지음

Vitamin Book
비타민북 Book

머리말

얼핏 보면 까다롭다. 다가서면 친해진다. 러시아어가 그렇다. 러시아어 배우기를 시작하고 처음 얼마간은 오를 엄두가 안 나는 거대한 암벽이 가로막고 있는 듯 막막하고 아득하다. 종잡을 수 없이 날뛰는 단어들 사이를 헤매며 과연 내 것으로 길들일 수 있을지 의심스럽다. 러시아어는 그만큼 어렵고 복잡한 언어이다. 하지만 그런 언어가 오랜 시간을 거쳐 살아남았다면 그럴 만한 이유인 나름의 질서가 있을 것이다.

러시아어 문장을 들여다보고 있으면 단어들이 너무도 명확하게 제 뜻과 역할을 드러낸다. 정확한 뜻을 모르면서, 용례만으로 어렴풋이 파악한 의미로 모국어를 사용하는 습관이 밴 사람은 러시아어라는 세계에서 가닥을 잡기가 훨씬 힘이 든다. 그렇지만 깊이 배우면 외국어를 이해하는 기쁨만이 아니라 모국어를 다시 만나는 전율도 함께 선사하는 것이 러시아어이다.

이 책은 러시아어를 처음 시작하는 이, 중급 단계에 있는 이가 유용하게 쓸만한 단어를 골라 담았다. 이 책에서 단어의 뜻을 익힌 다음, 여러 매체를 통해 가능한 한 예문을 많이 찾아 소리 내어 읽는 습관을 들이길 바란다. 그렇게 해야 기억에 남는다. 이 책 활용과 관련하여 몇 가지 사항을 일러두고 싶다.

1. 어떤 언어에서든 동사가 중요한 역할을 하겠지만, 러시아어에서 동사의 비중은 특히 크다. 토르플 1단계 시험에서 다뤄지는 동사와 일상에서 자주 사용하는 동사를 중심으로 책을 구성했다. 동사 배치는 불완료(НСВ)-완료(СВ)순이다. 모든 동사 밑에 달린 다소 긴 예문이 러시아어

초급자에게는 어렵게 느껴질 수도 있겠지만, 동사가 지배하는 격을 이해하는 데 도움을 줄 수 있으리라 생각한다. 예문에 나온 단어를 전부 모른다고 해도 동사의 쓰임새를 파악할 수 있다면 예문 활용의 목적은 달성된 것이다.

2. 러시아어는 발음 기호 없이 읽는 언어이다. 예외적인 발음도 몇 가지 발음 규칙만 알면 해결된다. 한국어로 표현할 수 없는 음가가 많아서 러시아 단어의 발음을 한국어로 정확하게 표음하기가 불가능하다. 하지만 출판사에서 나온 다른 언어 단어집과의 통일성을 유지하고자 한국어로 러시아어 발음을 표기했다. 주변에서 흔히 접할 수 있는 각종 매체를 통해 러시아어 알파벳의 정확한 소리를 듣고 발음하는 법을 스스로 익히는 것이 올바른 공부법이다.

3. 성별을 표기해야 할 필요가 있는 단어는 남성 ⑩, 여성 ⑦, 중성 ⑪, 복수 ⑭ 로 나타냈다.

4. 쉼표로 연결하여 2개로 쓴 단어는 그 뜻일 때 동의어이다.

5. 출판사 편집부에 제보되는 책 내용의 오류는 러시아어라는 인연으로 묶인 도반에게 큰 힘이 될 것이다.

이 책이 멀고 험난한 길을 걷는 여행자의 갈증을 한순간이나마 달래줄 물 한모금 같은 역할이라도 한다면 기쁘겠다.

손은정

목차

러시아어 + 한국어 단어

한국어 + 러시아어 단어

부록 | 여행회화

러시아 알파비트

대문자	소문자	필기체	명칭		발음
А	а	*Аа*	[a]	아	아
Б	б	*Бб*	[бэ]	베	ㅂ
В	в	*Вв*	[вэ]	베	(ㅂ)
Г	г	*Гг*	[гэ]	게	ㄱ
Д	д	*Дд*	[дэ]	데	ㄷ
Е	е	*Ее*	[e]	예	예
Ё	ё	*Ёё*	[ё]	요	요
Ж	ж	*Жж*	[жэ]	제	(ㅈ)
З	з	*Зз*	[зэ]	제	ㅈ
И	и	*Ии*	[и]	이	이
Й	й	*Йй*	[и краткое]	이 끄라뜨꼬예	(이)
К	к	*Кк*	[ка]	까	ㄲ
Л	л	*Лл*	[эль]	엘	(ㄹ)
М	м	*Мм*	[эм]	엠	ㅁ
Н	н	*Нн*	[эн]	엔	ㄴ
О	о	*Оо*	[o]	오	오
П	п	*Пп*	[пэ]	뻬	ㅃ

대문자	소문자	필기체	명칭		발음
Р	р	*Рр*	[эр]	에르	(ㄹ)
С	с	*Сс*	[эс]	에쓰	ㅆ
Т	т	*Тт*	[тэ]	떼	ㄸ
У	у	*Уу*	[у]	우	우
Ф	ф	*фФ*	[эф]	에프	(ㅍ)
Х	х	*Хх*	[ха]	하	ㅎ
Ц	ц	*Цц*	[цэ]	쩨	ㅉ
Ч	ч	*Чч*	[че]	체	ㅊ
Ш	ш	*Шш*	[ша]	샤	(ㅅ)
Щ	щ	*Щщ*	[ща]	샤	(ㅅ)
Ъ	ъ	*Ъъ*	[твёрдый знак, ер]	뜨뵤르드 즈낰	–
Ы	ы	*Ыы*	[ы]	의	의
Ь	ь	*Ьь*	[мягкий знак, ерь]	먀흐끼 즈낰	–
Э	э	*Ээ*	[э оборотное]	에	에
Ю	ю	*Юю*	[ю]	유	유
Я	я	*Яя*	[я]	야	야

숫자	기수 (сколько?)	서수 (какой?)
1	оди́н	пе́рвый
2	два	второ́й
3	три	тре́тий
4	четы́ре	четвёртый
5	пять	пя́тый
6	шесть	шесто́й
7	семь	седьмо́й
8	во́семь	восьмо́й
9	де́вять	девя́тый
10	де́сять	деся́тый
11	оди́ннадцать	оди́ннадцатый
12	двена́дцать	двена́дцатый
20	два́дцать	двадца́тый
30	три́дцать	тридца́тый
40	со́рок	сороково́й
50	пятьдеся́т	пятидеся́тый
60	шестьдеся́т	шестидеся́тый
70	се́мьдесят	семидеся́тый
80	во́семьдесят	восьмидеся́тый
90	девяно́сто	девяно́стый
100	сто	со́тый

숫자	기수 (сколько?)	서수 (какой?)
200	две́сти	двухсо́тый
300	три́ста	трёхсо́тый
400	четы́реста	четырёхсо́тый
500	пятьсо́т	пятисо́тый
600	шестьсо́т	шестисо́тый
700	семьсо́т	семисо́тый
800	восемьсо́т	восьмисо́тый
900	девятьсо́т	девятисо́тый
1000	ты́сяча	ты́сячный
2000	две ты́сячи	двухты́сячный
3000	три ты́сячи	трёхты́сячный
4000	четы́ре ты́сячи	четырёхты́сячный
5000	пять ты́сяч	пятиты́сячный
6000	шесть ты́сяч	шеститы́сячный
7000	семь ты́сяч	семиты́сячный
8000	во́семь ты́сяч	восьмиты́сячный
9000	де́вять ты́сяч	девятиты́сячный
10000	де́сять ты́сяч	десятиты́сячный
1000000	оди́н миллио́н	миллио́нный
1000000000	оди́н миллиа́рд	миллиа́рдный
1000000000000	оди́н триллио́н	триллио́нный

◆ 기수 (одно, одна, одни)

격	남성	중성	여성	복수
주격	один	одно	одна	одни
생격	одного		одной	одних
여격	одному		одной	одним
대격	주격이나 생격과 같음	одно	одну	주격이나 생격과 같음
조격	одним		одной	одними
전치격	(об) одном		(об) одной	(об) одних

◆ 기수 два, две, три, четыре, 5—20,30

격	два (남성/중성)	две (여성)	три	четыре	5—20, 30은 '-ь'로 끝나는 여성 명사처럼 변화
주격	два	две	три	четыре	восемь
생격	двух		трех	четырех	восьми
여격	двум		трем	четырем	восьми
대격	как И.п. или Р.п.		как И.п. или Р.п.		восемь
조격	двумя		тремя	четырьмя	восемью
전치격	(о) двух		(о) трех	(о) четырех	(о) восьми

◆ **기수** 50—80, 200—400, 500—900 **유형**

격	50—80	200—400	500—900
주격	шестьдесят	двести, триста, четыреста	шестьсот
생격	шестидесяти	двухсот, трехсот, четырехсот	шестисот
여격	шестидесяти	двумстам, тремстам, четыремстам	шестистам
대격	шестьдесят	двести, триста, четыреста	шестьсот
조격	шестьюдесятью	двумястами, тремястами, четырьмястами	шестьюстами
전치격	(о) шестидесяти	(о) двухстах, трехстах, четырехстах	(о) шестистах

◆ **기수** 40, 90, 100, 11/2

격	сорок, девяносто, сто	полтора (남성/중성) полторы (여성)
주격, 대격	сорок, девяносто, сто	полтора, полторы
생격, 조격	сорока, девяноста, ста	полтора

격	서수					Третий (3)
단수						
주격	первый	второй	девятый	тридцатый	тысячный	третий
생격	первого	второго	девятого	тридцатого	тысячного	третьего
여격	первому	второму	девятому	тридцатому	тысячному	третьему
대격	주격이나 생격과 같음					третьего
조격	первым	вторым	девятым	тридцатым	тысячным	третьим
전치격	(о) первом	(о) втором	(о) девятом	(о) тридцатом	(о) тысячном	(о) третьем

복수

격	서수					Третий (3)
주격	первые	вторые	девятые	тридцатые	тысячные	третьи
생격	первых	вторых	девятых	тридцатых	тысячных	третьих
조격	первым	вторым	девятым	тридцатым	тысячным	третьим
대격	주격이나 생격과 같음					третьих
조격	первыми	вторыми	девятыми	тридцатыми	тысячными	третьими
전치격	(о) первых	(о) вторых	(о) девятых	(о) тридцатых	(о) тысячных	(о) третьих

격	1과 $\frac{1}{6}$
주격	одна целая и одна шестая
생격	одной целой и одной шестой
여격	одной целой и одной шестой
대격	одну целую и одну шестую
조격	одной целой и одной шестой
전치격	(об) одной целой и одной шестой

격	2와 $\frac{5}{6}$
주격	две целых и пять шестых
생격	двух целых и пяти шестых
여격	двум целым и пяти шестым
대격	две целых и пять шестых
조격	двумя целыми и пятью шестыми
전치격	(о) двух целых и пяти шестых

계절 · 월

□ **весна́** 비스나 봄

□ **ле́то** 레따 여름

□ **о́сень** 오신 가을

□ **зима́** 지마 겨울

월

□ **янва́рь** 얀바르 1월	□ **ию́ль** 이율 7월
□ **февра́ль** 피브랄 2월	□ **а́вгуст** 아브구스트 8월
□ **март** 마르트 3월	□ **сентя́брь** 신쨔브르 9월
□ **апре́ль** 아쁘렐 4월	□ **октя́брь** 악쨔브르 10월
□ **май** 마이 5월	□ **ноя́брь** 나야브르 11월
□ **ию́нь** 이윤 6월	□ **дека́брь** 지까브르 12월

□ **понеде́льник** 뻐니젤닉 월요일　　□ **пя́тница** 빠뜨니짜 금요일

□ **вто́рник** 프또르닉 화요일　　　　□ **суббо́та** 수보따 토요일

□ **среда́** 스리다 수요일　　　　　　□ **воскресе́нье**
　　　　　　　　　　　　　　　　　버스끄리셰니예 **일요일**

□ **четве́рг** 치뜨베르크 목요일

문장 표현

■ 오늘은 며칠입니까?

Како́е сего́дня число́? 까꼬에 시보드냐 치슬로?

■ 2019년 4월 1일입니다.

1 апре́ля 2019 го́да. 뻬르바예 아쁘렐랴 드베 띠사치 지빈나짜따바 고다

■ 나는 4월 1일에 태어났습니다.

Я родила́сь 1-го апре́ля. 야 라질라스 뻬르바바 아쁘렐랴

■ 오늘은 무슨 요일입니까?

Како́й сего́дня день неде́ли? 까꼬이 시보드냐 젠 니젤리?

■ 금요일입니다.

Пя́тница. 빨니짜

■ 금요일에 우리는 극장에 갈 겁니다.

В пя́тницу мы пойдём в теа́тр. 프 빨니쭈 믜 빠이죰 프 찌아뜨르

■ 지금 몇 시입니까?

Кото́рый час? (Ско́лько вре́мени?) 까또릐 차스? (스꼴까 브레미니?)

■ 두 시입니다.

2 часа́. 드바 치사

■ 첫 수업이 2시에 시작합니다.

Пе́рвый уро́к начина́ется в 2 часа́. 뻬르븨 우록 나치나예짜 브 드바 치사

시간

□ рассве́т
라스볯 새벽

□ у́тро
우뜨라 아침

□ по́лдень
뽈졘 정오

□ день 졘 낮

□ глубо́кая ночь
글루보까야 노치 한밤중, 심야

□ по́сле полу́дня
뽀슬례 빨루드냐 오후

□ ночь 노치 밤

□ ве́чер
베체르 저녁

시

□ 1시	(оди́н) час	□ 7시	семь часо́в
□ 2시	два часа́	□ 8시	во́семь часо́в
□ 3시	три часа́	□ 9시	де́вять часо́в
□ 4시	четы́ре часа́	□ 10시	де́сять часо́в
□ 5시	пять часо́в	□ 11시	оди́ннадцать часо́в
□ 6시	шесть часо́в	□ 12시	двена́дцать часо́в

□ 1분	(одна́) мину́та	□ 7분	семь мину́т
□ 2분	две мину́ты	□ 8분	во́семь мину́т
□ 3분	три мину́ты	□ 9분	де́вять мину́т
□ 4분	четы́ре мину́ты	□ 10분	де́сять мину́т
□ 5분	пять мину́т	□ 15분	пятна́дцать мину́т
□ 6분	шесть мину́т	□ 30분	три́дцать мину́т

□ 1초	(одна́) секу́нда	□ 7초	семь секу́нд
□ 2초	две секу́нды	□ 8초	во́семь секу́нд
□ 3초	три секу́нды	□ 9초	де́вять секу́нд
□ 4초	четы́ре секу́нды	□ 10초	де́сять секу́нд
□ 5초	пять секу́нд	□ 11초	оди́ннадцать секу́нд
□ 6초	шесть секу́нд	□ 12초	двена́дцать секу́нд

□ позавчера́ 뻐저프체라 그저께

□ вчера́ 프치라 어제

□ сего́дня 씨보드냐 오늘

□ за́втра 잡트라 내일

□ послеза́втра 뽀슬레잡트라 모레

□ про́шлая неде́ля 쁘로실라야 니젤랴 지난주

□ э́та неде́ля 에따 니젤랴 이번 주

□ сле́дующая неде́ля 슬레두유샤야 니젤랴 다음 주

□ ка́ждый день 까지듸 젠 매일

□ ка́ждую неде́лю 까즈두유 니젤류 매주

□ ка́ждый ме́сяц 까지듸 메샤쯔 매월

□ ка́ждый год 까지듸 곧 매년

□ 동쪽 **восто́к** 바스똑
□ 서쪽 **за́пад** 자빠트
□ 남쪽 **юг** 육
□ 북쪽 **се́вер** 쎄베르

□ **верх** 베르흐 위 ↔ **низ** 니스 아래
□ **промежу́ток** 쁘라몌주떡 사이
□ **вну́тренняя часть** 브누트례냐야 차스치 안
□ **вне́шняя/нару́жная часть** 브녜시냐야/나루지녜야 차스치 밖

□ 앞
перёд/пере́дняя часть
삐료트/삐례드냐야 차스치

□ 옆
бокова́я часть
버까바야 차스치

□ 뒤
зад/за́дняя часть
자트/자드냐야 차스치

□ 왼쪽
ле́вая сторона́
레버야 스떠라나

□ 가운데
середи́на
씨리진너

□ 오른쪽
пра́вая сторона́
쁘라버야 스떠라나

◆ 10 рубле́й 루블

◆ 50 рубле́й 루블

◆ 100 рубле́й 루블

◆ 500 рубле́й 루블

◆ 1000 рубле́й 루블

◆ 5000 рубле́й 루블

국가명

□ 러시아
Росси́я 라시야

□ 한국
Ю́жная Коре́я /
Респу́блика Коре́я
유즈나야 까례야/리스뿌블라까 까례야

□ 아제르바이잔
Азербайджа́н
아지르바이쫜

□ 아르메니아
Арме́ния 아르메니야

□ 조지아
Гру́зия (Georgia)
그루지야

□ 벨라루스
Беларусь
(Белору́ссия) 벨라루스
(벨라루시야)

□ 우크라이나
Украи́на 우크라이나

□ 키르기스스탄
Кыргызста́н 끼르기스딴

□ 카자흐스탄
Казахста́н
까자흐스딴

□ 타지키스탄
Таджикиста́н
딷직끼스딴

□ 우즈베키스탄
Узбекиста́н
우즈비끼스딴

□ 투르크메니스탄
Туркмениста́н
뚜르크몌니스딴

□ 몰도바
Молда́вия
말도비야

□ 에스토니아
Эсто́ния 에스또니야

□ 리투아니아
Литва́ 리뜨바

□ 라트비아
Ла́твия 라뜨비야

□ 일본
Япо́ния 이뽄니야

 □ 중국
Кита́й 끼따이

 □ 베트남
Вьетна́м 비옐남

 □ 태국
Таила́нд 따일란트

 □ 인도
И́ндия 인지야

 □ 캐나다
Кана́да 꺼나더

 □ 미국
Соединённые Шта́ты Аме́рики /Аме́рика
스사(싸이지는닉예
시따뜨 어몌리끼) 어메리꺼

 □ 영국
Великобрита́ния
벨리까브리따니야

 ㅁ 프랑스
Фра́нция 프란쩨야

 □ 브라질
Брази́лия 브라질리야

 □ 이탈리아
Ита́лия 이딸리야

 □ 뉴질랜드
Но́вая Зела́ндия
노버야 질란지야

 □ 스위스
Швейца́рия
시베이짜리야

 □ 스페인
Испа́ния 이스빠니야

 □ 네덜란드
Нидерла́нды
니제르란듸

 □ 스웨덴
Шве́ция 시볘쩨야

 □ 독일
Герма́ния 게르마니야

러시아어
+
한국어 단어

A

3D-при́нтер	뜨리데 프린떼르	몡 3D 프린터
абало́н	아발론	몡 전복
абрико́с	아브리꼬스	몡 살구
авари́йный вы́ход	아바리이늬 븨핱	몡 비상구
авари́йный фона́рь	아바린늬 파나리	몡 비상등
ава́рия	아바리야	몡 조난, 재난, 불의의 사고
авеню́ⓕ	아베뉴	몡 대로, 큰 거리
авто́бус	압토부스	몡 버스
автозапра́вочная ста́нция	앞따자쁘라바치나야 스딴찌야	몡 주유소
автокаранда́ш	압따까란다시	몡 샤프펜슬
автомастерска́я	앞따마스찌르스까야	몡 자동차 수리센터
автома́т по прода́же биле́тов	앞따맡 빠 쁘라다제 빌례땊	몡 승차권 발매기
автомоби́льⓜ	압따마빌	몡 자동차, 승용차
автомо́йка	앞따모이까	몡 세차장
авторучка, (ша́риковая) ру́чка	압따루치까, (샤리까바야) 루치까	몡 볼펜

автостоя́нка, стоя́нка	앞따스따얀까, 스따얀까	몡 주차장, 주차
ад	앝	몡 지옥
адвока́т	앋바깥	몡 법정 변호사
а́дрес	아드레스	몡 주소
аза́лия	아잘리야	몡 진달래, 철쭉
А́зия	아지야	몡 아시아
аксессуа́р	악세수아르	몡 잡화, 액세서리, 부속물
актёр (актри́са)	악쬬르 (악뜨리사)	몡 배우 (여배우)
актёр телеви́дения	악쬬르 찔리비졔니야	몡 탤런트
аку́ла	아꿀라	몡 상어
акуше́рское отделе́ние	아꾸세르스꺼예 앝질례니예	몡 산과(産科)
Алла́х	알라흐	몡 알라(이슬람교의 유일신)
аллерги́ческая реа́кция	알리르기치스까야 리악찍야	몡 알레르기 반응
алло́	알로	숄 여보세요
альпини́зм, подъём в го́ру	알피니즘, 빠드욤 브 고루	몡 등산
альфо́нс	알폰스	몡 제비족, 여자에게 기생하는 남자
амбулато́рия	암불라또리야	몡 진료소, 치료소

Amépика	아메리까	몡 아메리카 대륙, 미국
америка́нские го́рки	아메리깐스끼예 고르끼	몡 롤러코스터
аметист	아미찌스트	몡 자수정
ана́лиз	아날리스	몡 분석, 해석
анализи́ровать- проанализи́ровать	아날리지라바치- 쁘라아날리지라바치	동 분석하다, 해석하다

Он анализи́рует ка́ждое сло́во, ка́ждый взгляд и ка́ждый посту́пок окружа́ющих его́ люде́й.

그는 주변 사람들의 말, 시선, 행동을 하나하나 다 분석한다.

анана́с	아나나스	몡 파인애플
анеми́я, малокро́вие	아니미야, 말라끄로비예	몡 빈혈
анса́мбль 🔊	안삼블	몡 전체적인 어울림, 앙상블
антидиаре́йное сре́дство	안찌지아례인나예 스롋스뜨바	몡 설사약, 지사제
анто́ним	안또님	몡 반대말, 반의어
анчо́ус	안초우스	몡 멸치
апельси́н	아뼬신	몡 오렌지
апте́ка	앞쩨까	몡 약국, 약방

А

ара́хис культу́рный, земляно́й оре́х	아라히스 꿀뚜르늬, 지믈리노이 아례흐	명 **땅콩**
арбу́з	아르부스	명 **수박**
аре́нда	아렌다	명 **임대차, 임대료**
аренда́тор	아렌다떠르	명 **임차인, 세입자**
арендова́ть	아렌다바치	동 **임차하다, 세를 얻다**

Крестья́не арендова́ли госпо́дские зе́мли и не выходи́ли из долго́в.

농노들은 영주의 땅을 빌렸고 빚에서 벗어나지 못했다.

арендода́тель	아렌다다쪨	명 **임대인**
аре́ст	아레스트	명 **체포, 압류, 압수**
арифме́тика	아리프메찌까	명 **산수, 산술**
арома́т	아라맡	명 **향기, 향료**
арти́ст	아르찌스트	명 **예술가, 배우, 예능 종사자**
аспира́нт	아스삐란트	명 **박사과정생**
аспиранту́ра	아스삐란뚜라	명 **박사학위 과정**
астрономи́ческие наблюде́ния	아스뜨라나미체스끼 에 나블류졔니야	명 **천체 관측**
ата́ка	아따까	명 **공격, 습격**

О́бщий уще́рб от ата́ки са́ми хаке́ры оцени́ли в \$3 млрд.

공격으로 인한 손실액을 해커들이 직접 30억 달러로 추산했다.

атакова́ть	а따까바치	동 공격하다, 습격하다

В Великобрита́нии хаке́ры атакова́ли компью́теры систе́мы здравоохране́ния.

영국에서 해커들이 보건 시스템 컴퓨터를 공격했다.

аттракцио́ны	앝락찌오늬	명 놀이공원의 탈것, 놀이기구

парк аттракцио́нов

놀이동산

аудито́рия	아우지또리야	명 강의실, 강당, 청중
афи́ша	아피샤	명 벽보, 포스터
А́фрика	아프리까	명 아프리카
аэро́бика	아이로비까	명 에어로빅
аэропо́рт	아에라뽀르트	명 공항

Б

бáбочка	바바치까	명 나비
бáбушка	바부시까	명 할머니, 조모
багáжник	바가즈닉	명 차 트렁크
базáр	바자르	명 시장, 장터
бакалáвр	바깔라브르	명 학사
бакалавриáт	바깔라브리앝	명 학사학위 과정
баклажáн	바끌라좐	명 가지(채소)
балéт	발롙	명 발레
балкóн	발꼰	명 발코니, 극장의 2층 좌석
бальзáм для губ	발잠 들랴 굽	명 립밤
бамбýк	밤북	명 대나무
банáн	바난	명 바나나
бандерóль⑦	반데롤	명 작은 소포, 수입 증지
банк	반크	명 은행
бáнка	반까	명 병, 통
банкнóта, банкнóт	반크노따, 반크놑	명 지폐, 은행권

бáнковская комиссия	반꼽스까야 까미시야	명 은행 수수료
бáнковский чек	반꼽스끼 첵	명 수표
банкомáт	반까맡	명 현금 자동 입출금기, ATM
бáнный халáт	반늬 할랕	명 목욕 가운
бáня	바냐	명 목욕탕, 사우나
бар	바르	명 바(bar), 술집
барабáн	바라반	명 드럼, 북

бить в барабáн
북을 치다

барáнина	바라니나	명 양고기
барахóлка	바라홀까	명 벼룩시장, 플리마켓

Чегó тóлько не встрéтишь на барахóлках!
벼룩시장에는 없는 게 없다!

барбекю 外	바르비큐	명 바비큐, 통구이
баскетбóл	바스낃볼	명 농구
бассéйн	바쎄인	명 수영장, 유역, 탄전
батарéйка, батарéя	바따레이까, 바따레야	명 배터리, 전지, 축전지

Тóлько тебé звони́ть собралáсь, да, как назлó, батарéя сéла.
네게 전화하려고 했었는데 일부러 그런 것처럼 배터리가 나갔다.

батáт, слáдкий картóфель	바땊, 슬랕끼 까르또필	명 고구마
батóн	바똔	명 흰 빵, 긴 빵
бáшня	바시냐	명 탑, 타워
	бáшня Намсан 남산 타워	
бéгать	베가치	동 달리다, 뛰다, 이리저리 뛰어다니다
	Бéгаю я по вечерáм, при захóде сóлнца. 나는 저녁마다 저물녘에 달린다.	
бегемóт	비기몯	명 하마
беговáя дорóжка	비가바야 다로시까	명 러닝머신
бéдный	베드늬	형 가난한, 궁핍한, 빈약한, 허술한
бедрó	비드로	명 허벅지
бежáть	비자치	동 달리다, 도망치다, 피난하다
	Конь бежúт, земля́ дрожúт. 말이 달리고 땅이 진동한다.	
бéжевый	베즤븨	형 베이지색의
бездýмный	비즈둠늬	형 경솔한, 생각 없는
безобрáзный	비자브라즈늬	형 추한, 흉한, 못생긴
безопáсность⑦	비자빠스나스치	명 안전, 보안, 안보
безотвéтная любóвь	베자뜨볱나야 류볖	명 짝사랑

бейгл	베이글	명 **베이글**
бейсбо́л	베이즈볼	명 **야구**
бейсбо́льная бита́	베이즈볼나야 비따	명 **야구 방망이**
бе́лый	벨리	형 **흰, 백색의**
бельё (для сти́рки)	빌리요(들랴 스찌르끼)	명 **세탁물, 빨래**
бензи́н	빈진	명 **휘발유**
берёза	비료자	명 **자작나무**
бере́менеть-забере́менеть	베레멘니치-자베레멘니치	동 **임신하다**

Моя́ жена́ забере́менела.

내 아내가 임신했다.

бере́менность ⑦	베레멘너스치	명 **임신**

Она́ на седьмо́м ме́сяце бере́менности.

그녀는 임신 7개월째다.

бере́чь	비례치	동 **아끼다, 소중히 하다, 보살피다**

Береги́те свои́х дете́й, их за шалости не руга́йте.

자신의 아이들을 아껴주세요. 장난친다고 그들을 야단치지 마세요.

бере́чься	비례치샤	동 **조심하다, 주의하다, 경계하다**

Така́я пого́да о́чень обма́нчива, на́до бере́чься от просту́ды.

그런 날씨는 매우 변덕스러워서 감기를 조심해야 한다.

бес	베스	명 악귀, 귀신
бесе́довать-побесе́довать	비세다바치-빠비세다바치	동 대담하다, 이야기를 나누다
	Прия́тели до́лго бесе́довали вдвоём, с гла́зу на́ глаз. 친구들은 둘이서만 따로 오랫동안 이야기를 나눴다.	
беспило́тник	비스삘롯닉	명 드론
беспла́тный	베스쁠랄늬	형 무료의, 무상의, 무보수의
беспоко́иться	비스빠꼬이짜	동 걱정하다, 염려하다, 불안해하다
	Она́ беспоко́илась за отца́ не то́лько и́з-за де́нег. 그녀가 비단 돈 때문에 아버지를 걱정하는 건 아니었다.	
беспроводна́я связь, Wi-Fi	베스쁘라반나야 스뱌시	명 와이파이, 무선 인터넷
библиоте́ка	비블리아쪠까	명 도서관, 서재, 장서
би́блия	비블리야	명 성경
би́знес-класс	비즈니스 끌라스	명 비즈니스석
бики́ни	비끼니	명 비키니
биле́т	빌롓	명 표, 티켓
биле́т в оди́н коне́ц	빌롓 바진 까녜쯔	명 편도 승차권
биле́т туда́ и обра́тно	빌롓 뚜다 이 아브랄나	명 왕복 승차권

бильярд	빌야릍	명 당구
бинт, повя́зка	빈트, 빠뱌스까	명 붕대
биоло́гия	비알로기야	명 생물학
бискви́т, кастелла	비스크빗, 까스꼘라	명 카스텔라
бить	비치	동 치다, 두드리다, 때리다, 싸우다

Часы́ начина́ют ме́дленно бить двена́дцать раз.

시계가 천천히 열두 번을 치기 시작한다.

| бифште́кс, стейк | 빞시떼스, 스떼잌 | 명 스테이크 |
| благодари́ть-поблагодари́ть | 블라가다리치-빠블라가다리치 | 동 감사하다, 사의를 표하다 |

От всего́ се́рдца благодарю́ вас за ока́занную по́мощь.

도움을 주셔서 진심으로 감사드립니다.

благополу́чие	블라가빨루치예	명 행복, 안녕, 성공, 번창
бланк	블란크	명 양식, 서식 용지
блеск для губ	블레스크 들랴 굽	명 립글로스
бли́зкий	블리스끼	형 가까운, 친한, 다가오는
блокба́стер	블락바스떼르	명 블록버스터
блу́за, блу́зка	블루자, 블루스까	명 블라우스
блю́до	블류다	명 요리
бог, Бог	보흐	명 신, 하느님

бога́тый	바가띄	형 부유한, 풍요로운, 풍부한
богослуже́ние	바가슬루제니예	명 예배, 예배식
боеви́к	바이빅	명 액션 영화
боре́ц, бое́ц	바예쯔	명 투사, 전사
бо́жья коро́вка	보지야 까롶까	명 무당벌레
бок	복	명 옆구리, 측면
бока́л	바깔	명 술잔, 샴페인 잔, 포도주 잔
боково́й	버거보이	형 측면의, 옆면의
бокс	복스	명 권투
боле́знь ⑦	발례즌	명 병, 질환

Но́чью я почти́ не спала́: у меня́
была́ си́льная головна́я боль.

심한 두통이 있어서 나는 밤에 잠을 거의 못 잤다.

боле́ть	발례치	동 병을 앓다, 병약하다, (~병에) 걸리다, (어떤 부분이) 아프다, 통증이 있다

Я ча́сто боле́ю просту́дными
заболева́ниями, без температу́ры.

나는 열이 나지 않는 감기에 자주 걸린다.

У меня́ ча́сто боли́т желу́док.

나는 위가 자주 아프다.

болеутоля́ющее **сре́дство**	발리우딸랴유시예 스렏스뜨바	명 진통제

болтли́вый	발뜰리븨	형 수다스러운, 입이 가벼운
больни́ца, поликли́ника	발니짜, 빨리끌리니까	명 병원
больно́й	발노이	형 아픈, 병에 걸린
больно́й, пацие́нт	발노이, 빠찌옌트	명 환자, 병자
большо́й	발쇼이	형 큰, 커다란, 규모 있는
борода́	버라다	명 턱수염, 구레나룻
боро́ться	바로짜	동 싸우다, 투쟁하다

Любо́вь и страх в её душе́ боро́лись.

사랑과 두려움이 그녀의 마음속에서 싸웠다.

борт	보르트	명 기내, 차내, 선상, 뱃전

На борту́ ла́йнера находи́лось 57 челове́к.

여객기 내에는 57명이 있었다.

борщ	보르시	명 보르시 (양배추 수프)
босоно́жки	바사노스끼	명 샌들
ботани́ческий сад	빠따니체스끼 샅	명 식물원
боти́нки	바찐끼	명 목이 긴 구두, 부츠
боти́нки для треккинга	바찐끼 들랴 뜨리낀가	명 등산화
бо́улинг	보울링	명 볼링

больни́ца 발니짜 **병원**

врач 브라치 **의사**

медсестра́ 멧시스트라 **간호사**

больно́й / пацие́нт[иэ] 발노이 / 빠찌엔트 **환자**

терапевти́ческое отделе́ние
찌라뻽찌치스까예 앝질레니예 **내과**

отделе́ние хирурги́и 앝질레니예 히루르기이 **외과**

отделе́ние дерматоло́гии
앝질레니예 지르마딸로기이 **피부과**

отделе́ние педиатри́и 앝질레니예 뻬지아뜨리이 **소아과**

отделе́ние оториноларинголо́гии
앝질레니예 아따리날라린갈로기이 **이비인후과**

отделе́ние гинеколо́гии
앝젤레니예 기니깔로기이 **산부인과**

отделе́ние ортопе́дии
앝질레니예 아르따뻬지이 **정형외과**

отделе́ние пласти́ческой хирурги́и
앝질레니예 쁠라스찌체스까이 히루르기이 **성형외과**

отделе́ние офтальмоло́гии
앝질레니예 아프딸말로기이 **안과**

стоматологи́ческая поликли́ника
스따마딸라기치스까야 빨리끌리니까 **치과**

психиатри́ческое отделе́ние
프시히아뜨리치스까예 앝질레니예 **정신과**

маши́на ско́рой по́мощи 마시나 스꼬라이 뽀모시 **구급차**

боя́знь ⊘	바야즌	몡 **두려움, 불안**
боя́ться	바야짜	동 **두려워하다, 걱정하다, 염려하다**

А ты не бо́йся, со мной всё бу́дет хорошо́.

걱정하지 마, 내 일은 다 잘 될 거야.

брак	브락	몡 **결혼, 부부**

Рекоменда́ции же́нщинам, вступа́ющим в повто́рный брак.

재혼하는 여성들에게 주는 충고

брак	브락	몡 **결함, 결점, 불량품**
брандма́уэр	브란드마우에르	몡 **방화벽**
брасле́т	브라슬롓	몡 **팔찌**
брат (몡бра́тья)	브랏 (브라찌야)	몡 **형제**
брать (взять) в аре́нду	브라치 (브쟈치) 바렌두	동 **임차하다, 세를 얻다, 빌리다**

Оте́ц взял в аре́нду гара́ж недалеко́ от до́ма.

아버지는 집 가까이에 있는 차고를 빌렸다.

брать-взять	브라치-브쟈치	동 **잡다, 쥐다, 가져오다, 가져가다, 빌리다**

Оте́ц взял мою́ ру́ку и до́лго не отпуска́л.

아버지는 내 손을 잡고서 오랫동안 놓지 않았다.

Мо́жно взять у вас слова́рь?

사전 좀 빌려봐도 될까요?

Коне́чно, вы всегда́ мо́жете брать мой слова́рь.

당연하죠, 당신은 언제든지 내 사전을 빌려봐도 괜찮아요.

бриллиа́нт, алма́з	브릴리안뜨, 알마스	명 **다이아몬드**
брить-побри́ть	브리치-빠브리치	동 **(머리카락, 수염, 털 등을) 밀다, 깎다**

Обы́чно мужчи́ны, начина́ющие лысе́ть, стесня́ются э́того, бре́ют го́лову и́ли прибега́ют к ины́м ухищре́ниям.

탈모가 시작되는 남자들은 보통 그것을 난처해하며 머리를 밀거나 다른 잔재주를 부리려고 한다.

бри́ться-побри́ться	브리짜-빠브리짜	동 **면도하다, (털을) 밀다, 깎다**

Я бре́юсь ка́ждое у́тро.

나는 매일 아침 면도한다.

бровь (⑫бро́ви)	브로피 (브로비)	명 **눈썹**
брони́рование	브라니라바니예	명 **예약**
брони́ровать-заброни́ровать	브라니라바치-자브라니라바치	동 **예약하다**

Путеше́ственники практи́чески всегда́ стремя́тся заброни́ровать биле́т на по́езд зара́нее.

여행객들은 실제로 기차표를 항상 미리 예약하려고 노력한다.

броса́ть-бро́сить	브라사치-브로시치	동 **던지다, 버리다, 내버리다, 단념하다, 그만두다, 말을 내뱉다**

Он смял листо́к и хоте́л бро́сить его́ на пол.

그는 종이를 구겼고, 바닥으로 던지려고 했다.

брошь⑫	브로시	명 **브로치**

брызгать	브릐즈가치	동 튀다, 튀기다, 내뿜다, 솟구치다
	Из па́льца бры́зжет кровь, из глаз — слёзы. 손가락에서 피가 솟구치고 눈에서는 눈물이 흐른다.	
брюки	브류끼	명 바지, 정장 바지
Бу́дда	부다	명 부처
буддизм/буддист	부지즘/부지스트	명 불교/불교 신자
буддийский храм	부지이스키 흐람	명 절, 불교 사원
буди́льник	부질닉	명 알람시계
бу́дний день, бу́дни	붇니 젠, 붇니	명 평일
бу́дущее	부두시예	명 미래
бу́дущий	부두시	형 다음의, 미래의
	Алексей пойдёт в школу будущей весной. 알렉세이는 다음 봄에 학교에 간다.	
бу́лочка	불라츠까	명 작은 빵, 롤빵
бульо́н	불리온	명 국, 국물
бума́жник	부마즈닉	명 지폐 지갑, 서류철
бу́рый	부릐	형 다갈색의
бутербро́д	부떼르브롣	명 러시아식 샌드위치
буто́н	부똔	명 꽃봉오리
буты́лка	부띨까	명 병, 술병

буфе́т, заку́сочная	부폩, 자꾸사치나야	명 간이식당, 스낵, 분식
бухга́лтер	부흐갈쪠르	명 회계 업무 담당자, 회계사
бу́хта	부흐따	명 곶, 작은 만
быва́ть	비바치	동 있다, 때때로 일어나다, 드나들다, 생기다

Я ча́сто быва́ю в Росси́и.
나는 러시아에 자주 드나든다.

бы́вшие в употребле́нии ве́щи, б/у ве́щи, секонд-хе́нд	빕씨예 부빠뜨리블레니이 베시, 베/우 베시, 세컨드헨드	명 중고물품
бык, коро́ва	빅, 까로바	명 황소, 암소
бы́стро	비스뜨라	부 빠르게
бы́стрый	비스뜨리	형 빠른, 신속한, 기민한
бытова́я те́хника	비따바야 쪠흐니까	명 가전제품
быть	비치	동 ~이다, 되다, 있다, 존재하다, 자리하다

Росси́я была́, есть и бу́дет.
러시아는 존재했고, 존재하며, 존재할 것이다.

бюро́ нахо́док	뷰로 나호닥	명 분실물 센터

B

вагóн	바곤	명 열차 차량, 객실
вагóн-рестора́н	바곤-리스따란	명 기차 식당칸
вакци́на	박찌나	명 백신

вакци́на от ко́ри.

홍역 백신

вакцина́ция	박찌나찌야	명 백신, 백신주사

Катало́г кли́ник по города́м Росси́и, где вакцини́руют, и мо́жно сде́лать приви́вку.

백신 접종이나 예방 접종을 할 수 있는 러시아 도시별 병원 카탈로그.

валю́та	발류따	명 외화, 통화
ва́нна	반나	명 욕조
ва́нная	반나야	명 욕실
вари́ть-свари́ть	바리치-스바리치	동 끓이다, 삶다, 물이나 액체로 익히다

Мы с Раги́мом ва́рим уху́ из то́лько что нало́вленной ры́бы.

라김과 나는 금방 잡은 생선으로 생선국을 끓인다.

ва́тные ди́ски	밭늬예 지스끼	명 화장솜
ва́тные па́лочки	밭늬예 빨로치끼	명 면봉
вбега́ть-вбежа́ть	브비가치-브비자치	동 뛰어서 들어가다

BB крем	비비 끄렘	몡 비비크림
вдова́	브다바	몡 과부, 홀어미
вдове́ц	브다베쯔	몡 홀아비
вдох	브도흐	몡 들숨, 흡입
вдруг	브드룩	뷔 갑자기, 별안간
вдыха́ть-вдохну́ть	브디하치-브다흐누치	통 흡입하다, 숨을 들이키다, 불어넣다, 고무하다, 느끼게 하다

Закро́йте глаза́ и глубоко́ вдыха́йте арома́тные пары́ но́сом.

눈을 감으세요, 그리고 향기로운 김(수증기)을 코로 들이 마시세요.

веб-ко́микс, онла́йн-ко́микс	벱꼬믹스, 온라인꼬믹스	몡 웹툰
ведро́	비드로	몡 양동이
ве́жливый	베즐리비	혱 예의 바른, 정중한
везти́	비스찌	통 실어 나르다, 운송하다

Авто́бус везёт люде́й на рабо́ту.

버스가 사람들을 직장으로 실어 나른다.

век	벡	몡 세기, 100년

Нача́ло нау́ки об иску́сственном интелле́кте – середи́на XX ве́ка.

인공지능 과학이 시작된 것은 20세기 중엽이다.

великоду́шный	빌리까두시늬	형 너그러운, 관대한, 아량 있는
величина́	빌리치나	명 치수, 값, 분량
велосипе́д	벨라시뼽	명 자전거
велосипе́дная доро́жка	빌라시뼫나야 다로시까	명 자전거 전용도로
велоспо́рт	벨라스포를	명 사이클링
Вене́ра	베녜라	명 금성
ве́ник	베닉	명 빗자루
вентиля́тор	벤찔랴떠르	명 선풍기
вера́нда	베란다	명 베란다
верблю́д	비르블륲	명 낙타
ве́рить-пове́рить	베리치-빠베리치	동 믿다, 신뢰하다

Невозмо́жно оправда́ться, когда́ тебе́ не хотя́т ве́рить.

사람들이 너를 믿으려 하지 않을 때 자신을 해명하는 것은 불가능하다.

вермише́ль ⑦	비르미셀	명 국수
верну́ть	베르누치	동 돌려주다, 반송(반품)하다, 되돌리다, 되찾다

Он хо́чет верну́ть свой де́ньги.

그는 자기 돈을 되찾고 싶다.

верну́ть това́р	비르누치 따바르	명 반품하다
верну́ться	베르누짜	동 돌아가다, 회복하다

ве́рный	베르늬	형 진실한, 성실한
верте́ть	비르쩨치	동 돌리다, 전향하다
вертолёт	비르딸룡	명 헬기, 헬리콥터
верх	베르흐	명 위, 정상, 절정, 상반부
ве́рхняя оде́жда	베르흐니야 아졔즈다	명 겉옷
верхо́м	비로홈	부 위쪽에 앉아, 올라타고, 걸터앉아, 높이, 높은 곳을 따라

Све́та у́чится е́здить верхо́м на
ло́щади.

스베타는 승마를 배운다.

верши́на	비르싀나	명 정상, 꼭대기, 절정
вес	베스	명 무게, 몸무게
весёлый	비숄릐	형 밝은, 유쾌한, 즐거움을 주는
ве́сить	베시치	동 무게가 나가다, 무게를 달다, 재다

Я ве́шу 50 кг.

나는 몸무게가 50kg 나간다.

весна́ (весно́й)	비스나 (비스노이)	명 봄 (봄에)
вести́	비스찌	동 데리고 가다, 인도하다, 안내하다

Усво́ив э́ту информа́цию, вам
бу́дет ле́гче вести́ разгово́р.

이 정보를 알고 나면 당신은 대화를 나누기 쉬울 것이다.

вести́ себя́	비스찌 시뱌	동 행동이나 태도를 보이다

	Не пуга́йтесь, е́сли ваш сын ведёт себя́ чересчу́р хладнокро́вно.
	당신의 아들이 너무 냉정하게 행동해도 놀라지 마세요.

вестибю́ль ⓜ	베스찌뷸	몡 입구, 현관
весть ⓕ	베스치	몡 소식, 기별
весы́	비싀	몡 저울
ветвь ⓕ	볱피	몡 나뭇가지, 지선
ве́тер	베찌르	몡 바람
ве́чер	베치르	몡 저녁, 저물녘// 파티, 사교 모임
ве́чером	베치람	뷔 저녁에
ве́шалка	베샬까	몡 옷걸이, 걸이
ве́шать-пове́сить	베샤치-빠베시치	동 걸다, 달다, 매달다, 교수형에 처하다

	Я пове́сила карти́ну на сте́ну над крова́тью.
	나는 침대 위 벽에 그림을 걸었다.

вещество́	비셰스트보	몡 물질, 물체
вещь ⓕ	베시	몡 물건, 물품
взад	브잗	뷔 뒤로
взаме́н	브자멘	젠 대신에, ~을 대신하여 뷔 답례로, 대가로 (в отве́т на)

	Е́сли ты хо́чешь получи́ть что-нибу́дь, то до́лжен отда́ть взаме́н не́что равноце́нное.
	만약 네가 뭔가를 받고 싶다면 동등한 뭔가를 대가로 주어야 한다.

взба́лтывать-взболта́ть	브즈발띄바치- 브즈발따치	통 세게 흔들다, 흔들어서 뒤섞다

Пе́ред употребле́нием экстра́кт ну́жно взболта́ть.

탕제를 복용하기 전에 흔들어야 한다.

взве́шивать-взве́сить	브즈베시바치- 브즈베시치	통 저울질하다, 저울로 무게를 재다, 숙고하다, 짚어 보다

Взве́сив все обстоя́тельства де́ла, он реши́л, что сраже́ние про́играно.

사건의 모든 사정을 짚어보고 나서 그는 전투가 졌다고 판단했다.

взгляд	브즈글럇	명 눈빛, 눈초리, 시선
вздох	브즈도흐	명 숨, 호흡, 한숨, 탄식
вздремну́ть	브즈드림누치	통 깜빡 졸다, 낮잠 자다

Мы пошли́ хоть часо́к вздремну́ть.

우리는 한 시간이라도 낮잠을 자러 갔다.

вздыха́ть-вздохну́ть	브즈디하치- 브즈다흐누치	통 호흡하다, 한숨짓다

Тогда́ роди́тели вздохну́ли с облегче́нием.

그때 부모님은 안도의 한숨을 쉬었다.

взлёт	브즐룟	명 이륙
взлета́ть-взлете́ть	브즐리따지- 브즐리쩨치	통 날아오르다, 이륙하다

Как быть, е́сли самолёт уже́ взлете́л?

비행기가 이미 이륙했다면 어떻게 해야 하나요?

взлётно-посáдочная полосá	브즈룐나-빠사다치니야 빨라사	명 활주로
взрóслый	브즈로슬리	명 성인// 형 성인의, 성숙한
взя́тка	브쟈뜨까	명 뇌물
виадýк, путепровóд	비아둑, 뿌찌쁘라봍	명 육교
вид	빝	명 모습, 형태, 형식, 종류
видеокáмера	비지아까미라	명 캠코더
ви́деться-уви́деться	비졔짜-우비졔짜	동 보이다, 서로 만나다, 관찰되다

В нём ви́делись си́ла и увéренность.

그에게는 힘과 확신이 보였다.

ви́деть-уви́деть	비졔치-우비졔치	동 보다, 체험하다

Сóвы ви́дят нóчью.

부엉이는 밤에 잘 본다.

ви́за	비자	명 비자, 사증
ви́лка	빌까	명 포크
ви́лла	빌라	명 고급 주택
винó	비노	명 포도주, 와인
виногрáд	비나그랕	명 포도
виóла	비올라	명 비올라
виолончéль ①	비알란첼	명 첼로

висе́ть	비셰치	동 매달리다, 걸리다, 늘어지다

Над столо́м виси́т ла́мпа.

탁자 위에 램프가 달려 있다.

Карти́на виси́т на стене́.

그림이 벽에 걸려 있다.

Бельё виси́т на верёвке.

빨래가 줄에 걸려 있다.

Што́ры в э́той ко́мнате вися́т давно́.

이 방에는 커튼이 오래전부터 매달려 있다.

На груди́ вися́т ордена́.

가슴에 훈장이 달려 있다.

ви́ски	비스끼	명 위스키
витри́на	비뜨리나	명 진열장, 쇼윈도

рассма́тривание витри́н

윈도쇼핑, 아이쇼핑

вишнёвый цвето́к	비시뇨비 쯔비똑	명 벚꽃
включа́ть-включи́ть	프끌류차치-프끌류치치	동 넣다, 포함하다, 켜다, 연결하다, 발동시키다, 가동하다

Отопле́ние включи́ли в 80% столи́чных домо́в.
(в восьми́десяти проце́нтах)

수도권 주택 80%에 난방을 가동했다.

вкус	프꾸스	명 맛, 취향
вку́сный	프꾸스늬	형 맛난, 맛나는
влага́лище	블라갈리셰	명 질(여성 생식기의)

владе́ть	블라졔치	동 소유하다, 가지고 있다, 지배하다, 사로잡다
	Са́мые разнообра́зные мы́сли и представле́ния одновреме́нно владе́ли Андре́ем. 매우 다채로운 생각과 상념들이 동시에 안드레이를 사로 잡았다.	
вла́жность ⓕ	블라즈너스치	명 습도, 습기
вла́жный	블라즈니	형 습한
вла́стный	블라스니	형 고압적인, 남을 억누르는, 권력을 가진
власть ⓕ	블라스치	명 권력, 힘, 통치기관, 행정당국
вне́шний	브녜시니	형 외부의, 표면상의
вне́шность ⓕ	브녜시너스치	명 외관, 외형, 외모, 겉모습
вниз	브니스	부 아래로, 하류로, 밑으로
внизу́	브니주	부 밑에, 아래에, 하단에
внима́ние	브니마니예	명 주의, 관심, 주목, 호의
внима́тельный	브니마쪨니	형 주의 깊은, 조심스러운, 배려하는, 자상한
вну́тренний ре́йс	브누뜨린니 레이스	명 국내선
вну́тренний	브누뜨린니	형 내부의, 안쪽의
вну́тренность ⓕ	브누뜨린나스치	명 내면, 내부, 내장

вода́	바다	명 물
води́тель 🔤	바지쪨	명 운전사, 운전자
води́тельские права́	바지쪨스끼예 쁘라바	명 면허증
води́ть	바지치	동 데리고 가다, 운전하다, 몰다

100-ле́тняя брита́нская ба́бушка во́дит маши́ну уже́ 85 лет и ни ра́зу не вре́залась.

100세 영국 할머니는 85년이나 자동차를 모는데 한 번도 충돌사고를 일으킨 적이 없다.

во́дка	봍까	명 보드카
водоём, водохрани́лище	바다욤, 바다흐라닐리셰	명 저수지, 못
водола́зный костю́м	바다라즈늬 까스쯈	명 잠수복
водопа́д	바다빹	명 폭포
водопрово́д	버다쁘라봍	명 상수도, 수도관
водоснабже́ние	버다스납제니예	명 급수, 수도, 급수시설
водосто́чная труба́	바다스또치나야 뜨루바	명 배수관
вое́нная слу́жба	바옌나야 슬루즈바	명 군 복무
вое́нный, военнослу́жащий	바옌늬, 바옌나슬루자시이	명 군인
возбужде́ние	바즈부즈졔니예	명 흥분, 자극, 선동

возвраща́ть-возврати́ть	바즈브라샤치-바즈브라찌치	동 반환하다, 갚다, 되돌려주다, 회복하다
	Я услы́шал звон, возврати́вший меня́ к про́шлому. 나는 나를 과거로 되돌리는 소리를 들었다.	
возвраща́ться-возврати́ться	바즈브라샤짜-바즈브라찌짜	동 돌아가다, 돌려주다, 되돌아오다, 회복하다
	Час за ча́сом си́лы возвраща́лись ко мне. 시간이 흐르면서 나는 차츰 회복되었다.	
воздухоочисти́тель ⓜ	바즈두하아치스찌찔	명 공기청정기
возду́шный океа́н, атмосфе́ра	바즈두시늬 아꼐안, 앝마스폐라	명 대기(大氣)
возду́шный шар	바즈두시늬 샤르	명 열기구
возду́шный ша́рик	바즈두시늬 샤릭	명 풍선
вози́ть	바지치	동 운송하다, 실어나르다
	Во́зят на база́р творожо́к, мя́со, молоко́. 코티지치즈, 고기, 우유를 장터로 실어 나른다.	
возника́ть-возни́кнуть	바즈니까치-바즈닉누치	동 싹이 트다, 시작되다, 발생하다, 생겨나다, 일다
	В душе́ возни́кло подозре́ние. 마음속에 의혹이 일었다.	

возража́ть- возрази́ть	바즈라자치- 바즈라지치	동 반대하다, 반박하다, 이의를 제기하다, 항의하다

И не возража́йте старику́!

노인에게 반대하지 마세요!

вокза́л	박잘	명 기차역, 철도역
волды́рь ⓜ	발디리	명 물집

Как вы́лечить волдыри́, натёртые обувью?

신발에 쓸려서 생긴 물집은 어떻게 치료해야 하나?

волейбо́л	발레이볼	명 배구
волк	볼크	명 늑대
волна́	발나	명 파도, 물결, 파동, 파장
волнова́ться- взволнова́ться	발나바짜- 브즈발나바짜	동 요동치다, 흔들리다, 흥분하다, 긴장하다, 걱정하다, 떨리다

Не волну́йтесь, всё бу́дет хорошо́.

걱정하지 마세요, 다 잘될 겁니다.

волноло́м	발날롬	명 방파제
во́лос (ⓟ во́лосы)	볼라스 (볼라싀)	명 머리카락
во́ля	볼랴	명 의지, 의사, 자유 의지
вон	본	부 저기로, 밖으로, 멀리
вопро́с	바쁘로스	명 질문, 문제
воробе́й	바라베이	명 참새
ворова́ть	바라바치	동 훔치다, 도둑질하다

А Б В Г Д Е Ж З И К Л М Н

	Верхо́вный суд Ита́лии при́нял реше́ние о пра́ве ворова́ть голо́дным, как Вы к э́тому отно́ситесь?	
	이탈리아 대법원은 굶주린 사람에게 훔칠 권리를 부여하는 결정을 내렸다. 당신은 이를 어떻게 생각하는가?	
воровство́	바랍스뜨보	명 도둑질, 절도
воро́на	바로나	명 까마귀
воро́та	바로따	명 대문, 외부 출입문
воротни́к	바랕닉	명 옷깃, 칼라
воскресе́ние	바스끄리셰니예	명 부활, 소생
воскресе́нье	바스끄리셰니예	명 일요일
воспи́танный	바스삐딴늬	형 예의 바른, 교양 있는
воспи́тывать-воспита́ть	바스삐띄바치-바스삐따치	동 기르다, 키우다, 양육하다
	Да́же как воспи́тывать сы́на, мне ука́зывает твоя́ мать.	
	당신 어머니는 심지어 아들을 어떻게 키워야 하는지조차 나에게 지시해.	
восто́к/восто́чный	바스똑/바스또츠늬	명 동, 동쪽/동쪽의
восхо́д	바스홑	명 떠오르는 것, 나오는 것
	вре́мя восхо́да и захо́да со́лнца	
	일출과 일몰 시각	
восходи́ть (всходи́ть)-взойти́	바스하지치 (프스하지치)-브자이찌	동 오르다, 올라가다, 뜨다, 싹트다

	Луна́ восхо́дит при захо́де Со́лнца, захо́дит при его́ восхо́де. 해가 지면 달이 뜨고, 해가 뜨면 달이 진다.	
вот	볼	소 여기, 저기, 그곳
вперёд	프베료트	부 앞으로, 앞에, 앞쪽으로
впереди́	프베리지	부 앞에, 전면에 전 ~앞에, ~앞면에
впечатле́ние	프베치뜰레니예	명 인상, 감상, 감흥, 감동
	Э́тот челове́к произво́дит на меня́ отта́лкивающее впечатле́ние. 이 사람은 내게 반감을 불러일으킨다.	
впосле́дствии	프빠슬롑스트비예	부 그 뒤, 나중에, 후에
врач	브라치	명 의사
вре́мя	브레먀	명 시간, 시각, 시절, 때
вре́мя го́да	브레먀 고다	명 계절
вро́де	브로졔	전 ~와 같은, 유사한// 소 ~인 것 같다
вса́сываться-всоса́ться	프사스바짜-프사사짜	동 흡수되다, 빨리다
	Препара́т хорошо́ вса́сывается в желу́дочно-кише́чном тра́кте. 약제는 위장관에서 잘 흡수된다.	
всё вре́мя	프쇼 브레먀	부 계속해서, 내내
всегда́	프시그다	부 항상, 언제나

вско́ре	프스꼬레	閉 멀지 않아, 곧, 얼마 후
вскри́кивать-вскри́кнуть	프스끄리끼바치-프스끄리끄누치	동 비명을 지르다, 날카로운 소리를 지르다

Вскри́кнув от бо́ли, он урони́л нож на пол.

통증 때문에 비명을 지르고서 그는 바닥에 칼을 떨어뜨렸다.

всле́дствие, попричи́не	프슬례츠뜨비예, 빠쁘리치녜	전 ~때문에, ~이유로
вспомина́ть-вспо́мнить	프스빠미나치-프스쁨니치	동 기억해내다, 떠올리다, 회상하다

Всё э́то уже́ когда́-то бы́ло в её жи́зни. Но где и когда́ — она́ не могла́ вспо́мнить.

이 모든 것이 그녀의 삶에서 언젠가 이미 있었던 일이었다. 하지만 언제, 어디서였는지 그녀는 떠올리지 못했다.

вспы́шка	프스쁴시까	명 발화, 격발, 분출// 카메라 플래시
встава́ть-встать	프스따바치-프스따치	동 일어나다, 기상하다

У́тром я встал с головно́й бо́лью.

나는 아침에 두통을 느끼며 일어났다.

встре́ча	프스뜨례차	명 만남, 약속
встреча́ть-встре́тить	프스트레차치-프스트레찌치	동 누구를 만나다
встреча́ться-встре́титься	프스뜨레차짜-프스레찌짜	동 누구와 만나다

В музе́е Алексе́й неожи́данно встре́тился с подру́гой.

박물관에서 알렉세이는 여자친구와 뜻밖에 마주쳤다.

встря́хивать-встряхну́ть	프스뜨랴히바치-프스뜨리흐누치	동 흔들어 섞다, 흔들다

Éсли встряхну́ть шампа́нское пе́ред откры́тием, ско́рость вы́лета про́бки бу́дет 13 ме́тров в секу́нду.

샴페인을 따기 전에 흔들면 마개가 날아가는 속도가 초당 13m가 될 거다.

вся́кий	프쌰끼	형 온갖, 별의별, 별별, 갖가지
вто́рник	프또르닉	명 화요일
втя́гивать-втяну́ть	프쨔기바치-프찌누치	동 끌어넣다, 끌어들이다, 흡입하다

Ей си́льно захоте́лось втяну́ть до́ктора в разгово́р.

그녀는 정말로 박사를 대화에 끌어들이고 싶었다.

вулка́н	불깐	명 화산
ву́льва	불바	명 외음부, 여성의 생식기
вход	프홑	명 들어가는 곳, 입구, 입장
входи́ть-войти́	프하지치-바이찌	동 들어가다, 참가하다, 입회하다

Входи́те, дверь откры́та!

들어오세요, 문 열렸어요!

входя́щие пи́сьма	프하쟈시예 삐사마	명 받은 편지함
вчера́	프체라	부 어제
вы	비	대 당신, 너희들

| выбира́ть-вы́брать | 비비라치-비브라치 | 동 고르다, 선택하다, 선정하다, 선발하다 |

На́до то́лько вы́брать подходя́щий моме́нт.

적절한 때를 고르기만 하면 된다.

вы́бор	비바르	명 선택, 선정, 선발
вы́боры	비바리	명 선거
вы́веска	비비스까	명 간판
вы́вод	비밭	명 데리고 나감, 물러남, 철수, 해임, 결말, 결론, 추론

| выдава́ть-вы́дать | 비다바치-비다치 | 동 내주다, 발급하다, 드러내다 |

Свиде́тельство о рожде́нии выдаю́т в о́ргане ЗАГС в день обраще́ния.

출생증명서는 호적등록사무소(작스)에서 신청일에 발급해 준다.

| вы́дох | 비도흐 | 명 날숨 |

| выдыха́ть-вы́дохнуть | 비디하치-비다흐누치 | 동 숨을 내쉬다, 날숨을 내쉬다 |

Вдохну́л, а вы́дохнуть не успе́л.

숨을 들이마셨지만 내뱉을 겨를이 없었다.

| выезжа́ть-вы́ехать | 비이즈자치-비예하치 | 동 출발하다, 떠나다(교통편으로 ~를 떠나다, ~로 출발하다) |

Они вы́ехали из го́рода то́лько в восьмо́м часу́ ве́чера.

그들은 저녁 7시가 넘어서야 도시를 떠났다.

вызздора́вливать-вы́здороветь	비즈다라블리바치-비즈다라비치	동 건강을 회복하다, 깨끗이 낫다, 완쾌하다

Не боле́й, выздора́вливай скоре́й.

아프지 마, 얼른 나아.

вызыва́ть-вы́звать	비지바치-비즈바치	동 부르다, 불러내다, 소집하다, 호출하다, 불러일으키다

Я вошёл в кварти́ру ти́хо, че́рез ку́хню, и шёпотом попроси́л вы́звать ко мне Наста́сью Его́ровну.

나는 부엌을 통해 조용히 집으로 들어가 나스타시야 예고로브나를 불러달라고 귓속말로 부탁했다.

выи́грывать-вы́играть	비이그리바치-비이그라치	동 이기다, 승리하다, 이겨서 얻다, 이익을 얻다

Впро́чем, в войне́ он разбира́лся хорошо́ и вы́играл все сраже́ния.

그런데 그는 전쟁을 잘 알았고 모든 전투에서 승리를 거뒀다.

вы́йти за́муж⟨/⟩	비이찌 자무시	동 결혼하다

Моя́ сестра́ вы́шла за́муж за однoку́рсника.

내 언니는 대학 동기와 결혼했다.

выключа́ть-вы́ключить	비끌류차치-비끌류치치	동 끄다, 차단하다, 잠그다, 제적하다

Пока́ он был в до́ме, кто-то вы́ключил свет.

그가 집에 있는 동안 누군가가 불을 껐다.

| вымета́ть-вы́мести | 비미따치-비미스찌 | 동 쓸어내다, 청소하다, 쓸다, 털다 |

Она́ вы́мела из ко́мнаты всю грязь.

그녀는 방에서 모든 쓰레기를 쓸어냈다.

| вымыва́ть-вы́мыть | 비믜바치-비믜치 | 동 씻다, 씻어내다, 씻어서 비우다 |

Он тща́тельно вы́мыл ру́ки и с полоте́нцем че́рез плечо́ подошёл к столу́.

그는 손을 꼼꼼하게 씻고 나서 수건을 어깨에 두르고 탁자로 다가갔다.

| вынима́ть-вы́нуть | 비니마치-비누치 | 동 꺼내다, 꺼내놓다 |

Он вы́нул плато́к, вы́сморкался.

그는 손수건을 꺼내서 코를 풀었다.

| вы́нужденный | 비누즈젠늬 | 형 강요된, 강제된, 어쩔 수 없이 해야 하는 |

Лю́ди, вы́нужденные до́лго находи́ться в помеще́ниях с высо́кой концентра́цией таба́чного ды́ма, всегда́ страда́ют хрони́ческим бронхи́том.

담배 연기가 자욱한 공간에 어쩔 수 없이 오래 있어야만 하는 사람들은 항상 만성 기관지염에 시달린다.

| выпе́ндриваться-вы́пендриться | 비뻰드리바짜-비뻰드리짜 | 동 잘난 체하다, 뻐기다 |

Наве́рное, ма́льчики всех во́зрастов лю́бят выпе́ндриваться, внеза́пно поду́мала я.

어쩌면 나이에 상관없이 남자들은 뻐기기를 좋아한다고 갑자기 나는 생각했다.

вы́печка	비뻬치까	명 제과, 밀가루로 구운 식품
выпива́ть-вы́пить	비삐바치-비뻬치	동 마시다, 술을 즐기다

Датча́нину ко́фе ну́жен бо́льше, чем еда́, и я выпива́ю три ча́шки.

덴마크인에게는 음식보다 커피가 더 필요한데, 나는 석 잔을 마신다.

выполня́ть-вы́полнить	비빨냐치-뻬빨니치	동 수행하다, 이행하다, 완수하다

Исполни́тель не соблюда́ет сро́ки. Рабо́та и́ли услу́га должна́ быть вы́полнена в срок.

시행사가 시한을 지키지 않아요. 일이나 서비스는 시한 내에 이행되어야 합니다.

выража́ть-вы́разить	비라자치-비라지치	동 표현하다, 나타내다, 표명하다

Он поверну́лся лицо́м к стене́, вы́разив э́тим движе́нием сра́зу то, что никуда́ он отсю́да не пойдёт.

그는 얼굴을 벽을 향해 돌렸다. 이 행동으로 그는 여기서 아무 곳으로도 가지 않겠다는 것을 단번에 표현했다.

выраже́ние	비라제니예	명 표현
выраже́ние лица́	비라제니예 리짜	명 표정
выраста́ть-вы́расти	비라스따치-비라스찌	동 자라다, 성장하다

Я вы́росла в христиа́нской семье́.

나는 기독교 가정에서 자랐다.

высо́кий	비소끼	형 높은, 키가 큰, 고상한

высокоскоростно́й по́езд	비사까스까라스노이 뽀이스뜨	명 고속열차
высота́	비사따	명 높이
вы́ставка	비스땁까	명 전시, 진열, 전시회, 박람회
выступа́ть/ вы́ступить за	비스뚜빠치/ 비스뚜삐치 자	동 찬성하다, 찬성하고 나서다, 지지하다

Мы выступа́ем за многопарти́йность, возмо́жность беспрепя́тственно выража́ть мне́ние.

우리는 다당제, 의사 표현의 자유를 지지합니다.

выступа́ть/ вы́ступить про́тив	비스뚜빠치/ 비스뚜삐치 쁘로찝	동 반대하다, 반대하고 나서다, 항의하다

Духо́вные ли́деры обе́их общи́н вы́ступили про́тив эскала́ции конфли́кта.

두 공동체의 영적 지도자들은 갈등의 확산에 반대했다.

выступа́ть- вы́ступить	비스뚜빠치- 비스뚜삐치	동 앞으로 나가다, 표면으로 나서다, 공연하다, 무대에 나가다, 연설하다, 발표하다

Иногда́ мне предлага́ли вы́ступить с докла́дом на кру́пных конфере́нциях.

때때로 대규모 콘퍼런스에서 발표하라고 내게 요청해오곤 했다.

выступле́ние	비스뚜쁠레니예	명 출현, 등장, 연설, 발표, 공연

вытя́гивать-вы́тянуть	비쨔기바치-비찌누치	동 **잡아당기다, 늘이다, 뽑아내다, 뻗다**

Я вы́тянул вперёд ле́вую ру́ку, заката́в рука́в.

나는 왼팔을 앞으로 뻗어 소매를 걷어 올렸다.

вытя́гиваться-вы́тянуться	비쨔기바짜-비찌누짜	동 **늘어나다, 펴지다, 기지개를 켜다, 손발을 뻗다**

Чья-то рука́ вы́тянулась по направле́нию к коро́бке и взяла́ её.

누군가의 손이 상자 쪽으로 뻗더니 그것을 집어서 가져갔다.

вы́ход	비할	명 **나가는 곳, 출구, 정문, 등장, 종료, 나가기**
вы́ход на поса́дку	비할 나 빠살꾸	명 **탑승구**
выходи́ть-вы́йти	비하지치-비이찌	동 **나가다, (교통수단에서) 내리다, 분출하다**

Вы выхо́дите на сле́дующей остано́вке?

다음 정거장에서 내리시나요?

выходно́й день	비할노이 젠	명 **휴일**
вычёркивать-вы́черкнуть	비쵸르끼바치-비치륵누치	동 **지우다, 삭제하다**

Она́ хоте́ла вы́черкнуть его́ из свое́й жи́зни, но э́то бы́ло непро́сто.

그녀는 그를 자신의 인생에서 지우고 싶었지만, 그건 쉽지 않았다.

вычисле́ние	비치슬레니예	명 **계산, 산출**

вычисля́ть-вы́числить	비치슬랴치-비치슬리치	동 계산하다, 산출하다, 산정하다, 셈하다
	Калькуля́тор позволя́ет вы́числить ра́зницу ме́жду двумя́ да́тами.	
	계산기로 두 날짜 간의 차이를 계산할 수 있다.	
	Вы́числить пло́щадь фигу́ры, ограни́ченной ли́ниями.	
	선으로 둘러싸인 도형의 면적 구하기.	
вычита́ние	비치따니예	명 뺄셈
вычища́ть-вы́чистить	비치샤치-비치스찌치	동 청결하게 하다, 청소하다, 싹쓸이하다
	Я сего́дня не успе́л вы́чистить ло́дку.	
	나는 오늘 보트를 청소할 시간이 없었다.	
вы́шивка	비싶까	명 자수, 수놓기
вы́шка	비시까	명 망루, 탑, 도약대
вьюно́к, ипоме́я	비유녹, 이빠몌야	명 나팔꽃
вяза́ние	비자니예	명 뜨개질
	вяза́ние крючко́м, вяза́ние спи́цами	
	코바늘 뜨개질, 대바늘 뜨개질	

Г

газ	가스	명 가스
газе́та	가졔따	명 신문
газиро́ванная вода́	가지로반나야 바다	명 탄산수
газиро́вка	가지롶까	명 탄산이 들어간 물, 음료
га́зовая плита́	가자바야 쁠리따	명 가스레인지
газо́н	가존	명 잔디
газообра́зное те́ло, газ	가자압라즈나예 쪨라, 가스	명 기체, 가스
галере́я	갈례례야	명 미술관, 갤러리
гале́та, сухо́е пече́нье	갈례따, 수호예 삐체니예	명 비스킷
га́лстук	갈스뚝	명 넥타이
ганте́ль⒡	간뗄	명 아령, 덤벨
гара́ж	가라시	명 차고
гардеро́б	가르지롶	명 의류 보관소, 옷장
гвоздь⒨	그보즈치	명 못
где	그졔	부 관 어디에, 어디, 어디서

гель⑩ для воло́с	겔 들랴 발로스	몡 헤어젤
генера́льный дире́ктор, президе́нт	계녜랄늬 지렉따르, 쁘레지곈트	몡 대표이사, CEO
геогра́фия	기오그라피야	몡 지리, 지리학
гепати́т	계빠쥍	몡 간염
геро́й (⑪геро́йня)	계로이 (기라이냐)	몡 주인공
гимн, хвала́, ака́фист	김느, 흐발라, 아까피스뜨	몡 찬송가, 찬미가
гимна́стика	김나스찌까	몡 체조
гинекологи́ческое отделе́ние	기니깔라기치스꺼예 앝질례니예	몡 부인과(병원)
ги́нкго	긴가	몡 은행나무
гипертони́я, высо́кое давле́ние	기뻬르따니야, 븨소까예 다블례니예	몡 고혈압
гипно́з	깊노스	몡 최면

Е́сли кто́-то вво́дит вас в гипно́з про́тив ва́шей во́ли, то э́то пло́хо.

만약 누군가 당신의 의지에 반해서 당신에게 최면을 건다면 그것은 나쁘다.

гипнотизи́ровать	깊나찌지라바치	동 최면술을 걸다, 매혹하다

Она́ начина́ла его́ гипнотизи́ровать.

그녀는 그에게 최면을 걸기 시작했다.

гипс	깁스	몡 석고, 깁스, 석고붕대
гипсофи́ла	깁사필라	몡 안개꽃
ги́ря	기랴	몡 시계추, 추, 아령
гита́ра	기따라	몡 기타(악기)
гитари́ст	가따리스뜨	몡 기타리스트
глава́	글라바	몡 우두머리, 선두, 장
гла́вный	글라브늬	혱 중요한, 주된
гла́вный ко́рпус	글라브늬 꼬르뿌스	몡 본관
гла́дить-вы́гладить, погла́дить	글라지치-븨글라지치, 빠글라지치	동 다림질하다, 다리다// 어루만지다, 쓰다듬다

Гла́дить мужски́е руба́шки во́все не сло́жно, е́сли знать, как пра́вильно э́то де́лать.

제대로 하는 방법을 알기만 하면 남성용 와이셔츠 다리기는 전혀 어렵지 않다.

Она́ се́ла ря́дом, погла́дила ему́ по голове́.

그녀는 옆에 앉은 다음 그의 머리를 쓰다듬었다.

глаз (@глаза́)	글라스 (글라자)	몡 눈(目)
гло́бус	글로부스	몡 지구본, 구(球)
глосса́рий	글라사리	몡 용어집
гло́хнуть-огло́хнуть	글로흐누치-아글로흐누치	동 귀가 멀다

глубина́	글루비나	명 깊이
глу́пый	글루쁴	형 멍청한, 어리석은
гнездо́	그니즈도	명 둥지
го	고	명 바둑
гобо́й	가보이	명 오보에(악기)
говори́ть-сказа́ть	가바리지-스까자치	동 말하다, 얘기하다
	Скажи́ мне то́лько пра́вду. 내게 진실만을 말해줘.	
говя́дина	가뱌지나	명 소고기
год(복수 생격 лет)	곧 (렡)	명 해, 년, 년도
	Ско́лько тебе́ лет? 너 몇 살이니?	
годи́ться	가지짜	동 적합하다, 쓸모 있다, 어울리다
	Куда́ э́то годи́тся? Никуда́ не годи́тся. 이걸 어디다 쓰겠어요? 아무짝에도 쓸모가 없죠.	
годовщи́на	가답시나	명 기념일, 주기
го́лень ⓕ	골렌	명 정강이, 종아리
голова́	걸라바	명 머리, 선두, 지성
головно́й	걸라브노이	형 선두의, 우두머리의, 선도하는
голо́дный	갈론늭	형 굶주린, 배고픈, 기아의
го́лос	골라스	명 목소리

голосова́ние	걸라사바니예	명 투표, 표결
голубцы́	갈룹찌	명 갈룹찌(고기를 양배추로 말아 찐 요리)
го́лубь 🔊	골룹	명 비둘기
гольф	골프	명 골프
гонча́рное де́ло	간차르나예 젤라	명 도예
гора́	가라	명 산, 산악, 더미
горди́ться	가르지짜	동 자랑스러워하다, 자랑으로 여기다, 뽐내다, 긍지를 갖다

Револю́ция свече́й! Я горжу́сь
свое́й Ро́диной!

촛불 혁명! 나는 내 나라가 자랑스럽다!

го́ре	고레	명 슬픔, 괴로움
горе́ть-сгоре́ть	가례치-즈가례치	동 타다, 불타다, 켜지다, 켜져 있다, 빛나다, 번쩍이다, 타다

В по́лночь я пил у них чай в
ти́хой семе́йной обстано́вке,
когда́ горе́л ками́н.

나는 자정에 그들 집에서 벽난로가 타는 가운데 조용한
가족적인 분위기에서 차를 마셨다.

горизо́нт	가리존뜨	명 지평선, 수평선
гори́лла	가릴라	명 고릴라
го́рка	고르까	명 언덕, 구릉, 미끄럼틀

го́род	고랕	몡 도시
горожа́нин	거라자닌	몡 도시민, 도시 거주민
горо́х, горо́шек	가로흐, 가로섹	몡 완두콩
горчи́ца	가르치짜	몡 겨자 소스
горшо́к	가르속	몡 항아리, 단지
горшо́к для ребёнка	가르속 들랴 리본까	몡 유아용 변기
го́рький	고르끼	혱 쓴, 쓰디쓴, 괴로운, 비참한
горя́щая путёвка, горя́щий тур	가랴샤야 뿌쑙까, 가랴시 투르	몡 막바지 특별할인 여행 상품

Мы е́здили по горя́щей путёвке в Ту́рцию, никаки́х пробле́м не́ бы́ло вообще́.

우리는 막바지 특별할인 상품을 이용해서 터키로 여행 갔다 왔는데 전혀 아무런 문제가 없었다.

го́спиталь⒨	고스삐딸	몡 병원(주로 군 병원)
гости́ная	가스찐나야	몡 거실
гости́ница	가스찌니짜	몡 호텔
гость⒨	고스치	몡 손님

За́втра мы пойдём к ним в го́сти.

내일 우리는 그들 집에 손님으로 갈 거다.

госуда́рственный	가수다르스뜨벤늬	혱 국립의, 국영의, 국가의
госуда́рство	가수다르스뜨바	몡 국가

гости́ница, оте́ль ⓜ 가스찌니짜, 아뗄 호텔

гла́вный ко́рпус 글라브니 꼬르뿌스 본관

дополни́тельный ко́рпус 더빨니쪨늬 꼬르뿌스 별관

вестибю́ль ⓜ 베스찌불 로비

сто́йка регистра́ции 스또이까 레기스뜨라찌야 프런트 데스크

регистра́ция зае́зда 레기스뜨라찌야 자예즈다 체크인

регистра́ция отъе́зда 레기스뜨라찌야 앝예즈다 체크아웃

одноме́стный но́мер 아드나몌스늬 노몌르 싱글룸

двухме́стный но́мер 드부흐몌스늬 노몌르 트윈룸

свобо́дный но́мер 스바보드늬 노몌르 빈방

чаевы́е 치이븨예 팁

портье́ / носи́льщик
빠르찌예 / 나씰식 남자 종업원(벨보이, 포터)

го́рничная 고르니치나야
여종업원(객실 담당 메이드, 청소 담당 직원)

звоно́к-напомина́ние 즈바녹-나빠미나니예 모닝콜 서비스

обслу́живающий персона́л 압슬루직바유시 뻬르사날
서비스 직원

заказа́ть(заброни́ровать) но́мер
저까자치(저브라니로바치) 노몌르 (방을) 예약하다

обме́н валю́ты 아브몐 발류띠 환전

готóвить-подготóвить	가또비치-빠가또비치	동 준비하다, 채비하다, 요리하다, 훈련하다, 양성하다
	Как заставить мужа готовить ужин?	
	어떻게 하면 남편이 저녁밥을 짓게 할 수 있을까요?	
готóвиться	가또비짜	동 준비하다, 대비하다, 마련하다
	Я не сплю и не смотрю телевизор, а готóвлюсь к экзáмену!	
	나는 잠도 자지 않고 텔레비전도 보지 않아, 시험을 준비하고 있어!	
град	그랕	명 우박
грáдусник	그라두스닉	명 체온계
грамм	그람	명 그램(g)
грéцкий орéх	그레쯔끼 아례흐	명 호두
грибы́	그리비	명 버섯
грипп	그맆	명 유행성 감기, 독감
гром	그롬	명 천둥, 우레
грýбый	그루븨	형 거친, 무례한, 서툰, 조야한
грудь	그루치	명 가슴
груз, багáж	그루스, 바가시	명 화물, 짐
грузовúк	그루자빅	명 화물차, 트럭

грунтова́я доро́га, немощёная доро́га	그룬따바야 다로가, 니마숀나야 다로가	몡 비포장도로
группово́е путеше́ствие	그루빠보예 뿌찌셰스뜨비예	몡 단체 여행
грусти́ть	그루스찌치	동 쓸쓸해하다, 침울해하다, 우울해하다

Что́бы он переста́л грусти́ть и улыбну́лся.

그는 침울해하지 않기 위해 미소를 지었다.

гру́стный	그루스느	혱 쓸쓸한, 울적한, 침울한
грусть ☑	그루스치	몡 우울, 울적함, 쓸쓸함
гру́ша	그루샤	몡 배(과일)
гря́зный	그랴즈느	혱 더러운, 지저분한
грязь ☑	그랴시	몡 진흙, 오물, 더러운 것

Росси́йский тенниси́ст не уда́рил лицо́м в грязь.

러시아 테니스 선수는 자기 얼굴에 먹칠하지 않았다.

губа́ (⑫гу́бы)	구바 (구븨)	몡 입술
гуля́ть	굴랴치	동 산책하다, 거닐다, 놀다

Мы гуля́ли с тобо́й по па́рку.

너와 함께 우리는 공원을 거닐었다.

гу́сеница	구시니짜	몡 애벌레, 유충
густе́ть-загусте́ть	구스쩨치-자구스쩨치	동 걸쭉해지다, 엉기다

Éсли суп óчень загустéет, то подли́ть во врéмя вáрки тёплой воды́.

국이 아주 걸쭉해지면 끓을 때 따뜻한 물을 붓는다.

| гусь ⓜ | 구스 | 몡 거위 |

Д

давáть-дать	다바치-다치	동 주다, 제공하다, 베풀다, 허용하다

Он прúнял меня́ обрáтно и дал мне нóвое úмя.

그는 나를 다시 받아들였고 내게 새로운 이름을 주었다.

давнó	다브노	부 오래전에, 오래전부터
далёкий	달료끼	형 먼, 멀리 떨어진
дáмба, плотúна	담바, 쁠라찌나	명 댐, 방죽, 둑
дар	다르	명 선물, 선물, 재능
дарúть-подарúть	다리치-빠다리치	동 선물하다, 선사하다
дáта	다따	명 날짜, 일자
дáча	다차	명 시골집, 시골 별장
дверь ⓕ	드베르	명 문
двúгатель ⓜ	드비가꼘	명 엔진, 모터, 동력
двúгаться	드비가짜	동 움직이다, 자리를 바꾸다, 옮겨가다, 나아가다

Наýка должнá двúгаться вперёд.

과학은 앞으로 나아가야 한다.

двор, двóрик	드보르, 드보릭	명 마당, 앞마당, 안뜰

двуспа́льная крова́ть	드부스빨나야 끄라바치	명 **2인용 침대, 더블베드**
двухэта́жная крова́ть	스부흐에따즈나야 끄라바치	명 **2층 침대**
дебето́вая ка́рта	지비또바야 까르따	명 **직불카드**
де́вочка	졔보치까	명 **소녀**
Дед Моро́з	졛 마로스	명 **산타클로스**
де́душка, дед	졔두시까, 졛	명 **할아버지, 조부**
дезинфици́ровать	지진피찌라바치	동 **살균하다, 멸균하다, 소독하다**

Дезинфици́ровать оде́жду больно́го.

환자의 옷을 소독하다.

де́йствие	졔이스뜨비예	명 **행동, 행위, 실천, 활동**
де́йствовать	졔이스뜨바바치	동 **행동하다, 작동하다, 효력을 미치다**

Я уста́л разду́мывать и реши́л де́йствовать.

나는 고민하기에 지쳐서 행동하기로 했다.

де́лать-сде́лать	졜라치-즈졜라치	동 **하다, 만들다, 제작하다, 창조하다**

Сейча́с я де́лаю дома́шнее зада́ние.

나는 지금 숙제하고 있다.

де́лать-сде́лать опера́цию	졜라지-즈졜라치 아뻬라찌유	동 **수술하다**

	На́шему де́ду ну́жно сде́лать дорогосто́ящую опера́цию. 우리 할아버지는 비용이 많이 드는 수술을 받아야 한다.	
деле́ние	질례니예	명 나눗셈
делика́тный	질리깥늬	형 섬세한, 우아한, 예민한
дели́ть-раздели́ть	질리치-라즈질리치	동 나누다, 분할하다
	Де́сять раздели́ть на два равня́ется(равно́) пяти́. 10 나누기 2는 5	
дели́ться-раздели́ться, подели́ться	질리짜-라즈질리짜, 빠질리짜	동 나뉘다, 나누다, 분할하다, 공유하다, 함께 하다
	Же́нщины собира́лись вокру́г коло́дца, что́бы подели́ться све́жими новостя́ми. 여인들이 새 소식을 나누려고 우물 주변으로 모여들었다.	
День дете́й	젠 지쩨이	명 어린이날
День побе́ды	젠 빠베디	명 전승기념일
День роди́телей	젠 라지쩰레이	명 어버이날
день рожде́ния	젠 라지졔니야	명 생일, 탄생일
	Мой день рождения 24-го мая. 내 생일은 5월 24일이야.	
День урожа́я, Чусок	젠 우라자야, 추석	명 추석
день m	젠	명 낮, 주간, 일, 날, 오후
	Добрый день! 안녕하세요, 안녕(낮 인사)	

де́ньги	졔기	명 돈
депози́т	지빠짙	명 예금, 보증금, 공탁금
дёргать	죠르가치	동 끌어당기다, 잡아당기다, 뽑다, 자극하다, 귀찮게 하다, 괴롭히다

Я уже́ переста́л дёргать дверь за ру́чку и стал наблюда́ть за фигу́рой.

나는 손잡이로 문을 당기는 것을 멈추고 형체를 관찰하기 시작했다.

дере́вня	지례브냐	명 시골, 촌락
де́рево (복**дере́вья**)	졔례바 (지례비야)	명 나무, 목재
деревя́нный	지리뱐늬	형 나무의, 나무로 만든// 무감각한, 우둔한
держа́ть-подержа́ть	지르자치-빠지르자치	동 쥐다, 잡다, 붙잡고 있다, 유지하다, 두다

Держи́ меня́ покре́пче за ру́ку.

내 손을 더 세게 잡아.

держа́ться	지르쟈짜	동 붙잡다, 잡고 지탱하다, 붙어 있다, 유지하다// 침착하게 대처하다

10 ти́пов мужчи́н от кото́рых ну́жно держа́ться пода́льше.

멀리해야 하는 10가지 유형의 남자들.

дерматологи́ч еское отделе́ние	지르마딸라기치스 까예 앋질례니예	명 피부과

десе́рт	지세르트	명 후식, 디저트
детекти́в	데떽찦	명 탐정, 형사, 추리소설, 추리영화
де́тская	졔쯔까야	명 아이 방
де́тская го́рка	졔쯔까야 고르까	명 미끄럼틀
де́тская площа́дка	졔쯔까야 쁠라샷까	명 놀이터
де́тский нагру́дник	졔쯔끼 나그룬닉	명 턱받이
де́тский сад	졔쯔끼 샅	명 유치원
де́тство	졔쯔뜨바	명 어린 시절
дешёвый	지쇼븨	형 값이 싼, 저렴한, 천박한
джи́нсы	쥔싀	명 청바지
джин-то́ник	진또닉	명 진토닉
джо́ггинг, бег трусцо́й	조깅, 벡 뜨루스쪼이	명 조깅, 건강 달리기
диабе́т (са́харный)	지아뼅 (사하르늬)	명 당뇨병
диале́кт	지알렉트	명 사투리, 방언
диало́г	지알록	명 대화, 의논, 담화
дива́н	지반	명 소파
ди́зельное то́пливо, ди́зель	디젤너예 또쁠리바, 디젤	명 경유

Д

дипло́м	지쁠롬	명 졸업증서, 학위인증서, 면허장, 졸업논문
дирижёр	지리조르	명 지휘자
диссерта́ция	지셰르따찌야	명 학위논문, 논문
дисципли́на	지스찌쁠리나	명 규율, 기강, 교과, 과목
длина́	들리나	명 세로, 길이
дли́нный	들린늬	형 기다란, 긴
дневни́к	드니브닉	명 일기, 일기장
днём	드뇸	부 낮에, 오후에
до	다(도)	전 ~까지
до сих пор	다 시흐 뽀르	부 지금껏, 이제까지
добавля́ть- **доба́вить**	다바블랴치-다바비치	동 보태다, 추가하다, 첨가하다, 보충하다, 덧붙여 말하다, 덧붙이다
	Éсли вы хоти́те доба́вить текст к изображе́нию на ва́шем моби́льном устро́йстве, есть соотве́тствующие приложе́ния. 당신이 모바일 기기 이미지에 텍스트를 추가하고 싶다면, 적당한 애플리케이션이 있다.	
добива́ть-доби́ть	다비바치-다비치	동 패배시키다, 없애버리다, 죽이다, 종 치기를 마치다

	Ра́неный го́лубь перелета́л с ме́ста на ме́сто.--- Я взял ружьё, и мы доби́ли э́того го́лубя.	

다친 비둘기가 이곳에서 저곳으로 퍼드득거렸다. 나는 소총을 집어 들었고 우리는 이 비둘기를 죽였다.

добива́ться- доби́ться	다비바짜-다비짜	동 얻다, 손에 넣다, 이루어내다, 성취하다

Он отда́л себя́ люби́мому де́лу и нема́лого доби́лся.

그는 좋아하는 일에 자신을 바쳤고 적지 않은 것을 이루어냈다.

добира́ться- добра́ться	다비라짜-다브라짜	동 힘들게 다다르다, 노력하여 어떤 것을 이해하다, 알게 되다

Я продолжа́л свой путь с бо́льшей осторо́жностью и, наконе́ц, сча́стливо добра́лся до свое́й кварти́ры.

나는 아주 조심스럽게 계속 길을 갔고 마침내 행복한 마음으로 내 집에 당도했다.

добро́	다브로	명 선, 선행, 좋은 것
до́брый	도브리	형 선한, 선량한, 호의적인, 착한
добыва́ть-добы́ть	다비바치-다비치	동 손에 넣다, 구하다, 얻다, 벌다, 채굴하다, 채취하다, 획득하다

Челове́к, кото́рый хо́чет добы́ть бога́тство при по́мощи ма́гии, до́лжен знать: халя́вы здесь не бу́дет.

마술을 부려서 부를 거머쥐고자 하는 자는 이곳엔 공짜가 없다는 사실을 알아야 한다.

дове́рие	다베리예	명 신뢰, 신임, 믿고 맡김

А
Б
В
Г
Д
Е
Ж
З
И
К
Л
М
Н

доверять- **доверить**	다비랴치-다베리치	동 믿고 맡기다, 신임하다, 위임하다
	Я доверяю своего ребёнка учителю. 나는 내 아이를 선생님께 믿고 맡긴다.	
довольно	다볼나	부 상당히, 꽤, 필요한 만큼
довольный	다볼늬	형 만족한, 흡족한
договариваться- **договориться**	다가바리바짜- 다가바리짜	동 합의하다, 교섭하여 결정하다, ~하기로 하다, 동의하다
	Мой друг договорился о встрече с президентом. 내 친구는 대통령과 만나기로 했다.	
доезжать-доехать	다이즈자치-다예하치	동 지정된 장소까지 도착하다, 도달하다
	Туда можно доехать на автобусе, или на такси. 거기는 버스나 택시로 갈 수 있습니다.	
дождевик	다즈지빅	명 비옷
дождливый	다즈들리비	형 비가 오는
	дождливый сезон 우기, 장마철	
дождь ⓜ	도시치	명 비(雨)
доза	도자	명 복용량, 1회분
доказывать- **доказать**	다까즤바치-다까자치	동 증명하다, 입증하다, 증언하다

Докажи́те же мне э́то, потому́ что я не могу́ и не име́ю пра́ва ве́рить вам на́ слово.

이것을 제게 증명해 주세요. 저는 말만 듣고 당신을 믿을 수도 없고 그럴 권한도 없기 때문입니다.

до́ктор	독떠르	명 박사, 의사
до́лго	돌가	부 오래, 오랫동안
долгота́	달가따	명 경도(經度)
до́лжность ①	돌즈노스치	명 직위, 직
доли́на	달리나	명 계곡
дом	돔	명 집, 주택
до́ма	도마	부 집에서, 자기 근거지에서
дома́шнее зада́ние	다마시니예 자다니예	명 숙제
дома́шний	다마시니	형 집의, 집안의, 가족의

Ты уже́ сде́лал дома́шнее зада́ние?

너 벌써 숙제 다 했니?

домо́й	다모이	부 집으로
домохозя́йка	다마하쟈이까	명 가정주부, 전업주부
допоздна́	다빠즈나	부 밤늦게까지, 늦도록
дополни́тельный	다빨니쩰늬	형 보충의, 추가의, 여분의
доро́га	다로가	명 길, 도로

дорогóй	다라고이	형 소중한, 친애하는// 비싼, 고가의
дорóжная застáва, шлагбáум	다로즈나야 자스따바, 실락바움	명 톨게이트, 요금소, 차단기
дорóжные ограждéния	다로즈늬예 아그라즈졔니야	명 가드레일
дорóжный знак, указáтель	다로즈늬 즈낙, 우까자쪨	명 도로 표지판
доскá	다스까	명 판, 판자, 도마
доскá объявлéний	다스까 압이블레니	명 게시판, 공고판
достáвка товáра	다스땁까 따바라	명 택배
достáвщик, курьéр	다스땁식, 꾸르예르	명 택배기사
достигáть- достúгнуть, достúчь	다스치가치- 다스찍누치, 다스치치	동 도달하다, 미치다, 이르다, 달성하다, 성취하다

Тот, кто действúтельно занимáется, достигáет отлúчных результáтов.

정말로 공부하는 사람이 탁월한 결과에 도달한다.

| достóинство | 다스또인스트바 | 명 존엄, 위엄, 가치, 장점, 유용성 |
| достóйный | 다스또인늬 | 형 가치가 있는, ~할 자격이 있는 |

достоприме-ча́тельность⑦	다스따쁘리미-차쳴나스치	명 유적지, 명승지, 관광지
доходи́ть-дойти́	다하지치-다이찌	동 걸어서 다다르다, 이르다, 도착하다

Я сам до до́ма дойду́.
나 혼자 스스로 집까지 갈게.

дочь (до́чка)	도치 (도치까)	명 딸
драгоце́нность⑦	드라가쪤노스치	명 귀중품, 보석
драгоце́нные мета́ллы	드라가쪤늬예 미딸릐	명 귀금속
драгоце́нный ка́мень	드라가쪤늬 까민	명 보석
дра́ма	드라마	명 드라마(장르)
дрема́ть	드리마치	동 졸다, 선잠을 자다, 잠재하다, 빈둥거리다

Звук тормозо́в разбуди́л нача́вших дрема́ть друзе́й.
브레이크 소리가 졸기 시작한 친구들을 깨웠다.

дробь⑦, дро́бное число́	드롭, 드롭나예 치슬로	명 분수, 소수
друг (⑦подру́га, ⑩друзья́)	드룩 (빠드루가, 드루지야)	명 벗, 친구(여자 친구, 친구들)
дружи́ть, дружи́ться	드루지치, 드루지짜	동 사귀다, 친하다

Они́ дру́жат с де́тства.
그들은 어릴 때부터 친하다.

ДТП(доро́жно-тра́нспортное происше́ствие)	데떼뻬(다로즈나 뜨란스뽀르뜨나예 쁘라이세스뜨비예)	명 교통사고
дуб	둪	명 떡갈나무, 참나무
ду́мать-поду́мать	두마치-빠두마치	동 생각하다, 여기다, 예상하다

Я ду́маю, что ты не прав.

나는 네가 틀렸다고 생각해.

дури́ть	두리치	동 철없는, 어리석은 짓을 하다, 황당한 행동을 하다, 고집부리다

Он на ста́рости стал дури́ть.

그는 노년에 어리석은 행동을 하게 되었다.

дуть	두치	동 바람이 불다, 숨을 내쉬다, 입으로 불다

С мо́ря дул вла́жный, холо́дный ве́тер.

바다에서 습하고 찬바람이 불어왔다.

ду́ться	두짜	동 뽀로통하다, 못마땅해서 불만을 나타내다, 삐치다, 토라지다

Хотя́ мы с ним и помири́лись, но он всё ещё продолжа́ет на меня́ ду́ться.

그와 나는 화해했는데도 불구하고 그는 여전히 내게 삐쳐 있다.

духи́	두히	명 향수
духо́вка	두홉까	명 오븐

душ	두시	명 샤워기
душа́	두샤	명 마음, 정신, 영혼
дым	딤	명 연기(煙氣)
дыха́ние	듸하니예	명 호흡, 숨결, 생기
дыша́ть	듸샤치	동 숨 쉬다, 호흡하다

Моро́зный во́здух не дава́л
возмо́жности глубоко́ дыша́ть.
혹한의 공기 때문에 심호흡할 수 없었다.

дя́дя	쟈쟈	명 삼촌, 아저씨

E

Евро́па	이브로빠	명 유럽
едва́	옏바	부 겨우, 간신히, 가까스로
ежедне́вник	이지드네브닉	명 다이어리
е́здить	예즈지치	동 타고 다녀오다, 다니곤 하다, 여행하다

Я е́зжу на рабо́ту на трамва́е.

나는 전차를 타고 출근한다.

ёлка, ель ⓕ	욜까, 옐	명 전나무
есть	예스치	동 이다, 있다

У тебя́ есть де́ньги на обе́д?

너 밥 사 먹을 돈 있어?

есть-съесть	예스치-스예스치	동 먹다, 먹어치우다, 삼키다, 없애다

Он разре́зал карто́фелину на четы́ре ча́сти, кру́то посы́пал со́лью и приня́лся есть.

그는 감자를 네 조각으로 자르고 소금을 세게 친 다음 먹기 시작했다.

е́хать-пое́хать	예하치-빠예하치	동 (타고) 가다, 떠나다, 출발하다

Катю́ша пое́хала в го́род и останови́лась там у тётки.

까쮸샤는 도시로 떠났고 그곳에서 아주머니댁에 머물렀다.

Ж

жа́воронок	자바라낙	명 종달새
жадеи́т	자데일	명 옥(玉)
жа́жда	자즈다	명 갈망, 열망
жа́ждать	자즈다치	동 갈망하다, 열망하다, 간절히 원하다

Леса́ и сады́ жа́ждут дождя́.
숲과 정원들이 비를 간절히 원한다.

жале́ть-пожале́ть	잘레치-빠잘레치	동 안타까워하다, 아쉬워하다, 애석하게 여기다, 가여워하다, 불쌍히 여기다, 후회하다

Э́та несча́стная же́нщина
лю́бит и жале́ет своего́ му́жа.
이 불행한 여자는 자기 남편을 사랑하고 불쌍히 여긴다.

Психо́логи сове́туют не жале́ть о
совершённых посту́пках.
심리학자들은 이미 실행한 행동은 안타까워하지 말라고
충고한다.

жа́лость ⑦	잘라스치	명 연민, 불쌍하고 가련하게 여김
жалюзи́	잘류지	명 블라인드
жа́рить	자리치	동 굽다, 볶다, 태우다, 작열하다

	Со́фья, я бу́ду жа́рить тебе́ карто́шку с гриба́ми и сы́ром.	
	소피야, 내가 너에게 버섯과 치즈 넣어서 감자 볶아줄게.	
жа́ркий	자르끼	형 더운, 뜨거운
жва́чка, жева́тельная рези́нка	지바치까, 지바쩰나야 리진까	명 껌
ждать-подожда́ть	즈다치-빠다즈다치	동 기다리다, 대기하다
	Вы давно меня ждёте?	
	저를 오래 기다리셨어요?	
жева́ть	지바치	동 씹다, 깨물어 부수다
	Ло́шадь жуёт се́но.	
	말이 건초를 씹는다.	
жела́ть-пожела́ть	질라치-빠질라치	동 빌다, 바라다, 희망하다
	Пожела́й мне уда́чи.	
	내게 행운을 빌어줘.	
желе́зная доро́га	질례즈나야 다로가	명 철도
желе́зо	질례자	명 철(鐵)
жёлтый	졸띄	형 노란
желу́док	질루닥	명 위(胃)
жёлудь ⓜ	졸루치	명 도토리
же́мчуг	젬축	명 진주
жена́тый ⓜ	지나띄	형 기혼의, 결혼한
	Он жена́т.	
	그는 결혼했다.	

жени́тьба	즈니지바	몡 혼인, 혼례
жени́ться 🔊	즈니짜	동 결혼하다
	Мой бы́вший па́рень жени́лся на мое́й подру́ге.	
	내 전 남자친구는 내 여자친구와 결혼했다.	
жени́х	즈니흐	몡 약혼자, 신랑감, 구혼자, 신랑
же́нская оде́жда	젠스까야 아졔즈다	몡 여성복
жёский диск	조스끼 지스크	몡 하드디스크
жест	제스트	몡 몸짓, 동작, 손짓
живо́т	즈볻	몡 배, 복부
живо́тное	즈볻너예	몡 동물, 짐승
живо́тный	즈볻늬	혱 동물의, 동물적인, 야만스런
жи́дкость 🔊, жи́дкое те́ло	짙까스치, 짙까예 쩰라	몡 액체
жизнь 🔊	즈즌	몡 삶, 인생
жиле́т	질롇	몡 조끼
жили́ще	질리셰	몡 주택, 가옥
жира́ф	즈랖	몡 기린
жи́рный	즈르늬	혱 기름이 많은, 살찐, 지방이 많은, 느끼한
жить	즈치	동 살다, 생활하다, 거주하다

	Я живу́ в Сеу́ле. 나는 서울에서 산다.	
жук	죽	명 딱정벌레
жук-оле́нь⬜	죽-알렌	명 사슴벌레
жура́вль⬜	주라블	명 학, 두루미
журна́л	주르날	명 잡지, 일지, 출석부
журнали́ст	주르날리스뜨	명 기자, 저널리스트

3

забасто́вка	자바스또쁘까	몡 **파업, 쟁의**
заболева́ть-заболе́ть	자발리바치-자발례치	툥 **아프기 시작하다, 발병하다, 열중하다, 빠지다**

В тот же ве́чер у меня́ заболе́ла голова́, и пото́м уже́ боль не отступа́ла ни на мину́ту.

그날 저녁 나는 머리가 아프기 시작했는데 두통이 잠시도 사라지지 않았다.

забо́р	자보르	몡 **담장, 울타리**
забо́титься-позабо́титься	자보찌짜-빠자보찌짜	툥 **보살피다, 돌보다, 챙기다, 염려하다, 신경 쓰다**

Моя́ ма́ма забо́тится обо мне́ постоя́нно.

우리 엄마는 나를 항상 보살펴준다.

забыва́ть-забы́ть	자븨바치-자븨치	툥 **잊다, 잊어버리다, 망각하다**

Не забыва́йте сра́зу по́сле пла́вания смыть соль с те́ла и воло́с.

수영하고 나면 몸과 머리카락에서 소금기 씻어내는 걸 잊지 마세요.

заведе́ние	자비졔니예	몡 **시설, 시설물**

образова́тельное заведе́ние

교육기관

заве́дующий	자볘두유시	몡 **책임자, 관리자, 장**

	завéдующий кáфедрой 학과장	
завещáние	자비샤니예	몡 유언(장), 유서
завúдовать- позавúдовать	자비다바치- 빠자비다바치	몡 부러워하다, 질투하다
	Я завúдую томý, что у вас есть невéста. 저는 당신에게 약혼녀가 있는 것이 부럽습니다.	
завúсеть	자비시치	동 의존하다, 종속되다, 달려 있다
	У меня бóльше нет хозяина. Я ни от когó не завúшу. 내게 더는 주인이란 없다. 나는 아무에게도 종속되지 않는다.	
завóд, цех	자볻, 쩨흐	몡 공장, 작업장
заводúть-завестú	자바지치-자비스찌	동 데리고 가다, 끌어들이다, 성취하다, 세우다, 놓다, 조직하다, 만들다, 꾸리다, 손에 넣다, 갖다
	Водúтель, ни о чём не спрáшивая, завёл мотóр. 운전사는 아무것도 묻지 않고 시동을 걸었다.	
	Онá считáла, что сýну давнó порá женúться, завестú детéй. 그녀는 아들이 결혼하고 아이를 가질 때가 진작에 왔다고 여겼다.	
зáвтра	잡뜨라	뷔 내일
зáвтрак	잡뜨락	몡 아침밥, 조반

	Мно́гие гости́ницы сейча́с вкл юча́ют за́втраки в сто́имость прожива́ния.
	지금은 대부분의 호텔 숙박비에 조식이 포함되어 있다.
за́втракать-поза́втракать	잡뜨라까치-빠잡뜨라까치 / 동 아침을 먹다, 오전에 식사하다
	9 кафе́ в Москве́, где мо́жно ра́но и вку́сно поза́втракать.
	이른 시간에 맛있게 식사할 수 있는 모스크바 카페 아홉 곳.
зага́дывать-загада́ть	자가디바치-자가다치 / 동 내다, 제의하다, 알아맞히다, 추측하다, 상상하다, 그리다
	Загада́в жела́ние на́до твёрдо и безогово́рочно ве́рить, что оно́ сбу́дется.
	소원을 빌고 나서 그것이 이루어질 것을 무조건 굳게 믿어야 한다.
зага́р	자가르 / 명 선탠, 햇볕에 그을음
загла́живать-загла́дить	자글라지바치-자글라지치 / 동 팽팽하게 펴다, 구김, 주름을 펴다, 매끄럽게 하다
	Он закле́ил и загла́дил ладо́нью конве́рт.
	그는 봉투를 풀로 붙이고 손바닥으로 매끄럽게 폈다.
за́говор	자가버르 / 명 음모, 공모, 책략
загора́ть-загоре́ть	자가라치-자가레치 / 동 햇볕에 타다, 그을리다, 선탠하다
	Мно́гие хотя́т загоре́ть, позанима́ться спо́ртом, похуде́ть, прочита́ть кни́ги.
	많은 이들이 햇볕에 그을리고, 운동하고, 살을 빼고, 책 읽기를 원한다.

за́город, при́город	자가랕, 쁘리가랕	명 교외, 근교
загру́зки	자그루스끼	명 다운로드
зад	잗	명 뒷면, 이면, 엉덩이
задава́ть-зада́ть	지다바치-자다치	동 과제/할 일을 주다, 맡기다, 시키다

В како́м во́зрасте ва́ши де́тки на́чали задава́ть вопро́сы?

당신의 자녀들은 몇 살에 질문하기 시작했나요?

зада́ние	자다니예	명 작업, 과제, 해야 할 일
зада́ча	자다차	명 과제, 연습문제, 임무, 과업
заде́рживать-задержа́ть	자졔르즤바치-자지르자치	동 붙들어 놓다, 지체하다, 기다리게 하다, 붙잡다, 체포하다

Остальны́х престу́пников задержа́ли че́рез не́сколько су́ток.

며칠 후에 나머지 범인들을 체포했다.

| **заде́рживаться-задержа́ться** | 자지르즤바쨔-자지르자쨔 | 동 지체되다, 늦어지다, 늘어지다, 더 오래 머무르다 |

Сме́нщица по́зже пришла́, вот и пришло́сь мне задержа́ться.

교대할 여자가 지각하는 바람에 나는 더 지체될 수밖에 없었다.

| **за́дний** | 잗니 | 형 뒷면의, 배후의, 이면의 |
| **заезжа́ть-зае́хать** | 자이즈자치-자예하치 | 동 (차로) 도중에 들르다, 거치다 |

	Я бы хоте́ла зае́хать к вам бли́же к ве́черу и познако́миться с чле́нами семьи́. 나는 저녁 즈음에 너희 집에 들러서 가족들과 인사하고 싶다.	
зажива́ть-зажи́ть	자지바치-자지치 [동] **아물다, 낫다** Ра́на бы́стро зажила́. 상처가 빨리 아물었다.	
заживля́ть-заживи́ть	자지블랴치-자지비치 [동] **아물게 하다, 낫게 하다** Как мо́жно бы́стро заживи́ть ра́ну? 어떻게 하면 상처를 빨리 낫게 할 수 있을까?	
заказно́е письмо́	자까즈노예 삐시모 [명] **등기우편**	
зака́зчик	자까식 [명] **발주자**	
зака́зывать-заказа́ть	자까즈바치-자까자치 [동] **주문하다, 예약하다**	
зака́нчивать-зако́нчить	자깐치바치-자꼰치치 [동] **끝내다, 마무리하다** Я уже́ зака́нчиваю рабо́ту. Подожди́ немно́го. 나 지금 하던 일 마무리 중이야. 조금만 기다려줘.	
зака́нчиваться-зако́нчиться	자깐치바짜-자꼰치짜 [동] **끝나다, 완성되다** Его́ исто́рия зако́нчилась печа́льно — он испуга́лся своего́ состоя́ния, испуга́лся меня́. 그의 이야기는 슬프게 끝났다. 그는 자신의 상황에 겁먹었고 내게 겁먹었다.	
зака́т	자깥 [명] **석양**	

зака́тывать-заката́ть	자까띄바치-자까따치	통 말다, 감아서 싸다, 걷어 올리다

Я вздохну́ла и закатáла лéвый рукáв на плáтье.

나는 한숨을 내쉬고 나서 드레스의 왼쪽 소매를 걷어 올렸다.

закла́дка	자끌랕까	명 북마크, 책갈피
закла́дки ли́пкие, закла́дки с ли́пким сло́ем	자끌랕끼 맆끼예, 자끌랕끼 스 맆낌 슬로옘	명 포스트 잇
зако́лка, шпи́лька для воло́с	자꼴까, 스삘까 들랴 발로스	명 머리핀
закрича́ть	자끄리차치	통 소리 지르다, 고함치기 시작하다

Свéрху закричáл испýганный брат.

위에서 겁먹은 형이 소리를 질렀다.

закрыва́ть-закры́ть	자끄리바치-자끄리치	통 닫다, 끝내다, 막다, 덮다, 가리다

Огрóмная чёрная тýча закрыла сóлнце.

거대한 검은 먹구름이 태양을 가렸다.

закрыва́ться-закры́ться	자끄리바짜-자끄리짜	통 닫히다, 잠기다, 덮이다, 씌우다

Дверь не закрылась на ключ.

문이 열쇠로 잠겨 있지 않았다.

заку́ска	자꾸스까	명 간식, 안주, 전채, 애피타이저
заку́сочная	자꾸사치나야	명 간이 식당

заку́сывать-закуси́ть	자꾸싀바치-자꾸시치	동 간식 먹다, 요기하다, 안주를 먹다

Обло́нский подошёл к буфе́ту, закуси́л во́дку ры́бкой.

오블론스키는 간이 식당으로 다가가 생선을 안주 삼아 보드카를 마셨다.

зал	잘	명 홀, 실, 강당
зал ожида́ния	잘 아즤다니야	명 맞이방, 대기실
зали́в	잘립	명 만(灣)

Аму́рский зали́в

아무르만

зало́г	잘록	명 보증, 담보
зама́зка	자마스까	명 수정액, 수정테이프
заменя́ть-замени́ть	자미냐치-자미니치	동 교대하다, 대신하다, 바꾸다, 교체하다, 갈다

Про́сто попыта́йтесь замени́ть кри́тику сочу́вствием.

비판을 공감으로 바꾸려고 그냥 노력해 보세요.

замерза́ть-замёрзнуть	자미르자치-자묘르즈누치	동 얼다, 얼어붙다, 얼음으로 덮이다, 동결하다, 추위로 죽다

Пруд замёрз, но ре́чка — шуме́ла на шлю́зах.

연못은 얼어붙었지만, 개울은 수문에서 졸졸 소리가 났다.

замести́тель 男	지미스찌쪨	명 대리자, 직위를 대신할 수 있는 사람

замести́тель мини́стра

차관

замеча́ть-заме́тить	자미차치-자메치치	통 알아채다, 눈치채다, 발견하다, 포착하다, 지적하다, 주의를 시키다

Я да́же не заме́тила, что о́сень сошла́ с поло́тен в кра́сках неземны́х.

나는 천상의 색으로 물든 화폭에서 가을이 사라지는 것을 알아채지조차 못했다.

за́мок	자막	명 성, 성곽
замо́к	자목	명 자물쇠, 걸쇠
заморо́женные проду́кты	자마로진늬예 쁘라둑띠	명 냉동식품
за́мужем ②	자무쥠	부 기혼 상태인, 결혼한 상태인

Она́ за́мужем.

그녀는 결혼했다.

замуже́ство	자무졔스뜨바	명 여성의 결혼생활, 시집살이
занаве́ска, што́ра	자나볘스까, 시또라	명 커튼
занима́ть-заня́ть	자니마치-자냐치	통 차지하다, 점령하다

Ю́жная Коре́я занима́ет пе́рвое ме́сто по у́ровню самоуби́йств среди́ стран ОЭСР.

한국은 OECD 회원국 중 자살률 1위이다.

занима́ться-заня́ться	자니마쨔-자냐쨔	통 하다, 공부하다, 연구하다

	Кто такой ме́неджер и чем он занима́ется? 매니저가 뭐 하는 사람인가요. 그는 무슨 일을 하나요?	
заня́тие	자냐찌예	명 일, 공부, 학습
за́нятый	자니띄	형 바쁜, 채워진, 차지된
занято́й	자니또이	형 바쁜, 분주한, 자유 시간이 없는
за́пад/за́падный	자빧/자빧늬	명 서, 서쪽/서쪽의
за́пах	자빠흐	명 냄새, 향
запира́ть-запере́ть	자삐라치-자삐례치	동 잠그다, 닫아걸다, 가두다
	Дверь во втору́ю ко́мнату была́ заперта́ на замо́к, и ключа́ в замке́ не́ было. 두 번째 방문이 자물쇠로 잠겨 있었는데 자물쇠에는 열쇠가 없었다.	
запи́сывать-записа́ть	자삐싀바치-자삐사치	동 적다, 메모하다, 기록하다, 녹음하다, 녹화하다
	Хочу́ записа́ть вот э́ту после́днюю фра́зу господи́на Рудина. Не записа́в, позабу́дешь, чего́ до́брого! 루딘 씨의 이 마지막 구절을 적어두고 싶어요. 메모를 안 하면 좋은 것을 잊어버려요!	
за́пись ⓕ	자삐시	명 기록, 적는 것, 녹화, 녹음, 녹화방송
заполня́ть-запо́лнить	자빨냐치-자뽈니치	동 채우다, 메우다, 써넣다, 작성하다

Заполняйте бланки аккуратно по образцам написания символов.

부호 쓰기 예시에 맞게 정확하게 양식을 작성하세요.

запомина́ть-запо́мнить	자빠미나치-자뽐니치	동 기억해두다, 명심하다, 새겨두다

Не зна́ю, что дал мне э́тот до́брый сове́т, но я благода́рно запо́мнил его́.

이 선한 조언이 내게 무엇을 줬는지는 모르겠지만 나는 그것을 감사한 마음으로 새겨두었다.

запо́р	자뽀르	명 변비
запреща́ть-запрети́ть	자쁘리샤치-자쁘리찌치	동 막다, 금하다, 금지하다

Врачи́ запрети́ли больно́му кури́ть.

의사들이 환자에게 흡연을 금지했다.

запя́стье	자빠스치예	명 손목, 팔목
зараба́тывать-зарабо́тать	자라바띄바치-자라보따치	동 돈벌이를 하다, 돈을 벌다, 작동하기 시작하다

Всё, что име́ла, она́ зарабо́тала тяжёлым трудо́м.

가진 모든 것을 그녀는 힘들게 일해서 벌었다.

зарпла́та	자르쁠라따	명 임금, 노임, 급여
заря́дка	자럍까	명 충전, 충전기// 체조

Ты всегда́ де́лаешь заря́дку в э́то вре́мя?

너 항상 이 시간에 체조하니?

заряжа́ть-заряди́ть	자리자치-자리지치	동 충전하다, 채우다

	Мóжно ли заряжáть телефóн без зарядки? 충전기 없이 핸드폰을 충전할 수 있을까?
заседáние, собрáние	자시다니예, 사브라니예 명 **회의, 모임, 회합** На заседáниях комитéта мóгут появляться тóлько минúстры финáнсов и инострáнных дел. 위원회 회의에 재정부 장관과 외교부 장관만 참석할 수도 있다.
застёгивать- застегнýть	자스쬬기바치- 자스치그누치 동 **잠그다, 고정하다** Застегнú ремéнь безопáсности. 안전띠를 매라.
застёжка-мóлния	자스쬬시까몰니야 명 **지퍼**
застéнчивый	자스쩬치븨 형 **수줍음 많은, 부끄럼을 타는**
застревáть- застрять	자스뜨리바치- 자스뜨랴치 동 **빠지다, 끼이다, 틈새에 박히다, 걸리다, 지체하다** Разлúчные предмéты чáсто застревáют в гóрле: едá, кость, таблéтка и так дáлее. 음식, 뼈, 알약 등 여러 물체가 목에 자주 걸린다.
зáсуха	자수하 명 **가뭄**
засыпáть-заснýть	자스빠치-자스누치 동 **잠들다** На сон нéчего бы́ло рассчúтывать: он знал, что он не заснёт. 잠들 수 있으리라 기대할 만한 것이 아무것도 없었다. 그는 잠들지 못할 것을 알았다.

затева́ть-зате́ять	자찌바치-자쩨이치	동 시작하다, ~하려고 하다, 기도하다, 도모하다

Па́хло кра́ской и сосно́й: ви́дно, кто-то из сосе́дей зате́ял ремо́нт.

페인트와 소나무 냄새가 났다. 이웃 중 누군가가 집수리를 시작하는 모양이었다.

затра́гивать-затро́нуть	자뜨라기바치-자뜨로누치	동 건드리다, 영향을 미치다, 언급하다

Э́то затра́гивает судьбу́ всей страны́.

이것은 나라 전체 운명에 영향을 미친다.

заты́лок	자띨락	명 뒤통수, 머리의 뒷부분

затя́гивать-затяну́ть	자쨔기바치-자치누치	동 잡아당기다, 끌어당기다, 졸라매다, 시간을 끌다

Я категори́чески не согла́сен с "поли́тикой затя́гивания поясо́в", кото́рую предлага́ет нам госуда́рство. Не на́до затя́гивать по́яса на ше́е у россия́н.

나는 국가가 우리에게 제시하는 '허리띠 졸라매기 정책'에 절대 동의하지 않는다. 러시아인의 목줄을 졸라매선 안 된다.

затяжны́е прыжки́ с парашю́том	자찌즈늬예 쁘릐시끼 스 빠라슈땀	명 스카이다이빙

захо́д	자홋	명 일몰, 저물녘, 월몰(月沒)

заходи́ть-зайти́	자하지치-자이찌	동 들르다, 거치다, 경유하다

	После рабо́ты я зашёл в магази́н купи́ть хлеб. 나는 퇴근길에 빵을 사러 가게에 들렀다.
зачасту́ю	자치스뚜유 튀 **자주, 흔히**
заче́м	자쳄 의 튀 **왜, 뭐하러, 무슨 목적으로**
защи́тник	자싙닠 명 **옹호자, 변호사, 변호인**
защища́ть- защити́ть	자시샤치-자시찌치 동 **지키다, 보호하다, 변호하다**
	Бок о бок они́ гото́вы защища́ть друг дру́га. 그들은 곁에서 서로를 지켜주려고 한다.
за́яц, кро́лик	자이쯔, 끄롤맄 명 **토끼**
звать-позва́ть	즈바치-빠즈바치 동 **부르다, 칭하다, 불러내다, 초대하다**
	Как Вас зову́т? 성함이 어떻게 되시나요?
	Меня́ зову́т Ю́рий Ива́нович. 유리 이바노비치입니다.
звезда́	즈비즈다 명 **별**
звезда́ шоу би́знеса	즈비즈다 쇼우 비즈니사 명 **연예인**
зверьⓜ	즈베리 명 **짐승, 야수**
звон	즈본 명 **울리는 소리, 뎅그렁 소리**
звони́ть- позвони́ть	즈바니치-빠즈바니치 동 **전화를 걸다, 초인종을 누르다**

	Пото́м я позвони́л до́ктору.	
	그 후에 나는 의사에게 전화했다.	
звук	즈북	명 소리, 음향
зда́ние	즈다니예	명 건물
здесь	즈제시	부 여기, 이곳에, 이 지점에
здоро́ваться- поздоро́ваться	즈다로바짜- 빠즈다라로바짜	동 인사하다, 인사를 나누다
	При встре́че все они́ поздоро́вались друг с дру́гом за́ руку.	
	그들 모두는 만나서 서로 악수하며 인사했다.	
здра́во	즈드라바	부 합리적으로, 상식적으로
здра́вствовать	즈드라스쯔바바치	동 건강하게 지내다, 잘 지내다
здра́вствуйте!	즈드라스쯔뷔쩨	술 안녕하세요? (만났을 때 인사)
зе́бра	졔브라	명 얼룩말
зева́ть	지바치	동 하품하다, 멍하게 바라보다
	На автомоби́льном колесе́ сиде́л и зева́л ры́жий котёнок.	
	자동차 바퀴에 적황색 새끼 고양이가 앉아서 하품했다.	
зево́та	지보따	명 하품
зелёный	질료늬	형 초록의
зелёный лук	질료늬 룩	명 파(식물)
землетрясе́ние	지믈리뜨리셰니예	명 지진

Земля́	지믈랴	몡 **지구**
земля́	지믈랴	몡 **땅, 흙, 육지**
земляно́й червь	지믈랸노이 체르피	몡 **지렁이**
зе́ркало	졔르깔라	몡 **거울**
зима́ (зимо́й)	지마 (지모이)	몡 **겨울 (겨울에)**
зли́ться- разозли́ться	즐리짜-라자즐리짜	동 **화를 내다, 짜증을 내다**

Не будь он так плох, я бы не на
шу́тку разозли́лся.

그가 그렇게 못되지 않았다면 나는 농담에 화를 내지 않
았을 거다.

змея́	즈미야	몡 **뱀**
знак	즈낙	몡 **표시, 부호, 기호, 표식**
знако́мить- познако́мить	즈나꼬미치- 빠즈나꼬미치	동 **소개하다, 인사시키다, 알게 하다**

Они́ обеща́ли познако́мить нас с
хозя́ином заведе́ния.

그들은 우리를 시설의 주인에게 소개하겠다고 약속했다.

знако́миться- познако́миться	즈나꼬미짜- 빠즈나꼬미짜	동 **알게 되다, 인사하다, 사귀다**

Мы с мои́м му́жем
познако́мились случа́йно в
междугоро́дном авто́бусе.

남편과 나는 시외버스에서 우연히 알게 되었다.

знако́мый	즈나꼼미	형 **아는, 낯이 익은//** 몡 **아는 사람**

знáние	즈나니예	명 지식, 학식
знать	즈나치	동 알다, 이해하다
	Я не знаю, как это называется по-русски.	
	나는 이것을 러시아어로 뭐라고 하는지 모릅니다.	
знáчить	즈나치치	동 의미하다, 뜻하다, ~라는 뜻이다
	Ймя Ягдáр знáчит(означáет) "смóжет".	
	약다르라는 이름은 '할 수 있다'라는 뜻이다.	
золотáя рýбка	잘라따야 릐쁘까	명 금붕어
зóлото	졸라따	명 금(金)
золотóй	잘라또이	형 금색의
золочéние	잘라체니예	명 도금
зóна вýдачи багажá	조나 븨다치 바가자	명 수화물 찾는 곳
зоопáрк	자아빠륵	명 동물원
зрачóк (⑩зрачки́)	즈러촉 (즈러치끼)	명 눈동자, 동공
зри́тель⑩	즈리쩰	명 관객
зуб (⑩зýбы)	줍 (주븨)	명 이, 치아
зубнáя пáста	줍나야 빠스따	명 치약
зубнáя щётка	줍나야 숕까	명 칫솔
зять⑩	쟈치	명 사위

И

и́ва	이바	명 버드나무, 버들
иго́лка	이골까	명 바늘
игра́	이그라	명 놀이, 게임, 연기
игра́ть	이그라치-씨그라치	동 놀다, 게임하다, 연주하다

А́ня не хо́чет игра́ть с други́ми детьми́.

아냐는 다른 아이들과 같이 놀려고 하지 않는다.

Муж постоя́нно игра́ет в компью́терные и́гры, как бу́дто у него́ други́х дел нет.

남편은 마치 다른 할 일이 아무것도 없는 듯 항상 컴퓨터 게임을 한다.

Я игра́ю на гита́ре.

나는 기타를 연주한다.

игру́шка	이그루시까	명 장난감, 완구
идеа́льный	이제알늬	형 이상적인, 완벽한
идти́-пойти́	이찌-빠이찌	동 가다, 오다, (비, 눈) 내리다, 진전하다

Сего́дня Та́ня не мо́жет пойти́ в кино́.

타냐는 오늘 영화 보러 못 간다.

избавля́ться-изба́виться	이즈바블랴짜-이즈바비짜	동 벗어나다, 빠져나오다, 면하다

Мужчи́на мота́л руко́й, пыта́ясь изба́виться от во́лка.

남자는 늑대에게서 벗어나려고 애쓰면서 손을 내저었다.

избира́ть-избра́ть	이즈비라치- 이즈브라치	통 투표로 선택하다, 선출하다, 고르다

Пе́рвым Президе́нтом, и́збранным в 2012 г. на 6-ле́тний срок явля́ется В. Пу́тин.

2012년에 6년 임기로 선출된 첫 대통령은 블라디미르 푸틴이다.

избира́ться-избра́ться	이즈비라짜- 이즈브라짜	통 선출되다, 당선되다

Госуда́рственная Ду́ма состои́т из 450 депута́тов и избира́ется сро́ком на пять лет.

국가두마(의회)는 450명 의원으로 구성되며 5년 임기로 선출된다.

извиня́ть-извини́ть	이즈비냐치- 이즈비니치	통 용서하다, 너그러이 봐주다.

Извини́те, пожа́луйста, за опозда́ние.

늦어서 죄송합니다.

измельча́ть-измельчи́ть	이즈멜차치- 이즈멜치치	통 빻다, 잘게 만들다

Измельчи́те капу́сту, карто́шку для сала́та.

양배추와 감자를 샐러드용으로 잘게 써세요.

изме́на	이즈메나	명 배신, 배반, 반역

измени́ть/ вы́резать/ копи́ровать/ вста́вить	이즈미니치/ 비리자치/ 까삐라바치/ 프스따비치	명 수정/ 잘라내기/ 복사/ 붙여넣기

изме́нник	이즈멘닉	명 배신자, 반역자
изменя́ть- измени́ть	이즈미냐치- 이즈미니치	동 바꾸다, 변경하다, 배신하다, 반역하다

Я не измени́л свои́х убежде́ний.

나는 나의 신념을 바꾸지 않았다.

изменя́ться- измени́ться	이즈미냐짜- 이즈미니짜	동 바뀌다, 달라지다, 변화하다

Пого́да измени́лась к лу́чшему.

날씨가 좋게 바뀌었다.

измеря́ть- изме́рить	이즈미랴치- 이즈메리치	동 재다, 측정하다, 계측하다

Где термо́метр, не зна́ешь? Пора́
бы ему́ температу́ру изме́рить.

온도계가 어디 있는지 모르니? 그의 온도를 재야 할 때야.

изобража́ть- изобрази́ть	이자브라자치- 이자브라지치	동 묘사하다, 설명이나 그림으로 표현하다, 보여주다, 형상화하다

Була́вка изобража́ла кра́сную
зм́ейку с алма́зными гла́зками.

장식 핀은 다이아몬드 눈이 박힌 빨간 뱀을 형상화했다.

и́зредка, ре́дко	이즈롑까, 롑까	부 드물게, 가끔
изумру́д	이줌룯	명 에메랄드
изуча́ть-изучи́ть	이주차치-이주치치	동 배우다, 연구하다

Заче́м я изуча́ю ру́сский язы́к?

나는 왜 러시아어를 배울까?

изю́м	이쥼	명 건포도
Иису́с	이이수스	명 예수

ика́ть	이까치	동 딸꾹질하다
	Па́па продолжа́л ика́ть и тепе́рь лежа́л на ме́сте ба́бушки.	
	아빠는 계속해서 딸꾹질하더니 이제는 할머니 자리에 누워 있다.	
ико́нка	이꼰까	명 아이콘
ико́та	이꼬따	명 딸꾹질
икра́ го́лени	이크라 골레니	명 종아리
имби́рьⓜ	임비르	명 생강
име́ть	이메치	동 가지다, 소유하다, 갖추다
	Ну́жно обяза́тельно име́ть не́сколько надёжных друзе́й, кото́рые всегда́ бу́дут за тебя́ горо́й!	
	네 뒤에 항상 산처럼 서 있을 믿을만한 친구 몇 명은 반드시 있어야 한다.	
и́мя	이먀	명 이름, 성명, 명성
ина́че	이나체	부 달리, 다르게 접 그렇지 않으면
индуи́зм	인두이즘	명 힌두교
инко́гнито	인꼬그니따	부 익명으로 명 익명
иногда́	이나그다	부 때때로, 이따금, 종종
иностра́нец (ⓕ**иностра́нка**)	이나스뜨라녜츠 (이나스뜨란까)	명 외국인
иностра́нный	이나스뜨란늬	형 외국의, 외국산의

институ́т	인스찌뚴	명 대학, 연구소
инстру́ктор	인스뜨룩따르	명 교관, 코치, 강사

инстру́ктор по йо́ге
요가 강사

интервью́, **собесе́дование**	인테르비유, 사비셰다바니예	명 인터뷰, 면접

Как уда́чно пройти́ собесе́дование на рабо́ту, к чему́ быть гото́вым?
채용 면접을 어떻게 하면 잘 볼까, 무엇을 준비해야 할까?

интере́с	인찌례스	명 흥미, 관심
интере́сный	인찌례스느이	형 재미있는, 흥미로운
интересова́ть	인찌리사바치	동 흥미를 일으키다, 관심을 끌다

Андре́й стал скуча́ть в дере́вне, пре́жние заня́тия не интересова́ли его́.
안드레이는 시골에서 지겨워졌고, 예전의 일들은 그의 흥미를 끌지 못했다.

интересова́ться	인찌리사바짜	동 관심을 가지다, 흥미를 갖다

Вы интересу́етесь ру́сской литерату́рой?
당신은 러시아 문학에 관심이 있나요?

интере́сы	인찌례스	명 이익, 이해관계
интерне́т	인테르녵	명 인터넷
инти́мный	인찜느이	형 친밀한, 내밀한
инфа́ркт **(миока́рда)**	인파르트 (미아까르다)	명 심근경색

информацио́нно-коммуникацио́нные техноло́гии, ИКТ	인파르마찌온나-까무니까찌온늬예 쩨흐날로기이, 이까떼	명 ICT(Information and Communications Technologies)
информа́ция	인파르마찌야	명 안내, 정보
инциде́нт	인찌곈트	명 사건, 사고, 돌발 사건
и́рис	이리스	명 붓꽃, 꽃창포
иска́ть	이스까치	동 찾다, 뒤지다, 수색하다

Переоде́вшись, он пошёл иска́ть свобо́дный шезло́нг.

옷을 갈아입고 나서 그는 남는 옥와용 의자를 찾으러 갔다.

исключа́ть-исключи́ть	이스끌류차치-이스끌류치치	동 제외하다, 배제하다, 제명하다

Я исключи́л его́ из кру́га свои́х знако́мых.

나는 그를 내 지인 목록에서 삭제했다.

иску́сственный интелле́кт, ИИ	이스꾸스트벤늬 인쪨렉트, 이이	명 인공지능, AI
исполня́ться-испо́лниться	이스빨냐짜-이스뽈니짜	동 이루어지다, (나이에) 이르다, 되다

Ему́ всего́ два ме́сяца наза́д испо́лнилось три го́да.

겨우 두 달 전에야 그 애는 세 살이 되었다.

испо́льзовать	이스뽈자바치	동 쓰다, 사용하다, 활용하다, 이용하다

	Ка́ждую свобо́дную мину́ту он испо́льзовал для того́, что́бы загляну́ть в кни́гу.	
	비는 시간이 생길 때마다 그는 그것을 책을 들여다보는 데 썼다.	
исправля́ть- испра́вить	이스쁘라블랴치- 이스쁘라비치	동 고치다, 정정하다, 바로잡다
	Оши́бки о́бщества тру́дно испра́вить отде́льному челове́ку.	
	사회의 잘못된 점을 개인이 바로잡기는 어렵다.	
иссле́дователь🅜	이슬레다바쪨	명 연구자, 탐구자
иссле́довать	이슬레다바치	동 조사하다, 연구하다, 탐험하다, 탐구하다
	Учёные акти́вно иссле́дуют во́ду и выдвига́ют всё но́вые и но́вые гипо́тезы о её сво́йствах.	
	학자들은 적극적으로 물을 연구하면서 그 성분에 관한 점점 더 새로운 가설을 선보인다.	
исте́рика	이스쩨리까	명 흥분 상태, 히스테리, 신경질, 성깔, 떼
	Когда́ у ребёнка исте́рика, роди́тели испы́тывают сло́жные чу́вства: от вины́ и стыда́ до гне́ва и бесси́лия.	
	아이가 성깔을 부릴 때면 부모들은 죄책감과 수치심부터 분노와 무력감까지 복잡한 감정을 느낀다.	
и́стина	이스찌나	명 진리, 참, 진상
исто́рия	이스또리야	명 역사, 이야기, 실화
исто́рия	이스또리야	명 방문 기록, 검색 이력

| **истоща́ть-истощи́ть** | 이스따샤치-이스따시치 | 통 **고갈시키다, 소모하다, 황폐하게 하다** |

Долговре́менные во́йны истощи́ли эконо́мику страны́.

장기간 계속된 전쟁들이 나라의 경제를 고갈시켰다.

| **истощённый** | 이스따숀늬 | 형 **기진맥진한, 황폐한, 쇠약한, 고갈된** |

| **исходи́ть** | 이스하지치 | 통 **기인하다, 유래하다, 생기다** |

Оказа́лось, звук исходи́л отку́да-то изнутри́ кварти́ры.

소리가 어딘가 아파트 안에서 나오는 것으로 드러났다.

| **исчеза́ть-исче́знуть** | 이시이자치-이시에즈누치 | 통 **사라지다, 없어지다, 희미해지다, 자취를 감추다** |

Слова́, кото́рые она́ собира́лась бро́сить в лицо́ Демья́ну, исче́зли из па́мяти.

그녀가 데미얀의 얼굴에 대고 내뱉으려고 했던 말들이 기억에서 사라졌다.

| **иудаи́зм** | 이우다이즘 | 명 **유대교** |

К

кабачо́к, цукки́ни	까바촉, 쭈끼니	명 애호박, 서양 호박
кабине́т	까비넫	명 사무실, 집무실, 서재
ка́ждая неде́ля (ка́ждую неде́лю)	까즈다야 니젤랴 (까즈두유 니젤류)	매주
ка́ждый	까즈듸	형 각각의, 하나하나의 명 각자, 모든 사람
ка́ждый год	까즈듸 곧	매년
ка́ждый день	까즈듸 젠	매일
ка́ждый ме́сяц	까즈듸 메시쯔	매월
каза́ться-показа́ться	까자짜-빠까자짜	동 보이다, 나타나다, 생각되다, 여겨지다, 느껴지다

Мне ка́жется, что мы уже́ где́-то встреча́лись.

제 생각에 우리가 어딘가에서 만났던 것 같은데요.

ка́ктус	깍뚜스	명 선인장
кал	깔	명 대변, 배설물, 똥
календа́рь⒨	깔렌다리	명 달력, 역법
калькуля́тор	깔꿀랴따르	명 계산기
кальма́р	깔마르	명 오징어

ка́мбала	깜발라	명 광어, 넙치, 넙치과 어류
ка́мера наблюде́ния	까메라 나블류제니야	명 폐쇄회로 텔레비전, CCTV
ка́мера хране́ния	까메라 흐라녜니야	명 물품 보관소
ками́н, пе́чка	까민, 뻬치까	명 벽난로, 실내용 난로
кампа́ния	깜빠니야	명 캠페인, 유세, 운동
камы́ш	까믜시	명 억새
кана́л	꺼날	명 운하, 수로, 물길
канализа́ция	꺼날리자찌야	명 하수도, 배수시설
кана́тная доро́га, фуникулёр	까나뜨나야 다로가, 푸니꿀료르	명 케이블카
	До Сеу́льской ба́шни N мо́жно добра́ться ра́зными спо́собами: на экскурсио́нном авто́бусе, пешко́м и́ли по кана́тной доро́ге.	
	서울 N타워까지 시내 투어 버스, 도보 또는 케이블카 등 여러 방법으로 갈 수 있다.	
кандида́т	깐지닽	명 후보, 후보자
кандида́т нау́к	깐지닽 나욱	명 박사, 박사 후보
канцеля́рские това́ры, канцтова́ры	깐찔랴르스끼예 따바리, 깐쯔따바리	명 문구, 문방구
ка́пать-ка́пнуть	까빠치-깞누치	동 방울이 떨어지다, 흘러내리다, 떨어뜨리다, 떨어지게 하다

	Со лба его ка́пал пот. 그의 이마에서 땀이 흘러내렸다.	
ка́пля	까쁠랴	명 방울, 소량, 점안액
ка́псула	깝술라	명 캡슐
караме́ль ⨍	까라멜	명 캐러멜
каранда́ш	꺼란다시	명 연필
каранти́н	까란찐	명 검역
ка́риес	까리이스	명 충치
карма́н	까르만	명 호주머니, 주머니
карма́нные де́ньги	까르만늬예 젠기	명 용돈
карп	까릎	명 잉어
карти́на	까르찌나	명 그림, 장면
карто́фель ⓜ, карто́шка	까르또필, 까르또시까	명 감자
карто́фельные чи́псы	까르또필늬예 칲싀	명 감자 칩
карусе́ль ⨍	까루셸	명 회전목마
каса́ться- косну́ться	까사짜-까스누짜	동 접촉하다, 건드리다, 관련되다

	Что же каса́ется же́нщин в во́зрасте 50 — 74 лет, то маммография рекомендо́вана им не ка́ждый год, а раз в 2 го́да. 50~74세 여성의 경우 매년이 아니라 2년에 한 번씩 유방 조영술이 권장된다.	
ка́ска, шлем	까스까, 슬렘	몡 헬멧
ка́сса	까사	몡 계산대, 카운터, 매표소
касси́р	까시르	몡 계산원
кастрю́ля	까스트률랴	몡 냄비
катастро́фа	까따스뜨로파	몡 참사, 파국, 불상사
ката́ться- поката́ться	까따짜-뻐까따짜	동 굴러다니다, 타고 다니다
	Зимо́й я люблю́ ката́ться на лы́жах в лесу́. 겨울에 나는 숲에서 스키 타는 것을 좋아한다.	
категори́чный	꺼찌가리치늬	혱 단호한, 확고한
католици́зм/ като́лик	까똘리찌즘/ 까똘릭	몡 가톨릭교/ 가톨릭교도
кафе́	까페	몡 카페, 커피숍
ка́федра	까페드라	몡 학과(學科)
каче́ли	까첼리	몡 그네
ка́чество	까체스트바	몡 품질, 질, 성질, 품성
ка́шель ⓜ	까셸	몡 기침

ка́шлять-ка́шлянуть	까실랴치-까실리누치	동 기침하다
	Тяжело́ боле́л, ка́шлял не перестава́я, а пото́м у́мер. 그는 심각하게 아팠고 기침을 달고 살다가 죽었다.	
кашта́н	까시딴	명 밤, 밤나무
квадра́т	끄바드랕	명 정사각형
квадра́тный метр	끄바드랕늬 메뜨르	명 제곱미터
квалифика́ция	끄발리피까찌야	명 자격, 자격 부여, 숙련도, 직무 역량
	ку́рсы повыше́ния квалифика́ции 직무 역량 강화 과정	
кварти́ра	끄바르찌라	명 아파트
кварти́рный ко́мплекс	끄바르찌르늬 꼼쁠렉스	명 아파트 단지
квас	끄바스	명 크바스(전통 곡물 발효 음료)
кедро́вый оре́х	끼드로븨 아례흐	명 잣
кекс, маффин	켁스, 마핀	명 머핀
ке́пка	꼘까	명 야구 모자
ке́тчуп	꼍춥	명 케첩
кефи́р	끼피르	명 케피르(마시는 요구르트)
киберата́ка	끼베라따까	명 사이버 공격
киви 🔊	키비	명 키위

киломе́тр	낄라메뜨르	명 **킬로미터(km)**
кино́	끼노	명 **영화, 영화관**
кинотеа́тр	끼노찌아뜨르	명 **영화관**
кио́ск	끼오스끄	명 **간이매점**
кипяти́ть	끼삐찌치	동 **끓이다, 삶다**

Тома́тный сок кипяти́ть до загусте́ния.
토마토즙을 걸쭉해질 때까지 끓인다.

кислоро́д	끼슬라롣	명 **산소(酸素)**
кислоро́дный балло́нчик	끼슬라롣늬 발론칙	명 **산소통**
кит	낃	명 **고래**
кише́чник, кишка́	끼세치닉, 끼시까	명 **장, 창자**

толстый кишечник(толстая кишка)
대장

тонкий кишечник(тонкая кишка)
소장

клавиату́ра	끌라비아뚜라	명 **자판, 키보드**
кладова́я	끌라다바야	명 **창고**
класс	끌라스	명 **반, 학년(초, 중, 고)**
класть-положи́ть	끌라스치-빨라지치	동 **놓다, 넣다, 자리에 두다**

В чемода́не оказа́лось пусто́е ме́сто, и я положи́ла туда́ ю́бку.
여행 가방에 자리가 남아서 나는 거기에 치마를 넣었다.

кино́, кинотеа́тр 끼노, 끼노찌아뜨르 영화, 영화관

экра́н 에끄란 영화 스크린

зри́тель 즈리쪨 관객

ме́сто 메스따 좌석

попко́рн 빱꼬른 팝콘

ка́сса 까싸 매표소

кафе́-заку́сочная[фэ] 까폐-자꾸써치너야 매점

геро́й 계로이 남자 주인공

геро́йня 기라이냐 여자 주인공

режиссёр 리즤쇼르 영화 감독

траге́дия 뜨라계지야 비극

роль ⨍ 롤 배역, 역할

фильм у́жасов 필름 우자사프 공포 영화

му́льтик / мультфи́льм 물찍 / 물트필름 만화 영화

коме́дия 까메지야 코믹 영화

боеви́к 바이빅 액션 영화

фанта́стика 판따스찌까 공상 과학 영화

три́ллер 뜨릴레르 스릴러 영화

клей	끌레이	몡 풀, 접착제
клён	끌론	몡 단풍, 단풍나무
клётка	끌롇까	몡 세포
клиент	끌리옌트	몡 고객
кли́кать-кли́кнуть	끌리까치-끌릭누치	동 고함을 지르다, 큰 소리로 부르다

Он кли́кнул ма́ленького слугу́ и
приказа́л принести́ вока́л вина́.

그는 어린 종을 큰 소리로 불러 포도주를 한 잔 가져오라
고 시켰다.

кли́ника	끌리니까	몡 병원(주로 대학부속)
кло́ун	끌로운	몡 어릿광대, 피에로
клубни́ка	끌룹니까	몡 딸기
клюв	끌류프	몡 새의 부리
ключ	끌류치	몡 열쇠, 해법, 해답, 해설서
кни́га	끄니가	몡 책
кни́жный магази́н	끄니즈늬 마가진	몡 서점
кни́жный шкаф	끄니즈늬 시까프	몡 책장
кно́пка	끄높까	몡 누름단추, 스위치, 압정
ковёр	까뵤르	몡 양탄자
ко́вшик, ковш	꼽식, 꼽시	몡 편수 냄비, 편수 바가지, 국자
ко́готь (⑩ко́гти)	꼬가치 (꼭찌)	몡 발톱

ко́е-кто	꼬예크또	대 어떤 사람, 누군가
ко́жа	꼬자	명 피부
ко́жаные ту́фли	꼬잔늬예 뚜플리	명 가죽 구두
ко́жный рельéф ладо́ней	꼬즈늬 릴옙 라도녜이	명 손금
кожура́	까주라	명 과실의 껍질
кожура́, ко́жица	까주라, 꼬즈짜	명 껍질, 얇은 가죽
коко́совое ма́сло	까꼬사바예 마슬라	명 코코넛 오일, 야자유
колбаса́	깔바사	명 깔바사(소시지)
колго́тки	깔곹끼	명 팬티스타킹
коле́но (复коле́ни)	깔레나 (깔레니)	명 무릎
колесо́	깔리소	명 바퀴, 차바퀴
коли́чественное числи́тельное	깔리체스트빈나예 치슬리찔나예	명 기수(期數)
коли́чество	깔리체스뜨바	명 양, 수량
колле́га	깔례가	명 동료
колле́кция	깔렉찌야	명 수집, 컬렉션
коло́нна	깔로나	명 기둥
кольцо́	깔쪼	명 고리, 링, 반지
коля́ска	깔랴스까	명 유모차

коля́ски для инвали́дов, кре́сло-ка́талка инвали́дная	깔랴스끼 들랴 인발리닾, 끄례슬라-까딸까 인발린나야	몡 휠체어
кома́нда	까만다	몡 명령, 지휘 // 한팀, 반
командиро́вка	까만지롶까	몡 출장
кома́р	까마르	몡 모기
комбина́ция	깜비나찌야	몡 슬립(여성용 속옷)// 결합, 연합
комбинезо́н	깜비니존	몡 멜빵바지
коме́дия	까몌지야	몡 코미디(장르)
ко́мель Ⓜ	꼬밀	몡 나무둥치
коме́та	까몌따	몡 혜성, 꼬리별
ко́микс	꼬믹스	몡 만화
коммента́тор	까민따따르	몡 (경기) 해설자
ко́мната	꼼나따	몡 방, 실(室)
комо́д	까몯	몡 서랍장, 수납장
компа́ния	깜빠니야	몡 회사, 상사, 동아리, 패거리
компью́тер	깜삐유떼르	몡 컴퓨터
кондиционе́р	깐지쯰아녜르	몡 에어컨
кондиционе́р для воло́с	껀지쯰아녜르 들랴 발로스	몡 헤어 컨디셔너, 린스

конкуре́нт	깐꾸렌트	명 경쟁자
конкурентоспосо́бный	깐꾸렌따스빠솝늬	형 경쟁력이 있는
конкуре́нция	깐꾸렌쯰야	명 경쟁
ко́нный спорт	꼰늬 스뽀릍	명 승마
консервати́зм	깐셰르바찌즘	명 보수주의, 보성성
консерви́ровать	깐셰르비라바치	동 통조림으로 만들다, 저장 식품으로 만들다

Что́бы сохрани́ть помидо́ры на́ зиму, ча́ще всего́ их консерви́руют и́ли же де́лают тома́тный сок.

토마토를 겨울 동안 보관하기 위해서는 보통 통조림 하거나 토마토주스를 만든다.

консе́рвы	깐셰르비	명 통조림 식품
ко́нский хвост	꼰스끼 흐보스트	명 포니테일, 말총머리
конспе́кт	깐스뼄뜨	명 개요, 요약, 골자
конспекти́ровать-законспекти́ровать	깐스뼄찌라바치-자깐스뼄찌라바치	동 요약하다, 요점을 간추리다

Все вели́кие не про́сто чита́ли — они́ конспекти́ровали.

모든 위대한 사람들은 책을 그냥 읽지 않고 핵심을 간추렸다.

ко́нсул	꼰술	명 영사(외교관)
ко́нсульство	꼰술스트바	명 영사관

континéнт, матери́к	깐찌녠뜨, 마찌릭	몡 **대륙**
контрабáс	깐뜨라바스	몡 **콘트라베이스**
кóнус	꼬누스	몡 **원뿔, 원뿔꼴**
конфéта	깐폐따	몡 **사탕, 초콜릿 사탕**
концéрт	깐쩨르뜨	몡 **연주회, 음악회, 콘서트**
кончáть-кóнчить	깐차치-꼰치치	동 **끝마치다, 완료하다, 종료하다**

Он тóлько что кóнчил счита́ть дéньги и клал их обрáтно в мешóк.

그는 방금 돈 세기를 마치고 가방에 도로 집어넣었다.

кончáться-кóнчиться	깐차짜-꼰치짜	동 **끝나다, 완료되다, 그치다, 죽다**

Нáдо сходи́ть в бýлочную, хлеб кóнчился.

빵집에 갔다 와야 해. 빵이 떨어졌어.

конь⒨, лóшадь⒡	꼰, 로사치	몡 **말(馬)**
конькú	깐끼	몡 **스케이트**

Удовóльствие от катáния на конькáх получáют все.

스케이트를 타는 사람들은 모두가 만족을 얻는다.

конья́к	깐약	몡 **코냑**
корá	까라	몡 **빵 껍질, 딱딱한 외피, 나무껍질, 대뇌 피질**

러시아어	발음	품사	뜻
кора́бль ⓜ, су́дно	까라블, 숟나	명	배, 선박, 기선
кора́лл	까랄	명	산호
коре́ец (ⓕкоре́янка)	까레이쯔 (까리얀까)	명	한국인, 한인(韓人)
коре́йский	까레이스끼	형	한국의, 한국인의

А́ня уже́ хорошо́ зна́ет коре́йский язы́к.

아냐는 이미 한국어를 잘 안다.

Коре́йский полуо́стров	까레이스키 빨루오스뜨롭	명	한반도
ко́рень ло́тоса	꼬린 로따사	명	연근(채소)
ко́рень ⓜ	꼬롄	명	뿌리, 기원
коридо́р	까리도르	명	복도, 통로, 회랑
кори́чневый	까리츠니븨	형	갈색의
корми́ть-накорми́ть	까르미치-나까르미치	동	먹이다, 젖을 먹이다, 밥을 주다, 먹을 것을 주다

В магази́н сходи́ за хле́бом. Накормлю́ тебя́ обе́дом.

가게에 가서 흑빵 좀 사와, 내가 점심 차려줄게.

коротковоло́сый	까랕까발로싀	형	머리카락이 짧은, 짧은 머리의
ко́рпус	꼬르뿌스	명	아파트 동
корсе́т	까르셑	명	코르셋
косме́тика	까스몌찌까	명	화장품

космети́ческая бума́га	까스미찌치스까야 부마가	명 티슈
косми́ческий кора́бль	까스미체스끼 까라블	명 우주선
космона́вт	까스마낲뜨	명 우주 비행사
ко́смос	꼬스머스	명 우주, 세계
костёр	까스쬬르	명 모닥불, 불타는 장작더미
костыль ⓜ	까스띨	명 목발
кость ⓕ	꼬스치	명 뼈, 골질(骨質)
костю́м	까스쯈	명 정장, 의상, 복장
кот (ⓕ ко́шка)	꼳 (꼬시까)	명 고양이
ко́фе ⓜ	꼬폐	명 커피
ко́фта	꼮따	명 여성용 짧은 상의, 스웨터, 카디건, 니트류
коча́нный сала́т	까찬늬 살랕	명 양상추
краб	끄랖	명 게
кра́жа	끄라자	명 절도, 절취
край	끄라이	명 테두리, 가장자리, 변방
кран	끄란	명 수도꼭지
краси́вый	끄라시븨	형 예쁜, 아름다운, 고운

кра́сная икра́	끄라스나야 이끄라	명 연어알
кра́сный	끄라스늬	형 빨간, 붉은
кра́сный мо́лотый пе́рец	끄라스늬 몰라띄 뻬리쯔	명 고춧가루
красть-укра́сть	끄라스치-우끄라스치	동 훔치다, 도둑질하다, 빼앗다

Когда́-то он услы́шал сообще́ние о том, что у бога́того челове́ка укра́ли ребёнка и тре́бовали вы́куп.

언제가 그는 부유한 사람의 아기를 훔쳐서 몸값을 요구했다는 보도를 들었다.

креве́тка	끄리볱까	명 새우
креди́т, заём, ссу́да	끄리짙, 자욤, 수다	명 대출, 대부, 융자
креди́тная ка́рта	끄리짙나야 까르따	명 신용카드
кре́кер	끄례께르	명 크래커
крем для зага́ра	끄렘 들랴 자가라	명 선탠크림, 일광욕 크림
крема́ция	끄리마찌야	명 화장(장례의 일종)
кре́сло	끄례슬라	명 안락의자
крест	끄례스트	명 십자가
крестья́нин	끄리스찌야닌	명 농민, 소작농
крик	끄릭	명 외침, 고함
критикова́ть	끄리찌까바치	동 비판하다, 비평하다

	Не на́до критикова́ть де́йствия ребёнка. 아이의 행동을 비판할 필요가 없다.	
крича́ть-кри́кнуть	끄리차치-끄릭누치	동 소리치다, 소리 지르다, 고함치다, 큰 소리로 부르다
	Не на́до на меня́ крича́ть! 나한테 소리 지르지 마!	
крова́ть ⨍	끄라바치	명 침대
кровено́сный сосу́д	끄라비노스늬 사숱	명 혈관
кровотече́ние	끄라바찌체니예	명 출혈
кровь ⨍	끄로피	명 피, 혈액
крокоди́л	끄라까질	명 악어
кроссо́вки	끄라숖끼	명 운동화
круг	끄룩	명 동그라미, 원
круг для пла́вания	끄룩 들랴 쁠라바니야	명 수영 튜브
кру́глый	끄루글리	형 둥근, 동그란, 통통한, 살집이 있는
кругозо́р	끄루가조르	명 시야, 시계, 식견
кру́жево	끄루제바	명 레이스
кружи́ться	끄루직짜	동 빙글빙글 돌아가다, 돌다, 원을 그리다, 어지럽다

	Мно́жество птиц кружи́лось над голова́ми пу́тников. 수많은 새가 나그네들의 머리 위를 원을 그리며 돌았다.	
крути́ть	끄루찌치	동 **돌리다, 회전시키다, 빙글빙글 돌아가게 하다**
	Я кручу́ на та́лии о́бруч, что́бы похуде́ть. 나는 날씬해지려고 훌라후프를 돌린다.	
крыло́	끄릴로	명 **날개**
	Два больши́х крыла́ мне любо́вь дала́. 사랑이 내게 커다란 양 날개를 달아주었네.	
крыс, мышь∅	끄리스, 미시	명 **쥐, 생쥐**
кры́ша	끄리샤	명 **지붕, 덮개**
крюк, крючо́к	끄륙, 끄류촉	명 **호크, 걸쇠**
ксерокс, копирова́льный аппара́т	크세락스, 까비라발늬 아빠랕	명 **복사기**
кто-ли́бо	크또리바	대 **누군가, 누구든 (임의)**
кто-нибу́дь	크또-니부지	대 **누구든지, 누구라도 (불특정)**
кто-то	크또따	대 **누군가, 어떤 사람**
куб	꿉	명 **정육면체**
кудря́вый	꾼랴비	형 **곱슬곱슬한, 곱슬머리의**
кузне́чик	꾸즈녜칙	명 **메뚜기**

куки	꾸끼	명 쿠키 파일
ку́кла	꾸끌라	명 인형
ку́колка	꾸깔까	명 번데기, 작은 인형
кукуру́за	꾸꾸루자	명 옥수수
кула́к	꿀락	명 주먹
кулинари́я	꿀리나리야	명 요리법, 요리
культу́ра	꿀뚜라	명 문화
купа́льник	꾸빨닉	명 수영복
кури́ть	꾸리치	동 담배 피우다, 흡연하다, 연기 나는 물체에 불을 붙이다(향 등)

Я реши́л бро́сить кури́ть навсегда́ и освободи́л себя́ от никоти́новой зави́симости.

나는 담배를 영원히 끊기로 마음먹었고 니코틴 중독에서 벗어났다.

ку́рица	꾸리짜	명 닭고기
курс	꾸르스	명 학년(대학), 진로, 방향, 환율
курсо́р	꾸르소르	명 커서(컴퓨터)
ку́ртка	꾸르뜨까	명 윗옷, 점퍼, 외투
кусо́к, ломо́ть ⓜ	꾸속, 라모치	명 조각, 덩어리
ку́хня	꾸흐냐	명 부엌, 요리
ку́хонная гу́бка	꾸한나야 굽까	명 수세미

кýхонная доскá	꾸한나야 다스까	명 도마
кýхонная рáковина	꾸한나야 라까비나	명 싱크대
кýхонная ýтварь	꾸한나야 우뜨바르	명 주방용품
кýхонный нож	꾸한늬 노시	명 식칼
кýхонный шкаф	꾸한늬 시깦	명 찬장

А
Б
В
Г
Д
Е
Ж
З
И
К
Л
М
Н

Л

ладóнь ⒡	라돈	명 손바닥
лáйнер	라이네르	명 정기선, 여객기, 대형 여객선
лак для ногтéй	락 들랴 낙쩨이	명 매니큐어
ламинáрия	라미나리야	명 다시마
лáмпа, лáмпочка	람빠, 람빠치까	명 등, 등불, 램프
лáсточка	라스따치까	명 제비
лéбедь ⒨	레비치	명 백조
лев	롑	명 사자(동물)
левшá/правшá	롑샤/쁘랍샤	명 왼손잡이/ 오른손잡이
лéвый поворóт, поворóт налéво	레븨 빠바롵, 빠바롵 날레바	명 좌회전
лёгкий	료흐끼	형 가벼운, 쉬운
лёгкий самолёт	료흐끼 사말룥	명 경비행기
лёгкое (⒫лёгкие)	료흐꺼예 (료흐끼예)	명 폐(肺)
лёд	룥	명 얼음
лежáть	리자치	동 드러누워 있다, 놓여 있다, 깔려 있다, 처해 있다

	На столе́ лежа́ла кни́га. 탁자 위에 책이 놓여 있다. Ко́врик лежи́т на полу́. 바닥에 카펫이 깔려 있다.	
лейкопла́стырь 🔊	리이까쁠라스띠리	명 **일회용 밴드, 반창고**
лека́рство для вну́треннего примене́ния	리까르스뜨바 들랴 브누뜨린니바 쁘리미녜니야	명 **내복약**
лекцио́нный зал	릭찌온늬 잘	명 **강당**
ле́кция	렉찌야	명 **강의, 강좌**
	Он чита́ет ле́кции по европе́йскому иску́сству в университе́те. 그는 대학에서 유럽 예술을 강의한다.	
лени́вый	리니비	형 **게으른, 나태한**
лепесто́к	리삐스똑	명 **꽃잎**
лес	레스	명 **숲, 삼림**
ле́стница	레스니짜	명 **계단, 사다리**
лета́ть	리따치	동 **날다, 비행하다, 비상하다**
	В де́тстве я лета́л во сне. 어린 시절 나는 꿈에서 날아다녔다.	
лете́ть-полете́ть	리쩨치-빨리쩨치	동 **날아가다, 비행하다, 비상하다**
	Самолёт лети́т в Росси́ю. 비행기가 러시아로 날아간다.	

A
Б
В
Г
Д
Е
Ж
З
И
К
Л
М
Н

ле́то (ле́том)	레따 (례땀)	명 여름 (여름에)
лету́чая мышь	리두차야 미시	명 박쥐
лечи́ть-вы́лечить больно́го	리치치-빌리치치 발노바	동 치료하다
ли́вень ⓜ	리벤	명 소나기, 호우, 폭우
ли́лия	릴리야	명 백합
лимо́н	리몬	명 레몬
лине́йка	리네이까	명 자
ли́ния на ладо́ни	리니야 나 라도니	명 손금
лиса́	리사	명 여우
лист, листва́	리스트, 리스뜨바	명 잎, 나뭇잎
ли́ственное де́рево	리스뜨빈나예 졔리바	명 활엽수
литр	맅르	명 리터(ℓ)
литурги́я	리뚜르기야	명 미사, 예배식
литурги́я(у́треня, обе́дня, вече́рня)	리뚜르기야(우뜨린냐, 아볜냐, 비체르냐)	명 예배식(러시아 정교)
лифт	리프트	명 엘리베이터
ли́фчик, бюстга́льтер	맆칰, 뷰스드갈찌르	명 브래지어

bеsшо́вный бюстга́льтер
무봉제 브래지어

лиша́ть-лиши́ть	리사치-리시치	동 빼앗다, 잃다, 상실하다
	Он лиши́л отца́ си́лы и отня́л у него́ власть.	
	그는 아버지에게서 힘을 빼앗았고 그의 권력을 강탈했다.	
лишь	리시	부 다만, 오직, 뿐
лоб	롭	명 이마
лови́ть-пойма́ть	라비치-빠이마치	동 잡다, 붙들다, 붙잡다, 포획하다, 붙들어 손에 넣다
	Пото́м мы пошли́ побли́же к реке́ и ста́ли лови́ть ры́бу.	
	그 후에 우리는 강으로 더 가까이 가서 물고기를 잡기 시작했다.	
ло́вкий	롭끼	형 능란한, 민첩한
логин/паро́льⓜ	로긴/빠롤	명 아이디/비밀번호
ло́дка	롣까	명 보트, 조각배
лоды́жка (щи́колотка)	라듸시까 (시깔롣까)	명 발목, 복사뼈
ложи́ться-лечь	라즤짜-레치	동 눕다, 엎드리다
	Я сего́дня ля́гу ра́но спать.	
	나는 오늘 일찍 자려고 누울 거다.	
лока́льная сеть	라깔나야 셰치	명 랜, 근거리 통신망
ло́котьⓜ	로까치	명 팔꿈치
лома́ть-слома́ть	라마치-슬라마치	동 깨다, 부수다, 부러뜨리다, 꺾다, 못 쓰게 만들다, 망가뜨리다

	Tólько она́ смогла́ слома́ть мою́ сте́ну отчужде́ния. 그녀만이 내 고립의 벽을 깰 수 있었다.	
лопа́тка	라빠뜨까	명 삽
ЛОР-отделе́ние, отоларингологи́ческое отделе́ние	로르-앗질례니예, 아딸라린갈라기치스꺼예 앗질례니예	명 이비인후과
лосо́сь⑩, сёмга	라소스, 숌가	명 연어
лосьо́н	라시온	명 로션
ло́тос	로따스	명 연꽃
лук (ре́пчатый)	룩 (렙차띄)	명 양파
луна́	루나	명 달
лы́жи	리즤	명 스키, 스키술
лы́жный костю́м	리즈늬 까스쮬	명 스키복
лы́сый	리싀	형 대머리의, 명 대머리인 사람
льстить-польсти́ть	리스찌치-빨스찌치	동 아첨하다, 아부하다, 치켜세우다
	С како́й це́лью вы мне льсти́те? 무슨 목적으로 당신은 내게 아부하나요?	
любе́зный	류베즈늬	형 친절한, 상냥한
люби́ть	류비치	동 사랑하다
	Я вас люблю́. 저는 당신을 사랑합니다.	

любова́ться- полюбова́ться	류바바짜-빠류바바짜	통 만족을 느끼다, 감탄하다, 감탄하여 바라보다

Любова́ться — пожа́луйста,
любу́йтесь, а рука́ми не хвата́ть!

감탄하여 바라보는 것은 됩니다만 손으로 잡지는 마세요.

любо́вь⒡	류봎	명 사랑, 애정

Любо́вь всегда́ возника́ет с
пе́рвого взгля́да.

사랑은 항상 처음 본 순간 시작된다.

любо́й	류보이	형 임의의, 모든, 어떤// 누구라도, 아무든지, 임의의 사람

лю́стра	류스뜨라	명 샹들리에

магази́н	마가진	명 가게, 상점
магази́н беспо́шлинной торго́вли, дьюти-фри	마가진 비스뽈실린너이 따르고블리, 듀찌-프리	명 면세점
маги́стр	마기스뜨르	명 석사
магистра́нт	마기스뜨란트	명 석사과정생
магистрату́ра	마기스뜨라뚜라	명 석사학위 과정
мазь ⁄	마시	명 연고(의약품)
ма́ленький	말롄끼	형 작은
ма́лый	말리	형 적은
малы́ш	말리시	명 아기, 아가
ма́льчик	말칙	명 소년
ма́ма	마마	명 엄마
ма́нго	만고	명 망고
мандари́н	만다린	명 귤
мане́ра говори́ть, мане́ра обще́ния	마녜라 가바리치, 마녜라 압셰니야	명 말투, 말씨
ма́ркер	마르끼리	명 사인펜, 마커

ма́рля	마를랴	몡 거즈
Марс	마르스	몡 화성(火星)
маршрутиза́тор	마르시루찌자떠르	몡 라우터, 공유기
ма́ска	마스까	몡 마스크
ма́сло	마슬라	몡 오일, 기름
масшта́б	마시땁	몡 축척, 규모, 범위
матема́тика	마쩨마찌까	몡 수학
материа́л	마찌리알	몡 재료, 자료
матери́к	마쩨릭	몡 대륙, 육지, 뭍
матери́нская пла́та, систе́мная пла́та	마찌린스까야 쁠라따, 시스쩸나야 쁠라따	몡 머더보드
матро́с	마뜨로스	몡 선원, 수병
мать⑦	마치	몡 어머니, 모친
маши́на	마싀나	몡 자동차, 기계, 기관
маши́на ско́рой по́мощи, реанимоби́ль	마싀나 스꼬라이 뽀마시, 레아니마빌	몡 구급차, 소생용 운반차
маши́нное ма́сло	마싄나예 마슬라	몡 엔진오일
мая́к	마약	몡 등대
ме́бель⑦	메벨	몡 가구

А
Б
В
Г
Д
Е
Ж
З
И
К
Л
М
Н

мёд	묻	명 꿀
медве́дь 🔊	몔베치	명 곰
медици́нский осмо́тр	메지쬔스끼 아스모뜨르	명 건강검진, 건강 진단

Работода́тель до́лжен соста́вить поимённый спи́сок лиц, обя́занных пройти́ медици́нский осмо́тр, а та́кже своевре́менно напра́вить рабо́тника на медосмо́тр.

고용주는 건강진단을 반드시 받아야 하는 사람들의 명단을 작성해야 하며, 고용인이 제때에 건강 검진을 받도록 해야 한다.

ме́дленный	메들린늬	형 느린
медо́вый ме́сяц	미도비 메사쯔	명 신혼여행, 신혼
медсестра́	몔시스뜨라	명 간호사
ме́жду	메즈두	전 사이에, 중간에, 사이의
междунаро́дный рейс	미즈두나롣늬 레이스	명 국제선
Междунаро́дный же́нский день, 8 ма́рта	메즈두나롣늬 젠스끼 젤, 바시모예 마르따	명 여성의 날, 3월 8일
меня́ть-поменя́ть	미냐치-빠미냐치	동 바꾸다, 교체하다, 교환하다

В кварти́ре поменя́ли все замки́ на дверя́х.

아파트 문의 모든 자물쇠를 바꿨다.

ме́рить	메리치	동 재다, 치수, 크기를 재다

146 | 필수 단어

	Короле́ва приняла́сь ме́рить шага́ми кабине́т. 여왕은 보폭으로 사무실의 크기를 재기 시작했다.	
мероприя́тие	메라쁘리아찌예	명 대책, 수단, 조치, 정책//행사
ме́сса	메사	명 미사
мести́	미스찌	동 쓸다, 청소하다, 털다, 눈보라 치다
	Бы́ло ви́дно, как за окно́м метёт снег. 창밖에서 어떻게 눈보라가 치는지 보였다.	
ме́сто	메스따	명 장소, 자리, 지역
ме́сто проjива́ния	메스따 쁘라즤바니야	명 거주지, 사는 곳
местожи́тельство	메스따즤쩰스뜨바	명 거주지, 주소
местонахожде́ние	메스따나하즈제니예	명 위치한 곳, 소재지
ме́сяц	메시쯔	명 월, 달
мета́лл	미딸	명 금속
металлоиска́тель ⓜ	미딸라이스까쩰	명 금속 탐지기
метео́р, па́дающая звезда́	몌쩨오르, 빠다유샤야 즈비즈다	명 유성(遊星)
метеори́т	몌쩨아맅	명 운석
ме́тка, хештег	몥까, 헤시떽	명 표시, 표시하기, 해시태그

	Как ста́вить хэштеги в Инстагра́ме?	
	인스타그램에 해시태그를 어떻게 넣나요?	
	Для чего́ ну́жны хэштеги?	
	뭐 때문에 해시태그가 필요하죠?	
метр	메뜨르	명 미터
мечта́	미치따	명 꿈, 염원, 숙원, 공상, 망상
мечта́ть	미치따치	동 염원하다, 꿈꾸다, 공상하다
	Ты мечта́ешь, а надо де́йствовать.--- Не рассужда́ть надо о краси́вой жи́зни, а стро́ить ее.	
	너는 공상하지만 행동해야 한다. 아름다운 삶에 관해 논할 것이 아니라 그것을 건설해야 한다.	
меша́ть	미사치	동 섞다, 혼합하다, 휘젓다
	Она́ с испу́гу вы́ронила из рук ло́жечку, кото́рой меша́ла ко́фе.	
	그녀는 놀라서 커피를 휘저었던 티스푼을 손에서 떨어뜨렸다.	
меша́ть-помеша́ть	미사치-빠미사치	동 방해하다, 폐를 끼치다
	Извини́те, я вам не помеша́ю?	
	실례합니다. 제가 방해되지 않겠습니까?	
мешо́к	미속	명 자루, 주머니, 파우치
мигре́нь ⑦	미그렌	명 편두통
микроволно́вка	미끄라발높까	명 전자레인지
ми́ксер	믹셰르	명 믹서

микстура, жидкое лекарство	믹스뚜라, 쥩까예 리까르스뜨바	명 물약
миллиард, биллион	밀리아르트, 빌리온	명 10억
миллиметр	밀리메뜨르	명 밀리미터(mm)
миллион	밀리온	명 100만, 백만
милый	밀리	형 귀여운
миля	밀랴	명 마일(1마일= 약 1.6km)
миндаль 🖉	민달	명 아몬드
минтай	민따이	명 명태
минута	미누따	명 분(시간)
мир	미르	명 세계, 세상//평화
мириться-помириться	미리짜-빠미리짜	동 화해하다, 순응하다
	Давай помиримся! 우리 화해하자!	
мирный	미르늬	형 평화로운, 평화의, 태평한
мировой	미라보이	형 세계의, 세계적인
младенец	믈라졘니쯔	명 젖먹이, 아기
младшая сестра	믈랏샤야 시스뜨라	명 여동생
младший	믈랕시	형 연하의, 더 어린, 하급자의

	Я долго искала во дворе младшего брата.
	나는 뜰에서 남동생을 오랫동안 찾아다녔다.
мла́дший брат	믈랄싀이 브랕	명 남동생
мне́ние	므녜니예	명 의견
мно́гий	므노기	형 많은
многопро́фильная больни́ца	므나가쁘로필나야 발니짜	명 종합병원
моби́льный телефо́н, моби́льник	마빌늬 찔리폰, 마빌늭	명 휴대전화
моги́ла	마길라	명 무덤
модели́рование	마델리라바니예	명 모형 제작
мо́жно	모즈나	술 할 수 있다, 가능하다
мозг (⑫мозги́)	모즈그 (마즈기)	명 뇌, 머리, 이해력
мо́йка	모이까	명 개수대
мо́крый	모끄릐	형 젖은, 물기 있는
моли́ться-помоли́ться	말리짜-빠말리짜	동 기도하다, 빌다
моллю́ски	말류스끼	명 연체동물, 조개
молодёжь⑫	말라죠시	명 청년, 젊은 사람들
молодо́й	말라도이	형 젊은, 새로운, 얼마 전 생겨난

молодóй человéк	멀라도이 칠라벡	몡 **청년**
мóлодость⊘	몰라더스치	몡 **청춘, 청년 시절**
молокó	멀라꼬	몡 **우유, 젖**
молотóк	멀라똑	몡 **망치**
молчáние	말차니예	몡 **침묵, 무언**
молчáть	말차치	동 **잠자코 있다, 침묵하다, 말없이 있다, 작동하지 않다**

Почемý ты молчи́шь? Ты оби́делся и́ли грусти́шь?

왜 아무 말도 안 하는 거야? 너 화나서야 아니면 우울해서야?

момéнт	마멘트	몡 **때, 순간, 시기, 장면**
монáх	마나흐	몡 **승려, 수도사**
монáхиня	마나히냐	몡 **수녀**
монéта	마녜따	몡 **동전**
монитóр	마니또르	몡 **모니터**
мóре	모례	몡 **바다**
морепродýкты	모례쁘라둑띄	몡 **해산물, 해물**
моркóвь⊘	마르꼬피	몡 **당근**
морóженое	마로즤나예	몡 **아이스크림**
морóз	마로스	몡 **서리, 영하**

морози́льник	마라질닉	명 냉동고, 냉동실
морщи́на	마르시나	명 주름
мота́ться	마따짜	동 이리저리 움직이다, 돌아다니다, 허둥대다, 시간을 헛되이 쓰다

Я це́лый день мота́лась по ры́нку.

나는 온종일 시장을 돌아다녔다.

мотопила́	마따삘라	명 전기톱
мотоци́кл	머따쯰끌	명 오토바이
моты́га	마띄가	명 곡괭이
мотылёк	마띌료크	명 나방
моча́	마차	명 소변, 오줌
мочево́й пузы́рь	머치보이 뿌지리	명 방광
мочь-смочь	모치-스모치	동 할 수 있다, 가능하다

Éсли бы вы мину́т че́рез два́дцать сюда́ яви́лись, могли́ бы меня́ не заста́ть.

만약 당신이 20분 늦게 이곳에 나타났다면 나를 만나지 못했을 겁니다.

му́дрость ⨍	무드라스치	명 현명함, 지혜
му́дрый	무드리	형 지혜로운, 현명한
му́жественный	무지스트빈늬	형 용맹한, 늠름한, 용감한
му́жество	무지스트바	명 용맹, 용기, 늠름함

мужска́я оде́жда	무시스까야 아졔즈다	명 남성복
музе́й	무졔이	명 박물관
му́зыка	무직까	명 음악, 곡
музыка́нт	무직깐트	명 음악가, 뮤지션
му́ка	무까	명 괴로움, 수난, 고통
мука́	무까	명 밀가루, 곡물가루
му́льтик, мультифи́льм, аниме́	물찍, 물찌필름, 아니메	명 만화 영화, 애니메이션
мураве́й	무라베이	명 개미
мура́шка	무라시까	명 작은 개미, 소름

Мура́шки бегут по ко́же от э́той пе́сни.

이 노래를 들으면 소름 돋는다.

му́скул	무스꿀	명 힘줄, 근육
му́сорное ведро́	무소르나예 비드로	명 쓰레기통
мусульма́нство, исла́м/ мусульма́нин	무술만스뜨바, 이슬람/무술마닌	명 이슬람교/ 이슬람교도
му́ха	무하	명 파리(곤충)

му́читься (му́чаться)- изму́читься	무치짜 (무차짜)- 이즈무치짜	동 괴로워하다, 힘들어하다, 근심하다, 걱정하다, 고민하다, 골치를 앓다

Весь оста́вшийся день я му́чился одни́м вопро́сом: кто она́?

남은 날 내내 나는 한 가지 질문 때문에 골머리를 앓았다. '그녀는 누구인가?'

мы	믜	대 우리는, 우리가
мы́ло	믤라	명 비누
мыть	믜치	동 씻다, 씻겨주다

Я мо́ю го́лову шампу́нем.

나는 샴푸로 머리를 감는다.

мы́ться-вы́мыться/ помы́ться	믜짜-븨믜짜/빠믜짜	동 씻다, 목욕하다

До́ма вы́мылась и переоде́лась.

집에서 목욕하고 옷을 갈아입었다.

мы́шца/му́скул	믜시짜/무스꿀	명 근육
мы́щь ⓕ	믜시	명 마우스(컴퓨터)
мя́коть ⓕ	먀코치	명 살코기, (동물의) 살
мя́со	먀사	명 고기, 육고기
мяч	먀치	명 공(운동 기구)

Н

наблюда́ть	나블류다치	통 관찰하다, 지켜보다, 주시하다, 감시하다

Прису́тствующие с интере́сом
наблюда́ли за происходя́щим.

현장에 있던 사람들은 흥미롭게 사태를 주시했다.

наве́рх	나베르흐	부 위로, 위쪽으로

наверху́	나비르후	부 위에, 위쪽에

навеща́ть-навести́ть	니비샤치-나비스찌치	통 보러 오다, 찾아가다, 방문하다

Он не́сколько раз заходи́л
навести́ть больно́го.

그는 몇 번이나 환자를 보러 들렀다.

наводне́ние	나받녜니예	명 홍수, 범람

навстре́чу	나프스트례추	부 ~를 향해, 마중하러

Я иду́ тебе́ навстре́чу.

나는 너를 만나러 간다.

награжда́ть-награди́ть	나그라즈다치-나그라지치	통 보수를 주다, 상을 주다, 수여하다, 보답하다, 선사하다

Его́ награди́ли о́рденом, но уже́
посме́ртно, и вруча́ли его́ жене́
поги́бшего.

그에게 훈장을 수여했지만 이미 사후였다. 그래서 망자의
아내에게 전달했다.

надева́ть-наде́ть	나지바치-나졔치	동 옷을 입다, 쓰다, 착용하다

Нача́лся о́бщий ка́шель, ста́ли надева́ть ма́ски.

집단적인 기침이 시작되었고, 사람들은 마스크를 착용하게 되었다.

наде́жда	나졔즈다	명 희망, 바람, 소망
надёжный	나죠즈늬	형 믿음직한, 충실한
наде́яться	나졔야짜	동 바라다, 희망하다, 기대하다

Я наде́юсь, что мы с ва́ми ещё уви́димся.

나는 우리가 다시 만나기를 바랍니다.

на́до	나다	술 할 필요가 있다, 해야 한다
надоеда́ть-надое́сть	나다이다치-나다예스치	동 싫증 나게 하다, 질리게 하다, 질리다, 싫증이 나다

Ско́лько бы ни смотре́ть на мо́ре — оно́ никогда́ не надоест. Оно́ всегда́ ра́зное, но́вое, неви́данное.

바다는 아무리 바라보아도 절대 질리지 않는다. 그것은 항상 다르고 새롭고 본 적 없는 것이다.

надувно́й пля́жный мяч	나둡노이 쁠랴즈늬 먀치	명 비치볼
наза́д	나잗	부 전에, 도로, 이전으로
назва́ние	나즈바니예	명 명칭, 이름
называ́ть-назва́ть	나즤바치-나즈바치	동 일컫다, 부르다, 이름을 짓다

называ́ться-назва́ться	나즤바짜-나즈바짜	동 불리다, 명명되다

Как называ́ется э́тот мост?

이 다리는 어떻게 불립니까? (이 다리의 명칭은 무엇입니까?)

наи́вный	나이브늬	형 순진한, 순박한
накану́не	너까누녜	전 전날 밤에, 부 전날에, 직전에
накла́дывать-наложи́ть	나끌라듸바치-날라즤치	동 위에 놓다, 쌓다, 넣어서 채우다

Вы бои́тесь, что го́ды нало́жат свой отпеча́ток на ва́ше те́ло и лицо́ и никто́ тогда́ вас не захо́чет?

당신은 세월이 당신의 몸과 얼굴에 흔적을 쌓아서 아무도 당신을 원하지 않게 될까 봐 두렵나요?

накло́н	나끌론	명 기울기, 경사
наклоня́ть-наклони́ть	나끌라냐치-나끌라니치	동 기울이다, 경사지게 하다, 숙이다, 떨구다

Мужчи́на в знак согла́сия наклони́л го́лову.

남자가 동의한다는 표시로 고개를 숙였다.

наклоня́ться-наклони́ться	나끌라냐짜-나끌라니짜	동 (고개나 몸 등으로) 굽히다, 웅크리다, 구부러지다, 숙이다, 경사지다

Ма́рья подошла́ к мое́й крова́ти и наклони́лась ко мне.

마리야가 내 침대로 다가와 나를 향해 몸을 숙였다.

нала́живать-нала́дить	날라쥐바치-날라지치	동 정비하다, 조정하다, 형성하다, 잘 조직하다

Е́сли вы прояви́те смека́лку и му́дрость, то суме́ете нала́дить отноше́ния.

당신이 지혜와 슬기를 발휘한다면 관계를 잘 형성할 수 있습니다.

нали́чные	날리츠늬예	명 현금, 현찰

намеча́ть-наме́тить	나미차치-나몌찌치	동 정하다, 계획하다, 예정하다, 지명하다, 임명하다

Сле́дующие вы́боры наме́чены на сентя́брь 2018 го́да.

다음 선거는 2018년 9월에 예정되었다.

наоборо́т	나아바롵	부 반대로, 뒤집어, 거꾸로

напада́ть-напа́сть	나빠다치-나빠스치	동 습격하다, 공격하다, 달려들다, 사로잡다

Соба́ка напа́ла на прохо́жего.

개가 행인을 습격했다.

напи́ток	나삐딱	명 음료수

напомина́ть-напо́мнить	나빠미나치-나뽐니치	동 떠올리다, 상기시키다, 기억을 불러내다, 회상시키다, 연상시키다

Алексе́ю э́тот тон ко́е-что напо́мнил.

이 어조가 알렉세이에게 뭔가를 상기시켰다.

направле́ние	나쁘라블레니예	몡 방향, 향방, 경향, 조류
напра́сный	나쁘라스니	톙 무익한, 소용없는, 공연한, 쓸데없는
наприме́р	나쁘리몌르	팀 예컨대, 예를 들어
напро́тив	나쁘로찊	팀 맞은편에, 젠 건너편에, 반대로, 거슬러, 대항하여
напу́тствие	나뿌쯔뜨비예	몡 작별 인사, 환송사
наро́д	나롵	몡 국민, 민족, 인민, 사람들, 군중
наса́дка	나샄까	몡 미끼, 낚싯밥
насеко́мое	나시꼼머예	몡 곤충
населе́ние	나셸례니예	몡 인구, 주민
на́сморк	나스마르크	몡 코감기
насте́нные часы́	나스쩬늬예 치싀	몡 벽시계
насто́льная ла́мпа	나스똘나야 람빠	몡 스탠드
насто́льный те́ннис	나스똘늬 떼니스	몡 탁구
настоя́щее	나스따야시예	몡 현재
настро́йки	나스뜨로이끼	몡 설정

A
Б
В
Г
Д
Е
Ж
З
И
К
Л
М
Н

наступа́ть-наступи́ть	나스뚜빠치-나스뚜삐치	동 밟다, 공격하다, 들이대다, 닥쳐오다, 몰려오다, 임박하다, 시작되다, 도래하다

Когда́ э́та стра́шная мысль дошла́ до ка́ждого, наступи́ла тишина́.

이 끔찍한 생각이 모두에게 도달하자 정적이 밀려왔다.

натира́ть-натере́ть	나찌라치-나찌레치	동 갈다, 문지르다, 쓸리다, 잘게 썰다

Очи́щенный карто́фель натри́те, отожми́те че́рез ма́рлю.

깨끗하게 씻은 감자를 갈아서 가제로 짜내세요.

натя́нутый	나쨔누띠	형 긴장된, 불편한, 서먹서먹한, 어색한, 팽팽한

В после́днее вре́мя на́ши отноше́ния ста́ли натя́нутыми.

최근에 우리 관계가 불편해졌다.

находи́ть-найти́	나하지치-나이찌	동 찾다, 발견하다, 찾아내다

Вы всегда́ найдёте оправда́ние!

당신은 항상 변명을 찾아낼 거예요!

находи́ться-найти́сь	나하지짜-나이찌스	동 있다, 존재하다, 자리 잡다, 발견되다, 찾아지다

Москва́ нахо́дится в це́нтре европе́йской ча́сти Росси́и.

모스크바는 러시아 유럽 지역 중심에 있다.

нача́льник	나찰닉	명 상사, 책임자

	нача́льник отде́ла 과장	
начина́ть-нача́ть	나치나치-나차치	동 **시작하다, 착수하다**
	Энн уже́ начала́ изуча́ть ру́сский язы́к. 엔은 이미 러시아어를 배우기 시작했다.	
начина́ться- нача́ться	나치나짜-나차짜	동 **시작되다, 개시되다**
	Ты зна́ешь, ско́ро начина́ется зима́, и потихо́ньку чу́вствуется хо́лод. 있잖아, 곧 겨울이 시작돼서 추위가 서서히 느껴지네.	
наяву́	너이부	부 **현실에서**
не́бо	녜바	명 **하늘**
небоскрёб	니바스크룝	명 **고층 건물**
небре́жный	니브레즈늬	형 **태만한, 나태한, 방만한**
неве́ста	니베스타	명 **약혼녀, 신붓감, 며느리, 신부**
неве́стка/сноха́	니베슷까/스나하	명 **며느리**
невозмути́мый	니바즈무찜믜	형 **침착한, 고요한, 태연한**
неда́вно	니다브나	부 **최근에, 얼마 전에, 요사이**
недви́жимость⟨여⟩	니드비즤마스치	명 **부동산**
недоста́ток	니다스따딱	명 **부족, 결핍, 단점, 결함, 흠**
недостаю́щий	니다스따유시	형 **부족한, 모자란**

незнако́мый	니즈나꼼미	형 모르는, 낯선// 모르는 사람
нело́вкий	니룝끼	형 어색한, 서투른, 거북한
нельзя́	닐쟈	술 안 된다, 불가능하다
немно́го	니므노가	부 약간, 좀, 조금
ненави́деть	니나비졔치	동 미워하다, 증오하다, 아주 싫어하다

Я ненави́жу стоя́ть в очередя́х.
나는 줄 서서 기다리는 것을 아주 싫어한다.

не́нависть ⨍	녜나비스치	명 증오, 혐오, 미움
ненатя́нутый	니나쨔누띄	형 헐거운, 느슨한
необходи́мый	니압하짐미	형 꼭 필요한, 필수불가결한, 당연한
неожи́данный	니아쥐단늬	형 뜻밖의, 갑작스러운, 기대치 않은
непло́тный	니쁠롣늬	형 성긴, 엉성한
непредсказу́емый	니쁘례쯔까주옘미	형 예측할 수 없는, 믿음을 못 주는, 제멋대로의
непреры́вный	니쁘립늬	형 연속적인, 끊임없는
нерв (⨁не́рвы)	녜릅 (녜르븨)	명 신경, 감각

не́рвничать	녜르브니차치	통 예민해지다, 날카로워지다, 불안해하다, 신경과민이 되다, 걱정을 많이 하다, 과도하게 긴장하다

Что́бы ме́ньше не́рвничать, ну́жно сами́м поменя́ть отноше́ние к стре́ссу, лю́дям.

덜 예민해지기 위해서는 스트레스와 사람들에 대한 태도를 자기 스스로 바꿀 필요가 있다.

не́рвный	녜르브니	형 신경의, 예민한, 신경과민인
нержаве́ющая сталь	니르자볘유사야 스탈	명 스테인리스(강)

Нержаве́ющая сталь не ржаве́ет.

스테인리스강은 녹슬지 않는다.

не́сколько	녜스꼴까	수 몇몇, 몇 개의// 부 어느 정도, 다소
нести́	니스찌	통 데려다주다, 나르다, 가지고 다니다, 지다, 버티다

Спосо́бность нести́ отве́тственность — э́то и есть свобо́да.

책임을 지는 능력, 이것이 바로 자유이다.

несча́стный	니샤스늬	형 불운한, 불행한// 명 불쌍한 사람
нефть ⑦	녶치	명 석유, 원유
нечётное число́	니춑나예 치슬로	명 홀수
ни́жнее бельё	니즈니예 빌리요	명 속옷
ни́жняя ю́бка	니즈냐야 윱까	명 속치마

низ	니스	명 아래, 하부, 아래쪽
ни́зкий	니스끼	형 낮은
ни́зом	니잠	부 낮게, 낮은 곳을 따라
ни́тка	닡까	명 실(絲)
нова́торство	나바따르스뜨바	명 혁신주의, 혁신
новобра́чные	너바브라치늬예	명 신혼부부
нового́дняя ёлка	너바곤나야 욜까	명 크리스마스트리
новосе́лье	나바셸리예	명 집들이, 새로 이사한 집
но́вшество	높싀스뜨바	명 신제도, 신체제, 신발명
но́вый	노븨	형 새로운, 새(新)
Но́вый год// Коре́йский но́вый год	노븨 곹// 까레이스끼 노븨 곹	명 새해//설날
	С Но́вым го́дом! 새해 복 많이 받으세요!	
нога́ (⑩но́ги)	나가 (노기)	명 발, 다리
но́готь (⑩но́гти)	노거치 (녹찌)	명 손톱
но́жницы	노즈니찌	명 가위
но́мер	노메르	명 번호, 호수, 호실, 객실
но́мер ре́йса	노메르 레이사	명 항공편 번호

но́мер счёта	노메르 쇼따	몡 계좌번호
нос	노스	몡 코
носи́ть	나시치	됭 나르다, 휴대하다, 몸에 지니다
	Я ношу́ с собо́й зо́нтик ежедне́вно. 나는 매일 우산을 가지고 다닌다.	
носки́	나스끼	몡 양말
носово́й плато́к	나사보이 쁠라똑	몡 손수건
но́тка	놑까	몡 어조
ноутбу́к	노욷북	몡 노트북
ночни́к	나치닉	몡 수면 등, 야간 등
ночно́е бельё, пижа́мы	나치노예 빌리요, 삐자믜	몡 잠옷, 파자마
ночно́е путеше́ствие	나츠노예 뿌찌세스뜨비예	몡 야간관광
ночь ⒡	노치	몡 밤, 야간
но́чью	노치유	뷔 밤에, 야간에
нра́виться-понра́виться	느라비짜-빠느라비짜	됭 마음에 들다, 좋다
	Э́та иде́я всем понра́вилась. 이 발상은 모두의 마음에 들었다.	
ну́жный	누즈늬	혱 필요한, 요구되는
ныря́льщица	늬랼시이짜	몡 해녀, 잠수부

О

обая́ние	아바야니예	명 매력, 매혹
обая́тельный	아바야쩰느	형 매혹적인, 황홀케 하는
обе́д	아볫	명 점심밥, 점심
обе́дать-пообе́дать	아베다치-뻐아베다치	동 밥 먹다, 점심을 먹다

Вот мы и пойдём обе́дать.

우리는 지금 점심 먹으러 갈 거다.

обеззара́живать-обеззара́зить	아비자라즤바치-아비자라지치	동 소독하다

обеззара́зить питьеву́ю во́ду.

식수를 소독하다.

обезья́на	아비즈야나	명 원숭이
обеща́ть-пообеща́ть	아비샤치-빠아비샤치	동 약속하다, 기약하다

Аня обещала своему учителю
серьёзно заниматься.

아냐는 자기 선생님께 열심히 공부하겠다고 약속했다.

оби́да	아비다	명 모욕, 분개, 노여움
обижа́ть-оби́деть	아비자치-아비졔치	동 마음(기분)을 상하게 하다, 화나게 하다, 심하게 대하다, 손해를 입히다

	Почему́ мой муж постоя́нно обижа́ет меня́?	
	내 남편은 왜 항상 내 마음을 상하게 할까?	
обижа́ться- обйдеться	아비자짜-아비졔짜	동 마음(기분)이 상하다, 삐치다, 화나다
	Не обижа́йся на меня́.	
	나한테 화내지 마. 마음 풀어.	
обладáть	아블라다치	동 갖다, 소유하다, 갖추다, (성격, 성질)을 띠다, 지니다
	Белйнский облада́л необыкнове́нной проница́тельностью и удиви́тельно све́тлым взгля́дом на ве́щи.	
	벨린스키는 비범한 통찰력과 사물에 대한 대단히 밝은 시각을 지녔다.	
о́бласть ⑦	오블라스치	명 주, 지방, 영역, 부분, 영역
о́блачный	오블라츠늬	형 구름 낀, 흐린
обмáн	압만	명 거짓말, 사기, 속임수, 기만
обмáнывать- обману́ть	압마늬바치-압마누치	동 속이다, 기만하다, 거짓말하다, 배반하다
	Опя́ть обману́ли дове́рчивую де́вушку.	
	사람을 잘 믿는 아가씨를 또다시 속였다.	
обозначáть- обознáчить	아바즈나차치- 아바즈나치치	동 표시하다, 명시하다, 강조하다
	Забо́р чётко обозна́чил грани́цу поселе́ния.	
	담장은 거주지의 경계를 명확하게 표시했다.	

обоснова́ние	아바스나바니예	명 근거, 논거, 입증, 논증
обосо́бленное подразделе́ние	아바소블린나예 빠드라즈질례니예	명 별관, 별채
о́браз	오브라스	명 형상, 형, 모습
обраща́ть- обрати́ть	아브라샤치- 아브라찌치	동 향하다, 전환하다, 바꾸다

Обраща́ем ва́ше внима́ние на то, что Литурги́я по воскресе́ньям тепе́рь начина́ется в 9:30 ч. у́тра.

주목해 주세요. 이제 일요일 미사가 아침 9:30에 시작됩니다.

обраща́ться- обрати́ться	아브라샤짜- 아브라찌짜	동 대하다, 처리하다, (부탁, 문의 등을 하러) 가다, 향하다, 전환되다

С предложе́нием мужчи́на обраща́ется к отцу́ де́вушки.

남자가 청혼하러 아가씨의 아버지에게 간다.

о́бруч для воло́с	옵루치 들랴 발로스	명 머리띠
обруча́льное кольцо́	아브루찰너예 깔쪼	명 약혼반지, 결혼반지
обруче́ние, помо́лвка	압루체니예, 빠몰프까	명 약혼
обсервато́рия	압시르바또리야	명 전망대
обсле́дование	압슬례다바니예	명 조사, 검사, 점검

В поликли́нике ты пройдёшь обсле́дование, тебе́ назна́чат лече́ние и даду́т необходи́мые рекоменда́ции по соблюде́нию режи́ма дня.

병원에서 네가 검진을 받고 나면 필요한 치료를 네게 정해줄 것이고 규칙적인 생활에 필요한 조언도 해줄 거다.

обсле́довать	압슬레다바치	동 검사하다, 조사하다, 탐구하다, 검진하다

Она́ осторо́жно обсле́довала ме́стность внутри́ тонне́ля и на вы́ходе.

그녀는 터널 내부와 출구 부분을 조심스럽게 조사했다.

обслу́живание	압슬루쥐바니예	명 서비스, 봉사, 접대

обслу́живать-обслужи́ть	압슬루쥐바치-압슬루쥐치	동 서비스하다, 봉사하다, 일하다

Что́-то с детьми́ случи́лось и́ли в самолёте пло́хо обслу́живали?

애들에게 무슨 일이 있었어? 아니면 비행기에서 서비스가 형편없었던 거야?

обсужда́ть-обсуди́ть	압수즈다치-압수지치	동 토의하다, 협의하다, 고찰하다

Мы ещё раз встре́тимся, обсу́дим дета́ли.

우리는 다시 만나서 세부사항을 논의할 겁니다.

о́бувь ⨍	오부피	명 신발, 신

У меня́ уже́ есть зи́мняя о́бувь.

내게는 겨울 신발이 이미 있다.

обуча́ть-обучи́ть	아부차치-아부치치	동 가르치다, 훈련하다, 교육하다, 양성하다

	Мать всю жизнь отдала́ на то, чтоб обучи́ть дочь францу́зскому языку́, та́нцам, му́зыке.	
	어머니는 딸에게 프랑스어, 무용, 음악을 가르치기 위해 평생을 바쳤다.	
обходи́ть-обойти́	압하지치-아바이찌	동 돌아가다, 우회하다, 주위를 걷다, 돌아다니다
	Он обошёл дом и влез в ко́мнату че́рез окно́.	
	그는 집을 돌아가서 창문을 통해 방으로 들어간다.	
	Он всегда́ обходи́л э́ту те́му молча́нием.	
	그는 침묵으로 항상 이 주제를 회피했다.	
обходи́ться-обойти́сь	압하지짜-아바이찌스	동 대하다, 취급하다, 때우다, 대충 해결하다, 만족하다 무난히 지나가다, 돈/비용이 들다
	За два го́да я привы́кла обходи́ться ми́нимумом веще́й.	
	나는 2년 만에 최소한의 물건으로 만족하는 데 익숙해졌다.	
общежи́тие	압시즤찌예	명 기숙사
обще́ние	압셰니예	명 사귐, 교제, 연락
обще́ственность ⨀	압셰스뜨빈나스지	명 여론, 공공성, 사회단체
о́бщество	옵셰스뜨바	명 사회, 공동체
о́бщий	옵시	형 일반의, 공통적인, 총괄적인
общи́тельный	압시쪨늬	형 사교적인, 붙임성 있는

О
П
Р
С
Т
У
Ф
Х
Ц
Ч
Ш
Щ
Ъ

| объединя́ть-объедини́ть | 압이지냐치-압이지니치 | 통 통일하다, 합치다, 연합하다 |

Не существу́ет та́кже ино́го, кро́ме ми́рного, пути́ объедине́ния Се́вера и Ю́га Коре́и.

남북한의 평화적 통일 외에는 다른 길이 없다.

| объездна́я доро́га | 압이즈나야 다로가 | 명 우회도로 |

| объезжа́ть-объе́хать | 압이즈자치-압예하치 | 통 돌아가다, 우회하다 (교통수단을 타고), 피해가다, 추월하다, 여러 장소를 돌아 다니다 |

Навига́тор предложи́л води́телям объе́хать про́бки че́рез посёлок.

내비게이션이 운전자에게 마을을 통과해서 교통체증을 피하라고 알려줬다.

| объём | 압욤 | 명 부피, 용량 |

| объявля́ть-объяви́ть | 압이블랴치-압이비치 | 통 밝히다, 표명하다, 발표하다, 선언하다, 공고하다, 널리 알리다 |

Сти́вен Хо́кинг объяви́л, что наста́ло са́мое опа́сное вре́мя в исто́рии челове́чества.

스티븐 호킹은 인류 역사상 가장 위험한 시기가 도래했다고 밝혔다.

| объясне́ние | 압이스녜니예 | 명 설명, 해명 |

| объясня́ть-объясни́ть | 압이스냐치-압이스니치 | 통 설명하다, 밝히다, 해명하다 |

	Тебе́ не на́до ничего́ объясня́ть, тебе́ не на́до не о чём говори́ть.	
	너는 아무것도 설명할 필요가 없어, 너는 아무 말도 하지 않아도 돼.	
обыкнове́нный	아븨끄나벤늬	형 보통의, 상례의, 흔히 보는
обы́чно	아븨치나	부 보통, 일반적으로
обы́чный	아븨치늬	형 평범한, 보통의, 통상적인
обяза́тельный	아비자쪨늬	형 의무적인, 강제적인, 반드시 해야 하는// 친절한, 도움을 주는
ова́л	아발	명 타원형, 타원
о́вощ (복о́вощи)	오바시 (오바시이)	명 채소, 남새
ого́нь 남	아곤	명 불
огорча́ть-огорчи́ть	아가르차치-아가르치치	동 괴롭히다, 걱정시키다, 속을 썩이다
	Де́вочка стара́лась не огорча́ть ма́му, во всём её слу́шалась и подчиня́лась.	
	소녀는 엄마를 걱정시키지 않으려고 애썼고, 모든 일에서 엄마 말을 잘 듣고 복종했다.	
огра́да	아그라다	명 담장, 울타리, 보호막
огуре́ц	아구례쯔	명 오이
ода́лживать-одолжи́ть	아달즤바치-아달즤치	동 빌려주다, 부탁을 들어주다
	Я могу́ одолжи́ть тебе́ недоста́ющую су́мму.	
	모자란 금액은 내게 너에게 빌려줄 수 있어.	

О

П

Р

С

Т

У

Ф

Х

Ц

Ч

Ш

Щ

Ъ

óвощ(⑩óвощи) 오바시 (오바시이) **채소, 남새**

капу́ста 까뿌스따 양배추

пеки́нская капу́ста 삐낀스꺼여 꺼뿌스떠 **배추**

ре́дька, ре́па 례찌까, 례빠 무, 순무

огуре́ц 아구례쯔 오이

морко́вь⑦ 마르꼬피 당근

шпина́т 시삐낱 시금치

бата́т/сла́дкий карто́фель 바땉 / 슬랕끼 까르또필 **고구마**

карто́шка / карто́фель 까르또시까 / 까르또필 **감자**

ты́ква / кабачо́к 띄크버 / 꺼바촉 **호박**

пе́рец 뼤리쯔 고추

сла́дкий пе́рец / па́прика 슬랕끼 뼤리츠 / 빠쁘리까 **피망**

сала́т-лату́к 살랕-라뚝 상추

ка́чанный сала́т 까찬늬 살랕 **양상추**

бро́кколи 브로깔리 브로콜리

ростки́ со́и 라스트끼 쏘이 **콩나물**

ростки́ ма́ша 라스트끼 마사 **숙주나물**

со́я 쏘이 콩

лук-батун / зелёный лук 룩-버뚠 / 질룐늬 룩 **파**

ре́пчатый лук 롑차틔 룩 **양파**

чесно́к 치스녹 마늘

имби́рь 임비르 생강

одева́ть-оде́ть	아지바치-아졔치	동 **옷을 입히다, 씌우다, 싸다**
	Пятеры́х дете́й обу́ть, оде́ть и прокорми́ть — не шу́тка.	
	다섯 아이를 신기고, 입히고, 먹이는 일은 장난이 아니다.	
одева́ться-оде́ться	아지바쨔-아졔쨔	동 **옷을 입다**
	Я пойду́ одева́ться, и ты собира́йся.	
	나는 가서 옷을 입을게. 너도 준비해.	
оде́жда	아졔즈다	명 **옷, 의류**
	мужска́я оде́жда 남성복 же́нская оде́жда 여성복 де́тская оде́жда 아동복	
оде́рживать-одержа́ть	아졔르지바치-아지르자치	동 **쟁취하다, 획득하다, 이기다, 승리를 얻다, 거머쥐다**
	На ко́нкурсе побе́ду одержа́ла коре́йская компа́ния.	
	대회에서 한국 회사가 승리를 거머쥐었다.	
одино́кий	아진노끼	형 **외로운, 고독한, 혼자의** 명 **독신**
однокла́ссник	아드나끌라스닉	명 **급우, 반 친구**
односпа́льная крова́ть	앝나스빨나야 끄라바치	명 **1인용 침대, 싱글베드**
одува́нчик	아두반칙	명 **민들레**
ожире́ние	아지레니예	명 **비만증**
ожо́г	아족	명 **화상(火傷)**

óзеро	오지라	명 호수
ознакомля́ться-ознако́миться	아즈나까믈랴짜-아즈나꼬미짜	동 (사실, 정보 등을) 알아보다, 지식을 얻다
	Прошу́ ознако́миться с не́которыми други́ми докуме́нтами.	
	다른 문서 몇 개도 읽어보십시오.	
ока́зываться-оказа́ться	아까즤바짜-아까자짜	동 확인되다, 판명되다, 알게 되다, 드러나다
	В гости́нице не оказа́лось свобо́дных номеро́в.	
	호텔에 빈 객실이 없는 것으로 드러났다.	
ока́нчивать-око́нчить	아깐치바치-아꼰치치	동 끝내다, 종료하다, 과정을 마치다
	Успе́шно око́нчив университе́т, я устро́илась на рабо́ту.	
	대학을 잘 마치고 나는 취직했다.	
ока́нчиваться-око́нчиться	아깐치바짜-아꼰치짜	동 마치다, 끝나다
	Сло́во ока́нчивается на гла́сную.	
	단어가 모음으로 끝난다.	
океа́н	아꼐안	명 대양
Океа́ния	아끼아니야	명 오세아니아
о́коло	오꼴라	전 주변에, 주위에 부 대략, 약
око́шко	아꼬시까	명 (은행, 우체국 등) 창구
окра́ина	아끄라이나	명 변두리, 외진 곳

О
П
Р
С
Т
У
Ф
Х
Ц
Ч
Ш
Щ
Ъ

	Ра́ньше она́ жила́ на окра́ине, а пото́м перее́хала в центр.
	예전에 그녀는 변두리에 살았지만, 그 후 중심지로 이사했다.

оле́нь *m*	알렌	명 순록, 사슴
оли́вковое ма́сло	알맆까바예 마슬라	명 올리브유
ома́р, ло́бстер	아마르, 롭스떼르	명 바닷가재, 랍스터
он	온	대 그는, 그가
она́	아나	대 그녀는, 그녀가
они́	아니	대 그들은, 그들이
онла́йн	온라인	명 온라인
опа́здывать- опозда́ть	아빠즈디바치- 아빠즈다치	동 늦다, 지각하다, 지연되다, 지체하다
	В Москву́ по́езд пришёл на друго́й день совсе́м не во́время, опозда́л на це́лых семь часо́в.	
	기차가 전혀 제시간이 아니라 다음 날에 도착했는데 장장 7시간을 늦었다.	
опа́сность *f*	아빠스나스치	명 위험, 두려움
опа́сный	아빠스늬	형 위험한, 미심쩍은
о́пера	오뻬라	명 오페라
опи́сывать- описа́ть	아삐싀바치-아삐사치	동 서술하다, 묘사하다, 기술하다, 목록을 만들다

	Тру́дно описа́ть восто́рг и страда́ние, каки́ми свети́лось её некраси́вое лицо́! 그녀의 못생긴 얼굴에 빛나던 환희와 고통을 글로 표현하기 힘들다!	
опра́вдывать-оправда́ть	아쁘라브드바치-아쁘라브다치	동 무죄로 인정하다, 변명하다, 구실을 대다, 정당화하다, (기대, 희망을) 충족시켜주다
	Не сто́ит обижа́ться на люде́й за то, что они́ не оправда́ли на́ших наде́жд. 사람들이 우리의 기대를 충족시켜주지 않는다 해서 그들 때문에 마음을 다칠 필요가 없다.	
опро́с	아쁘로스	명 설문조사, 여론조사
о́пухоль ①	오뿌할	명 종양
	Отли́чия доброка́чественных о́пухолей от злока́чественных. 양성 종양이 악성 종양과 다른 점	
ора́нжевый	아란즤비	형 주황색의
организа́ция	아르가니자찌야	명 조직, 구성, 결성, 기관
организова́ть	아르가니자바치	동 조직하다, 짜다, 만들다, 구성하다
	Он организова́л худо́жественную шко́лу при свое́й мастерско́й. 그는 자기 작업실 안에 예술 학교를 조직했다.	
о́рганы челове́ка	오르가늬 칠라볘까	명 신체기관
орёл	아룔	명 독수리

оригáми	아리가미	명 종이접기
оркéстр	아르꼐스뜨르	명 오케스트라, 관현악단
ортопедúческое отделéние	아르따뻬지치스까예 앗질례니예	명 정형외과
орхидéя	아르히졔야	명 난, 난초
освещéние	아스비셰니예	명 조명, 조명장치, 해석
освобождáть-освободúть	아스바바즈다치-아스바바지치	동 해방하다, 자유롭게 하다, 풀어주다, 구하다, 면제하다, 떠나다, 비우다

Арéндная плáта вносúлась испрáвно, и трéбований освободúть помещéние не поступáло.

임대료는 성실하게 지급되었고, 공간을 비우라는 요청도 들어온 적이 없었다.

Возмóжно ли освобождéние от уплáты штрáфа?

벌금을 면제받을 수 있나요?

освобождáться-освободúться	아스바바즈다짜-아스바바지짜	동 자유로워지다, 해방되다, 벗어나다, 풀려나다, 비워지다, 여유가 생기다

Я вам перезвоню́, как тóлько освобожу́сь.

일이 끝나는 대로 바로 전화하겠습니다.

óсень (óсенью)	오신 (오신유)	명 가을 (가을에)

O
П
Р
С
Т
У
Ф
Х
Ц
Ч
Ш
Щ
Ъ

оскорбля́ть-оскорби́ть	아스까르블랴치-아스까르비치	동 모욕하다, 모멸감을 주다, 난폭하게 대하다, 상처를 주다
	Моё самолю́бие бы́ло оскорблено́: меня́ трети́ровали, как ма́льчика. 내 자존심은 모욕당했다. 나를 어린애 대하듯 경시했던 것이다.	
ослабева́ть-ослабе́ть	아슬라비바치-아슬라볘치	동 약해지다, 쇠약해지다, 느슨해지다
	Стра́шно кру́жится голова́, те́ло соверше́нно ослабе́ло. 머리가 끔찍하게 어지럽다. 몸이 정말로 약해졌다.	
осма́тривать-осмотре́ть	아스마뜨리바치-아스마뜨례치	동 검사하다, 조사하다, 살펴보다, 둘러보다
	Я реши́ла спусти́ться и, пока́ все спят, осмотре́ть дом. 나는 아래로 내려가서 모두가 자는 동안 집을 살펴보기로 마음먹었다.	
осма́тривать-осмотре́ть больно́го	아스마뜨리바치-아스마뜨례치 발노바	동 진찰하다
	Врач осмотре́л пацие́нта и запрети́л ему́ пить. 의사는 환자를 진찰한 다음 음주를 금지했다.	
осмотри́тельный	아스마뜨리쪨늬	형 주의 깊은, 세심한, 용의주도한
осно́ва	아스노바	명 토대, 기반, 기초, 근본, 원리
основа́ние	아스나바니예	명 설립, 창립, 토대, 기반

O

осно́вывать- основа́ть	아스노븨바치- 아스나바치	동 창립, 창설하다, 근거하다, 기반을 두다
	Компа́ния осно́вана в 1999 году́. 회사는 1999년에 창립되었다.	
особня́к	아삽냑	명 저택
о́собь ⑦	오사피	명 개체
остава́ться- оста́ться	아스따바짜-아스따짜	동 남다, 살아남다, 머무르다, 주재하다, 간직하다, 남아 있다
	Неуже́ли не оста́лось в тебе́ ни одно́й и́скры пре́жнего чу́вства? 정말로 네게는 예전 감정의 불씨 하나도 남아 있지 않니?	
оставля́ть- оста́вить	아스따블랴치- 아스따비치	동 남겨두다, 놔두다, 머물게 하다, 그만두다
	В про́шлом году́ он умер и оста́вил мне поря́дочное состоя́ние. 작년에 그는 세상을 떠났고 내게 상당한 재산을 남겼다.	
остана́вливать- останови́ть	아스따나블리바치- 아스따나비치	동 멈추다, 세우다, 중지하다
	Генера́л ре́зко останови́л маши́ну во́зле свое́й пала́тки. 장군은 자신의 천막 근처에서 차를 급격히 멈추었다.	
остана́вливаться- останови́ться	아스따나블리바짜- 아스따나비짜	동 멎다, 멈추다, 중지하다, 머물다, 체류하다
	А пото́м я услы́шала, как останови́лся лифт. 나중에 나는 엘리베이터가 어떻게 멈췄는지를 들었다.	

О
П
Р
С
Т
У
Ф
Х
Ц
Ч
Ш
Щ
Ъ

остано́вка	아스따높까	명 정류장, 정거장, 정지, 정차
осторо́жный	아스따로즈늬	형 조심성 있는, 신중한
о́стров	오스뜨롶	명 섬, 도서
остроу́мие	아스뜨라우미예	명 기지, 재치
остроу́мный	아스뜨라움늬	형 기지 있는, 재치 있는
о́стрый	오스뜨리	형 예리한, 날카로운, 매운
осьмино́г, спру́т	아시미녹, 스쁘룯	명 낙지, 문어
отва́жный	앝바즈늬	형 용감한, 대담한
отва́р	앝바르	명 탕제, 달인 물, 끓인 약제
отверга́ть-отве́ргнуть	앝비르가치-앝볘륵누치	동 거부하다, 배척하다, 거절하다

Он был влюблён в ма́му, но она́ отве́ргла его́ любо́вь и вы́шла за́муж за па́пу.

그는 엄마에게 반했지만, 엄마는 그의 사랑을 거부하고 아빠와 결혼했다.

отвора́чиваться-отверну́ться	앝바라치바짜-앝비르누짜	동 돌아서다, 얼굴을 다른 방향으로 돌리다, 관계를 끊다// (나사가) 풀리다, 느슨해지다

Она́ отверну́лась от своего́ собесе́дника и зевну́ла два ра́за.

그녀는 함께 이야기를 나누던 사람으로부터 얼굴을 돌리더니 두 번 하품했다.

отвёртка	앝뵤르뜨까	명 드라이버

отвéт	альвéт	명 대답, 대응, 반응
отвечáть-отвéтить	альви차치-альвé찌치	동 대답하다, 답변하다, 반응하다, 응답하다

С удовóльствием отвéчу на ваш вопрóс, тóлько скажи́те снача́ла, почему́ вас э́то так си́льно интересу́ет?

귀하의 질문에 기꺼이 답변하겠습니다. 대답에 앞서 왜 그렇게 그 질문에 관심이 가는지를 먼저 말씀해주시겠습니까?

| отвлека́ть-отвлéчь | 앗블리까치-앗블례치 | 동 다른 데로 돌리다, 전환하다 |

Я вас не отвлека́ю?

제가 방해되는 건 아닌가요?

| отгу́л | 앝굴 | 동 연차, 월차 휴가 |

Рабóтник мóжет взять отгу́л в счёт óтпуска.

직원은 연차 휴가 일수에서 휴일을 지정할 수 있다.

| отдава́ть-отда́ть | 앝다바치-앝다치 | 동 돌려주다, 갚다, 넘겨주다, 내주다, 선사하다 |

Вы ему́ дéнег взаймы́ не предлага́йте, потому́ что он взять — возьмёт, а отда́ть не отда́ст.

그에게 돈을 빌려준다고 하지 마세요. 그는 가져가는 건 가져가지만, 돌려주는 건 주지 않으니까요.

| отдéл поли́ции | 앝젤 빨리찌이 | 명 경찰서 |
| отделéние пласти́ческой хирурги́и | 앝질례니예 쁠라스찌치스꺼이 히루르기이 | 명 성형외과 |

O

отдыха́ть- **отдохну́ть**	아드하치-아닿누치	동 쉬다, 휴식하다, 여가를 보내다

По выходны́м мы с роди́телями отдыха́ем на да́че.

주말마다 우리는 부모님과 함께 시골 별장에서 여가를 보낸다.

оте́ль m	아뗄	명 호텔
оте́ц	아쪠쯔	명 아버지, 부친
отжима́ть-отжа́ть	앋즤마치-앋자치	동 짜내다, 짜다

Из 1/2 апельси́на отжа́ть сок.

오렌지 반 개에서 즙을 짜낸다.

о́тзыв	옫집	명 의견, 견해, 평가, 논평, 응답
отзыва́ться- **отозва́ться**	앋즤바짜-아따즈바짜	동 화답하다, 응답하다, 의견을 말하다, 평가하다, 반응하다

Тогда́ я спроси́ла себя́, почему́ так мно́го люде́й с таки́м восто́ргом отзыва́ются об э́том блю́де.

그때 나는 왜 그렇게 많은 사람이 이 요리에 열광적인 반응을 보내는지 자문했다.

отзы́вчивый	앋집치븨	형 공감 능력이 높은, 호응하는, 배려심 있는
отка́зывать- **отказа́ть**	앋까즤바치-앋까자치	동 거부하다, 거절하다, 끊다, 거두다, 고장 나다, 작동하지 않다

Они́ счита́ют неудо́бным отказа́ть в про́сьбе.

그들은 부탁을 거절하는 것을 불편하게 여긴다.

отка́зываться-отказа́ться	알까즈바짜-알까자짜	통 거절하다, 포기하다, 단념하다
	Эта де́вушка реши́ла отказа́ться от шампу́ня.	
	이 아가씨는 샴푸를 쓰지 않기로 했다.	
о́тклик	옽끌릭	명 댓글, 반응
отклика́ться-откли́кнуться	알끌리까짜-알끌리끄누짜	통 응하다, 호응하다, 공감하다
	Спаси́бо, что вы откли́кнулись на наш призы́в.	
	우리의 호소에 응해주셔서 감사드립니다.	
открове́нный	알끄라벤늬	형 솔직한, 진솔한
открыва́ть-откры́ть	알끄리바치-알끄리치	통 열다, 개장하다, 시작하다, 개시하다, 펴다
	Откро́й, пожа́луйста, окно́.	
	창문 좀 열어줄래.	
открыва́ться-откры́ться	알끄리바짜-알끄리짜	통 열리다, 시작되다, 드러나다, 나타나다
	Фёдор осторо́жно толкну́л дверь, она́ не откры́лась.	
	표도르는 문을 조심스럽게 밀었지만, 그것은 열리지 않았다.	
откры́тка	알끄맅까	명 엽서, 사진엽서
отку́сывать-откуси́ть	알꾸싀바치-알꾸시치	통 한입 베어 물다, 물어서 잘라내다
	Она́ откуси́ла большо́й кусо́к гриба́ и приняла́сь его́ жева́ть.	
	그녀는 큰 버섯 조각을 베어 물고 그것을 씹기 시작했다.	

| отли́чный | 아뜰리치늬 | 형 우수한, 특출한, 차이가 있는, 다른 |

| отменя́ть-отмени́ть | 앝미냐치-앝미니치 | 동 폐지하다, 취소하다, 철폐하다 |

Наме́ченное мероприя́тие пришло́сь отмени́ть.

예정된 행사를 취소하게 되었다.

| отнима́ть-отня́ть | 앝니마치-앝냐치 | 동 뺏다, 앗아가다, 강탈하다, 탈취하다, 빼다, 절단하다 |

Рабо́та отнима́ет о́чень мно́го ли́чного вре́мени, отнима́ет большо́й кусо́к жи́зни.

일은 사적인 시간을 아주 많이 앗아가고 인생의 상당한 부분을 가져간다.

| относи́ться-отнести́сь | 앝나시짜-앝니스찌스 | 동 대하다, 대우하다, 태도를 보이다, ~와 관련되다, 상관이 있다 |

Э́то к де́лу не отно́сится.

이것은 그 일과 상관없다.

| отпеча́ток па́льца | 앝뻬차턱 빨차 | 명 지문 |

| отпра́вленные пи́сьма | 앝쁘라블린늬예 삐시마 | 명 보낸 편지함 |

| отправля́ть-отпра́вить | 앝쁘라블랴치-앝쁘라비치 | 동 발송하다, 보내다, 출발시키다, 파견하다 |

Чемода́ны бы́ли отпра́влены на ста́нцию.

여행 가방들은 역으로 발송되었다.

отпра́шиваться- **отпроси́ться**	앝쁘라시바짜- 앝쁘라시짜	동 **휴가, 외출,** **조퇴를 청하다,** **내다**

Ты мо́жешь отпроси́ться на
за́втра?

당신 내일 휴가 낼 수 있어?

о́тпуск	옽뿌스끄	명 **휴가, 휴직**

В ма́е 2015 г. ушла́ в декре́т,
сейча́с нахожу́сь в о́тпуске по
ухо́ду за ребёнком.

나는 2015년 5월에 출산휴가를 받았고, 지금은 육아휴직
중이다.

отрека́ться- **отре́чься**	앝리까짜-알례치샤	동 **부인하다,** **거부하다,** **단념하다,** **포기하다**

Не отрека́ются любя́.

사랑하면 부인하지 않는다.

Не отрека́йтесь от мечты́!

꿈을 포기하지 마세요!

отрица́ть	앝리짜치	동 **부정하다,** **부인하다,** **이의를 제기하다,** **반박하다**

На суде́ уби́йца упо́рно отрица́л
свою́ вину́.

재판에서 살인자는 자신의 죄를 완강히 부인했다.

о́трочество	오트라체스트바	명 **청소년기**
отры́жка	앝리시까	명 **트림**
отстава́ть-отста́ть	아쯔따바치-아쯔따치	동 **뒤처지다,** **뒤떨어지다,** **낙오하다**

O
П
Р
С
Т
У
Ф
Х
Ц
Ч
Ш
Щ
Ъ

	Продýкция отстаёт от междунарóдных стандáртов. 제품이 국제표준보다 뒤떨어진다.
отстáвка	아쯔땁까 명 **퇴직, 사직, 사임** Он служи́л в кавале́рии и вы́шел в отстáвку пору́чиком. 그는 기병대에서 근무하다가 중위로 퇴역했다.
отстáивать-отстоя́ть	아쯔따이바치- 아쯔따야치 동 **지켜내다, 지키다, 막아주다, 보호하다** Но поля́ки в 1920-м и фи́нны в 1939-м суме́ли отстоя́ть свою́ незави́симость. 폴란드인은 1920년에, 핀란드인은 1939년에 자신들의 독립을 지켜낼 수 있었다.
отступáть-отступи́ть	아쯔뚜빠치- 아쯔뚜삐치 동 **후퇴하다, 물러서다, 퇴각하다, 벗어나다** Вновь не получи́в отве́та, он отступи́л на шаг и уда́рил в дверь ного́й. 또다시 대답을 듣지 못하자 그는 한 걸음 물러서더니 문을 발로 찼다.
отсылáть-отослáть	아찔라치-아따슬라치 동 **발송하다, 보내다, 파견하다** Де́вочек отосла́ли домо́й, а я оста́лась. 소녀들을 집으로 보냈지만, 나는 남았다.
оттéнок	아쪠낙 명 **색조, 색채**
отходи́ть-отойти́	앗하지치-아따이찌 동 **물러나다, 물러서다, 비키다, 철수하다, 떠나다**

	Соба́ка отошла́ в сто́рону, се́ла. 강아지는 한쪽으로 물러나더니 자리에 앉았다.	
отча́иваться- отча́яться	앝차이바짜-앝차이짜	동 절망하다, 낙담하다
	Да, война́ объя́влена, и вре́мя не на на́шей стороне́, но не сле́дует отча́иваться. 그래요. 전쟁이 선포되었고 시대는 우리 편이 아니지만, 절망해선 안 됩니다.	
отча́яние	앝차이니예	명 절망, 낙담
отчища́ть- отчи́стить	앝치샤치-앝치스찌치	동 더러움, 얼룩 등을 제거하다, 완벽하게 청소하다
	Как я отчи́стила пригоре́вшую кастрю́лю. 태운 냄비를 내가 깨끗하게 닦아낸 방법.	
о́фис	오피스	명 사무실
официа́нт	아피찌안트	명 웨이터, 급사
офтальмологи́че ское отделе́ние	앞딸말라기치스꺼예 앝질례니예	명 안과
охва́тывать- охвати́ть	아흐바띄바치- 아흐바찌치	동 에워싸다, 둘러싸다, 휩싸다, 엄습하다, 얼싸안다, 붙잡다, 움켜잡다, 파악하다
	Ду́шу охва́тывает чу́вство огро́много одино́чества. 엄청난 외로움이 마음을 에워싼다.	

оце́нивать-оцени́ть	아쩨니바치-아쩨니치	图 값을 매기다, 평가하다, 인정하다, 짐작하다

Выбира́я причёску, попыта́йтесь
зара́нее оцени́ть, наско́лько
комфо́ртно вы бу́дете чу́вствовать
себя́ с ней.

헤어스타일을 선택하면서 당신이 그것을 얼마나 편하게
느낄지 미리 짐작하려고 해보세요.

о́чень	오친	图 아주, 매우

очища́ть-очи́стить	아치샤치-아치스찌치	图 껍질을 벗기다, 깎다, 청소하다

Лук и чесно́к очи́стите,
измельчи́те.

양파와 마늘 껍질을 까서 잘게 써세요.

очки́	아츠끼	图 안경

очки́ для пла́вания	아치끼 들랴 쁠라바니야	图 수경, 물안경

ошиба́ться-ошиби́ться	아시바짜-아시비쨔	图 실수하다, 틀리다, 그르치다

Понима́ете, я ведь тут но́вый
челове́к, могу́ ошиби́ться, сде́лать
не то, что на́до.

저는 여기에 새로 온 사람이잖아요. 제가 실수할 수도,
불필요한 일을 할 수도 있어요.

оши́бка	아십까	图 실수, 과오, 잘못, 실책

П

павильо́н	빠빌리온	몡 가설건물, 부속건물
па́дать-упа́сть	빠다치-우빠스치	동 떨어지다, 쓰러지다, 내리다, 하락하다
	Упа́ла с по́лки кни́га. 책꽂이에서 책이 떨어졌다.	
паз	빠스	몡 홈, 바퀴자국
паке́т	빠꼉	몡 비닐봉지
па́лец (на руке́)	빨레쯔 (나 루꼐)	몡 손가락
	большо́й па́лец 엄지, 엄지손가락 указа́тельный па́лец 인지, 집게손가락 сре́дний па́лец 중지, 가운뎃손가락 безымя́нный па́лец 약지, 약손가락 мизи́нец 소지, 새끼손가락	
па́лец на ноге́	빨레츠 나 나꼐	몡 발가락
па́лочка (⑩па́лочки)	빨라치까 (빨라치끼)	몡 젓가락, 작은 막대기
па́льма	빨마	몡 야자수
пальто́	빨또	몡 외투, 코트
па́мятник	빠먇닉	몡 기념물, 유적, 기념비
па́нда	빤다	몡 팬더
па́ника	빠니까	몡 극심한 공포, 공황, 패닉

	Я пришла́ в себя́, заора́ла и в па́нике бро́силась бежа́ть обра́тно в лес. 나는 깨어나서 비명을 질렀고 극심한 공포를 느끼며 숲으로 다시 달려갔다.	
паникова́ть	빠니까바치	통 심히 당황하다, 공황 상태에 빠지다
	Неуже́ли я стал бы так паникова́ть и́з-за пустяка́? 정말로 내가 그렇게 사소한 일로 그리도 당황하게 될까?	
па́па	빠빠	명 아빠
па́прика	빠쁘리까	명 파프리카
пар	빠르	명 증기, 김, 수증기
параллелогра́мм	빠랄렐라그람	명 평행사변형
парк	빠르크	명 공원, 차고지
парк с аттракцио́нами	빠르크 사뜨락찌오나미	명 놀이공원
паркова́ть, паркова́ться	빠르까바치, 빠르까바짜	통 주차하다
	Распахну́в воро́та, хозя́ин же́стом указа́л, куда́ паркова́ть маши́ну. 주인이 대문을 열어젖히고서 주차해야 하는 곳을 손짓으로 가리켰다.	
паро́ль⒨, пин-код	빠롤, 삔꼳	명 비밀번호
пас	빠스	명 통과, 패스(시합 등에서)
па́смурный	빠스무르늬	형 흐린, 음침한, 음산한

пасова́ть-спасова́ть	빠사바치-스빠사바치	동 통과하다, 패스하다(카드, 게임)
	Пасу́ю, не уча́ствую в да́нной игре́.	
	이번 게임에 참여하지 않겠어요, 패스예요.	
па́спорт	빠스빠르트	명 여권, 신분 증명서
па́спортный контро́ль	빠스빠릍늬 깐뜨롤	명 출입국 심사대
пассажи́р	빠사지르	명 여객, 승객
па́стбище, сенока́сное уго́дье, луг	빠슫비셰, 시나꼬스나예 우고지예, 룩	명 목초지, 초원
па́стор	빠스따르	명 목사
пау́к	빠욱	명 거미
па́хнуть	빠흐누치	동 냄새가 나다, 풍기다, 낌새가 있다
	В больни́чном коридо́ре си́льно па́хло каки́м-то лека́рством.	
	병원 복도에서 어떤 약품 냄새가 강하게 풍겼다.	
певе́ц (⑦певи́ца)	삐볘쯔 (삐비짜)	명 가수
педиатри́ческое отделе́ние	삐지아뜨리치스까예 앋질례니예	명 소아과
пейза́ж	삐이자시	명 풍경, 경치, 산수화, 풍경화
пека́рня	삐까르냐	명 제과점, 빵집

пе́карь ⓜ	뻬까르	몡 제빵사
пеки́нская капу́ста	삐낀스까야 까뿌스따	몡 배추
пельме́ни	삘메니	몡 삘메니(만두)
пе́на	뻬나	몡 거품
пена́л	삐날	몡 필통
пе́нис, мужско́й член	뻬니스, 무스꼬이 칠렌	몡 음경, 남근, 남경
пе́нсия	뻰시야	몡 연금(年金)
пе́рвая любо́вь	뻬르버여 류뷭	몡 첫사랑
пе́рвое блю́до, заку́ска	뻬르바에 블류다, 자꾸스까	몡 전채, 애피타이저
пе́рвый	뻬르비	혱 맨 처음, 최초의

Он пришёл к фи́нишу пе́рвым.

그는 결승점에 첫 번째로 들어왔다.

пе́рвый класс	뻬르비 끌라스	몡 일등석
перебега́ть-перебежа́ть	삐리비가치-삐리비자치	통 달려서 통과하다, 빠져나가다, 달려서 다른 쪽으로 건너가다

Éсли чёрный кот перебежи́т доро́гу, э́то счита́ется плохо́й приме́той.

검은 고양이가 달려서 길을 지나가면 나쁜 징조로 여겨진다.

| переводи́ть-
перевести́ | 삐리바지치-
삐리비스찌 | 동 옮기다, 이동하다,
건너다,
통번역하다 |

26 октября́ 2014 го́да вре́мя перевели́ наза́д на 1 час в большинстве́ регио́нов Росси́и.

2014년 10월 16일 러시아 대다수 지방에서 시간을 1시간 이전으로 돌렸다.

| перево́дчик | 삐리봍칰 | 명 통역사, 번역사 |

| перевози́ть-
перевезти́ | 삐리바지치-
삐리비스찌 | 동 수송하다,
운반하다, 옮기다 |

В кры́тых ваго́нах, обы́чно, перево́зят бытову́ю те́хнику, хозтова́ры, зерно́, ме́бель, оде́жду и др.

유개화차에는 보통 가전제품, 생활용품, 곡물, 가구, 의류 등을 수송한다.

| перево́зка | 삐리보스까 | 명 운송, 수송 |

Объём перево́зок гру́зов в 2016 году́ че́рез Се́верный морско́й путь дости́г реко́рдного у́ровня.

북극 항로를 통한 운송량이 2016년 최고 기록을 경신했다.

| пе́ред | 뻬롙 | 전 앞에, 전에,
면전에 |

| перёд | 삐룥 | 명 앞면 |

| передава́ть-
переда́ть | 삐리다바치-삐리다치 | 동 전하다, 전달하다,
넘겨주다 |

Ты передала́ приве́т ма́ме?

엄마에게 안부 전했니?

| переда́ча | 삐리다차 | 명 전달, 양도, 전파,
방송 프로그램 |

пере́дний	삐롄니	형 앞면의, 전면부의, 앞의
переезжа́ть- перее́хать	삐리예즈자치- 삐리예하치	동 건너다(교통수단을 타고), 이사하다, 옮겨가다, 차로 치다, 다른 것으로 넘어가다

Че́рез два го́да по́сле оконча́ния войны́ мы перее́хали в дом мои́х роди́телей.

전쟁이 끝나고 2년 후에 우리는 내 부모님 댁으로 이사했다.

пережива́ть- пережи́ть	삐리즤바치-삐리즤치	동 체험하다, 견뎌내다, 고민하다, ~보다 오래 살다

Она́ пережила́ все у́жасы коллективиза́ции, войны́ и послевое́нных лет.

그녀는 끔찍한 집단화, 전쟁, 그리고 전쟁 후의 세월을 견뎌냈다.

перекрёсток	삐리끄료스딱	명 교차로, 사거리
перелётная пти́ца	삐리룓나야 쁘찌짜	명 철새
переме́шивать- перемеша́ть	삐리몌시바치- 삐리미샤치	동 혼합하다, 반죽하다, 뒤섞다

Все проду́кты перемеша́ть и вы́ложить в сала́тник.

모든 식품을 섞어서 샐러드 그릇에 담는다.

переноси́ть- перенести́	삐리나시치- 삐리니스찌	동 손으로 옮기다, 넘기다, 이관하다, 미루다, 날짜/ 장소 등을 바꾸다, 변경하다

	Предлага́ю перенести́ встре́чу на за́втра, на то же вре́мя.
	약속을 내일, 같은 시간으로 미뤘으면 합니다.
переодева́ть-переоде́ть	삐리아지바치-삐리아졔치 동 옷을 갈아입히다, 갈아 신다
	В зи́мнее вре́мя го́да в о́фисе ну́жно переодева́ть о́бувь.
	겨울철에는 사무실에서 신발을 갈아 신을 필요가 있다.
переодева́ться-переоде́ться	삐리아지바짜-삐리아졔짜 동 옷을 갈아입다, 변장하다
	Он хоте́л переоде́ться и попроси́л меня́ принести́ друго́й костю́м.
	그는 옷을 갈아입고 싶어서 내게 다른 의상을 가져오라고 요청했다.
перепу́тываться-перепу́таться	삐리뿌띠바짜-삐리뿌따짜 동 헷갈리다, 혼동하다, 뒤죽박죽되다
	Всё, что с ним когда́-то случи́лось, стра́нным о́бразом перепу́талось у него́ в мозгу́.
	그에게 언젠가 일어났던 모든 일이 이상한 방식으로 그의 머리에서 뒤죽박죽되었다.
переса́дка	삐리샽까 동 환승, 갈아타기, 이식, 이식술
	Что́бы пересе́сть на другу́ю ве́тку метро́, ну́жно дое́хать до ста́нции переса́дки.
	지하철 다른 노선으로 환승하려면 환승역까지 가야 한다.
переса́живаться-пересе́сть	삐리사지바짜-삐리세스치 동 환승하다, 갈아타다, 옮겨 앉다

196 | 필수 단어

	Ра́нним у́тром сле́довало пересе́сть с по́езда на электри́чку, а пото́м е́хать авто́бусом до ба́бушкиной дере́вни.	
	아침 일찍 기차에서 전차로 갈아타고, 그런 다음 버스로 할머니가 계신 시골까지 가야 했다.	
переселя́ться- пересели́ться	뻬리실랴짜- 뻬리실리짜	동 이사하다, 이주하다, 옮겨가다
	Одна́ко в душе́ он жела́л пересели́ться в другу́ю ко́мнату.	
	그러나 그는 마음속에선 다른 방으로 옮기고 싶었다.	
переставать- перестать	뻬리스따바치- 뻬리스따치	동 멈추다, 중단하다, 그만두다
	Почему́, и́з-за чего́ де́вушка, же́нщина прекраща́ет обще́ние без объясне́ния и ви́димых причи́н?	
	왜, 무엇 때문에 여자들은 설명이나 명백한 이유 없이 연락을 끊어버리나?	
перестра́ивать- перестро́ить	뻬리스트라이바치- 뻬리스뜨로이치	동 재건하다, 재조직하다, 고쳐 짓다, 재정비하다
	Солда́ты останови́лись, что́бы перестро́ить ряды́.	
	군인들은 줄을 다시 맞추기 위해 멈춰 섰다.	
переу́лок	뻬리울락	명 골목, 골목길
переходи́ть- перейти́	뻬리하지치-뻬리이찌	동 건너다, 이동하다, 자리를 옮기다, 장소를 바꾸다, 추월하다, 옮겨 가다, 넘어가다

	Вся власть перешла́ в ру́ки америка́нских вое́нных. 모든 권력이 미군의 손으로 넘어갔다.

пе́рец	뻬리쯔	명 고추
пе́рец, чёрный мо́лотый пе́рец	뻬리쯔, 쵸르늬 몰라띄 뻬리쯔	명 후춧가루
перечисле́ние де́нег, перево́д де́нег	뻬리치슬레니예 제녁, 뻬리봍 제녁	명 이체, 송금
пери́ла, по́ручни	뻬릴라, 뽀루치니	명 난간(복수)
пермане́нтная зави́вка	뼤르마넨뜨나야 자빞까	명 파마
перо́	뻬로	명 깃털, 깃, 펜촉
перро́н	뻬론	명 플랫폼, 단
пе́рсик	뻬르식	명 복숭아
персона́л	뻬르사날	명 직원, 인원, 총원
перцо́вая па́ста	뻬르쪼바야 빠스따	명 고추장
перча́тки	뻬르챹끼	명 장갑
пёс	뽀스	명 수캐
песо́к	뻬속	명 모래
песча́ный пляж	뻬샨늬 쁠랴시	명 백사장
пету́х, ку́рица	뻬두흐, 꾸리짜	명 수탉, 암탉

петь-спеть	뼤치-스뼤치	동 노래하다, 노래를 부르다, 지저귀다, 찬미하다
	После ча́я Ярцев пел рома́нсы, аккомпани́руя себе́ на роя́ле. 차를 마신 후 야르체프는 피아노로 반주하며 로맨스를 불렀다.	
печа́ль ⓕ	삐찰	명 슬픔, 비애
печа́ть ⓕ	삐차치	명 인쇄
пе́чень ⓕ	뼤첸	명 간(肝)
пече́нье	삐체니예	명 과자
пешехо́дный перехо́д	삐시혼늬 삐리홀	명 건널목, 횡단보도
пеще́ра	삐셰라	명 동굴
пиани́но	삐아니나	명 피아노
пиани́ст	삐아니스뜨	명 피아니스트
пивна́я	삐브나야	명 맥줏집, 호프집
пи́во	삐바	명 맥주
	разливно́е пи́во 생맥주	
пиджа́к	삘작	명 양복 재킷, 윗옷
пикни́к	삐크닉	명 소풍, 야유회
пила́	삘라	명 톱
пи́лка	삘까	명 줄, 줄칼, 실톱

пилю́ля	삘률랴	뗑 **환약, 알약**
пингви́н	삔그빈	뗑 **펭귄**
пио́н	삐온	뗑 **모란**
пирами́да	삐라미다	뗑 **각뿔, 피라미드**
пиро́г	삐록	뗑 **피록(파이)**
пиро́жное	삐로즈나예	뗑 **조각 케이크, 달콤한 디저트 종류**
пирожо́к	삐라족	뗑 **작은 파이**
писа́ть-написа́ть	삐사치-나삐사치	동 **쓰다, 그리다, 칠하다**

Он написа́л письмо́ и пошёл на по́чту.

그는 편지를 써서 우체국으로 갔다.

пистоле́т	삐스딸롙	뗑 **권총**
письмо́	삐시모	뗑 **편지, 서신, 쓴 것**
пита́тельный крем	삐따쩰늬 끄롐	뗑 **영양 크림**
пить	삐치	동 **마시다**

Не пейте ко́фе в пери́од лече́ния.

치료 기간에는 커피를 마시지 마세요.

пи́цца	삐짜	뗑 **피자**
пищево́е ма́сло, расти́тельное ма́сло	삐시보예 마슬라, 라스찌쩰나예 마슬라	뗑 **식용유**

пищевóе отравлéние	삐시보예 알라블례니예	명 식중독
плáвание	쁠라바니예	명 수영, 운항, 항해
плáвание с аквалáнгом	쁠라바니예 사끄발란감	명 스쿠버다이빙
плáвать	쁠라바치	동 헤엄치다, 뜨다, 부유하다, 떠돌아다니다

Несмотря́ на большо́й вес, они́ уме́ют пла́вать.

몸무게가 많이 나가지만 그들은 헤엄칠 줄 안다.

плáвки	쁠랍끼	명 수영 팬츠
плакáт	쁠라깥	명 플래카드
плáкать	쁠라까치	동 울다, 눈물을 흘리다

Как успоко́ить младе́нца, е́сли он пла́чет?

아기가 울 때 어떻게 달래줘야 하나?

плáмя	쁠라먀	명 불길, 불꽃, 화염
планéта	쁠라네따	명 행성
планшéт	쁠란셀	명 태블릿
плáстырь ⓜ	쁠라스띠리	명 파스
платáн, чинáра	쁠라딴, 치나라	명 플라타너스
плáтина	쁠라찌나	명 백금
плати́ть-заплати́ть	쁠라찌치-자쁠라찌치	동 지급하다, 값을 치르다, 내다, 갚다, 보답하다

Гла́вный тре́нер «Спартака́» предпочита́л плати́ть штра́фы, но не ходи́ть на пресс-конфере́нции.

스파르타그 수석 코치는 기자회견에 가는 것보다 벌금을 무는 것을 선호했다.

пла́тный	쁠라뜨늬	혱 유료의, 유급의
плато́	쁠라또	몡 고원
пла́тье	쁠라찌예	몡 드레스, 원피스
платяно́й шкаф	쁠라찐노이 시깖	몡 옷장
плащ	쁠라시	몡 코트, 외투, 망토
племя́нник (⑰племя́нница)	쁠리먄닉 (쁠리먄니짜)	몡 조카
плёнка	쁠룐까	몡 필름, 얇은 비닐
плечо́	쁠리초	몡 어깨, 상박
плов	쁠롶	몡 쁠롭(볶음밥)
плод	쁠롣	몡 열매, 과실
плоскогу́бцы	쁠라스까굽찌	몡 집게, 펜치
пло́хо	쁠로하	閉 나쁘게
плохо́й	쁠라호이	혱 나쁜, 악한
площа́дка	쁠라샽까	몡 터, 부지, 대지, 플랫폼
пло́щадь⑰	쁠로샤치	몡 광장, 지대, 평지의 면적

плыть	쁠리치	통 헤엄치다, 항행하다(정해진 방향으로), 떠가다, 흘러가다

Лёгкий тёплый ветеро́к ласка́л ве́тви дере́вьев, бе́лые облака́ плы́ли над землёй.

가볍고 따스한 산들바람이 나뭇가지를 애무하고 하얀 구름이 땅 위에서 흘러갔다.

плю́шевый ми́шка	쁠류스브이 미시까	명 곰 인형
пляж	쁠랴시	명 해변, 물가, 바닷가, 해수욕장
пля́жный зонт	쁠랴즈느이 존트	명 비치파라솔
по-англи́йски	빠안글리이스끼	부 영어로
побе́г, росто́к	빠벡, 라스똑	명 싹, 싹수
побежа́ть	빠비자치	통 달리기 시작하다, 어떤 행동을 서둘러 시작하다, 흘러내리다

Э́ти слова́ бо́льно вре́зались в са́мое се́рдце де́вушки, и тут же по её щека́м побежа́ли слёзы.

이 말들이 여자의 가슴 깊은 곳에 아프게 박혔고 곧바로 그녀의 뺨에서 눈물이 흘러내렸다.

побежда́ть-победи́ть	빠비즈다치-빠비지치	통 이기다, 무찌르다, 승리하다, 정복하다, 극복하다

В дра́ках он был непобеди́м. Его́ нельзя́ бы́ло победи́ть потому́, что он ничего́ не боя́лся.

싸움을 하면 그는 무적의 상대였다. 그는 아무것도 두려워하지 않았기 때문에 그를 이길 수 없었다.

побо́чный эффе́кт	빠보치느 이펙트	명 부작용

побыва́ть	빠븨바치	동 방문하다, 돌아다니다, 들르다

Зо́я побыва́ла в парикма́херской и сде́лала маникю́р.

조야는 미용실에 들러 매니큐어를 했다.

по́вар	뽀바르	명 요리사, 셰프

по́весть_⑦_	뽀비스치	명 중편소설

повседне́вная оде́жда	빠프시드녭나야 아졔즈다	명 평상복

повседне́вный	빠프시드녜브늬	형 일상적인, 매일의

повторя́ть-повтори́ть	빠프따랴치-빠프따리치	동 반복하다, 되풀이하다, 다시 말하다

Вы ссо́ритесь и мири́тесь, и раз за ра́зом повторя́ете пре́жние оши́бки.

여러분은 싸우고 화해하고, 매번 예전의 실수를 되풀이합니다.

погиба́ть-поги́бнуть	빠기바치-빠깁누치	동 사고로 죽다, 쇠락하다, 멸망하다, 소멸하다, 죽어가다

Во вре́мя войны́ Жаро́в кома́ндовал та́нковым батальо́ном и поги́б — сгоре́л в та́нке.

전쟁 때 자로프는 전차 부대를 지휘하다 전차 안에서 불에 타 전사했다.

погóда	빠고다	명 날씨
подáрок	빠다럭	명 선물
подборóдок	빠드바로덕	명 턱
подвáл, подпóлье	빨발, 빨뽈리예	명 지하실, 지하
подвергáть-подвéргнуть	빠드비르가치-빠드베륵누치	동 복종시키다, 당하게 하다, 받게 하다

Он подвéргся большóй отвéтственности, сам úли егó подвéргли.

그는 큰 책임을 지게 되었다. 그 자신이 그랬거나, 아니면 그를 그렇게 하도록 했다.

подготáвливаться-подготóвиться	빠가따블리바짜-빠가또비짜	동 준비하다, 대비하다, 채비하다

Зáвтра же с утрá засáду за кнúги, подготóвлюсь и поступлю́ в акадéмию.

바로 내일 아침부터 책을 붙들고 앉아서 준비해서 아카데미에 입학할 거야.

подгу́зник	빠드그루즈닉	명 기저귀
поддéлка, имитáция	빠젤까, 이미따찌야	명 모조품, 가짜
подéржанный	빠쪠르잔늬	형 이미 사용한

подержанный ноутбук

중고 노트북

подзéмный перехóд	빨졤늬 삐리홑	명 지하도
подкáст	빹까스뜨	명 팟캐스트

пого́да 빠고다 **날씨**

со́лнечная пого́да 쏠니치늬 빠고다 맑음

о́блако 오블러까 구름

ве́тер 베찌르 바람

дождь ⓜ 도시치 비

снег 스넥 눈

мо́лния 몰니야 번개

гром 그롬 천둥

ли́вень 리벤 소나기

наводне́ние 너바드녜니예 홍수

за́суха 자수하 가뭄

тума́н 뚜만 안개

и́зморозь ⓕ 이즈마로시 서리

снег с дождём 스넥 즈 다즈좀 진눈깨비

град 그라트 우박

сосу́лька 싸쑬꺼 고드름

гроза́ / ли́вень с урага́ном
그라자 / 리벤 수라가남 폭풍우

подкла́дка	빧끌랕까	명 안감
подлежа́ть	빠들리자치	동 처하다, ~할 처지에 있다, ~해야 하다

Автомоби́ли с мо́щностью дви́гателя до 100 лошади́ных сил не подлежа́т налогообложе́нию.

엔진이 100마력 미만인 자동차는 과세 대상이 아니다.

по́длинник, оригина́л	뽀들리닠, 아리기날	명 진품, 원본
поднима́ть- подня́ть	빤니마치-빤냐치	동 들다, 들어 올리다, 끌어올리다

Мать наклони́лась, подняла́ ребёнка и посади́ла его́ в ходунки́.

어머니는 몸을 숙여 아이를 들어 올려서 보행기에 앉혔다.

поднима́ться- подня́ться	빤니마짜-빤냐짜	동 오르다, 올라가다, 높아지다, 솟다

Над го́родом поднима́лись купола́ собо́ров.

대성당의 큐폴라들이 도시 위로 솟아올랐다.

подно́с	빧노스	명 쟁반, 트레이(tray)
подогрева́ть- подогре́ть	빠다그리바치- 빠다그례치	동 따뜻하게 하다, 데우다

В э́том слу́чае слегка́ подогре́йте мёд на водяно́й ба́не.

이런 경우 꿀을 중탕하여 살짝 데우세요.

подо́шва	빠도시바	명 발바닥, 구두 밑창
подо́шва стопы́	빠도시바 스따삐	명 발바닥

подпи́сывать- подписа́ть	빧삐씌바치-빧삐사치	동 서명하다, 이름을 적다, 조인하다

В прису́тствии врача́ и юри́ста подписа́ли контра́кт.

의사와 변호사가 동석한 가운데 계약서에 서명했다.

по́дпись ⑦	뽇삐시	명 서명, 사인

Поста́вьте по́дпись здесь, внизу́.

여기 아래에 서명하세요.

подру́га	빠드루가	명 여자 친구
подсо́лнечник	빧솔니치닉	명 해바라기
подсо́лнечное ма́сло	빠솔니츠나예 마슬라	명 해바라기유
поду́шка безопа́сности	빠두시까 비자빠스나스찌	명 에어백

подходи́ть- подойти́	빧하지치-빠다이찌	동 다가오다, 접근하다, 맞다, 어울리다, 적합하다

Како́й па́рень мне подхо́дит?

어떤 남자가 내게 어울릴까?

подчёркивать- подчеркну́ть	빧초르끼바치- 빧최릌누치	동 밑줄 긋다, 강조하다, 부각하다

Он всегда́ стара́лся подчеркну́ть, что он нача́льник.

그는 그가 상사라는 걸 항상 강조하려고 애썼다.

подчинённый	빧치뇬늬	명 부하, 지휘하의, 형 종속적인

подчиня́ть- подчини́ть	빨치냐치-빨치니치	동 정복하다, 세력 아래에 두다, 복종시키다, 지배하다
	Он не мо́жет подчини́ть челове́ка. 그는 사람을 지배하지 못한다.	
подчиня́ться- подчини́ться	빨치냐짜-빨치니짜	동 복종하다, 따르다
	Но, подчини́вшись прика́зу, при́няли уча́стие в э́той войне́. 그들은 명령에 복종하여 이 전쟁에 참전했다.	
подъе́зд	빨예즈뜨	문 현관문, 출입구
подъезжа́ть- подъе́хать	빨이즈자치-빨예하치	동 차로 다가가다, 접근하다, 도착하다
	Маши́на подъе́хала к гаражу́. 자동차가 차고에 다가갔다.	
по́езд	뽀예즈트	명 기차, 열차, 전동차
пое́здка	빠예즐까	명 여행, 유람, 여정
пожени́ться	빠쥐니짜	동 결혼하다
	Они́ неда́вно пожени́лись. 그들은 얼마 전 결혼했다.	
пожило́й	빠쥘로이	형 연배가 있는, 나이가 지긋한
позавчера́	빠자프치라	부 그제, 그저께
позади́	빠자지	부 뒤에, 이면에, 전 과거에
позвони́ть- звони́ть	빠즈바니치-즈바니치	동 전화하다, 종을 치다

	Иван звонит Саше по телефону и зовёт его в кино.	
	이반은 사샤에게 전화해 영화관으로 부른다.	
позвоно́чник	뻐즈바노치닉	명 척추, 등뼈
поздравле́ние	빠즈드라블레니에	명 축하, 축사
поздравля́ть- поздра́вить	빠즈드라블랴치- 빠즈드라비치	동 축하하다, 경축하다
	Поздравля́ю тебя́ с днём рожде́ния!	
	생일 축하해!	
по́зже	뽀제	부 후에, 나중에, 더 늦게
пока́	빠까	부 당분간, 잠깐 동안 접 ~하는 사이에, ~하는 동안
пока́зывать- показа́ть	빠까즤바치-빠까자치	동 보여주다, 제시하다, 나타내다
	Он раскры́л бума́жник и показа́л мне о́коло десяти́ пи́сем, адресо́ванных на его́ и́мя.	
	그는 서류철을 열어 자기가 받은 10통 남짓한 편지를 내게 보여주었다.	
по-коре́йски	빠까레이스끼	부 한국어로, 한국식으로
поко́рный	빠꼬르늬	형 복종적인, 순종적인, 고분고분한
покупа́тель ⓜ	빠꾸빠쪨	명 구매자
покупа́ть-купи́ть	빠꾸빠치-꾸삐치	동 사다, 구매하다

О
П
Р
С
Т
У
Ф
Х
Ц
Ч
Ш
Щ
Ъ

	Я хочу́ купи́ть свою́ кварти́ру и переéхать туда́. 나는 아파트를 사서 그리로 이사하고 싶다.	
пол	뽈	명 마루, 바닥
по́лдень ⓜ	뽈졘	명 정오, 한낮
по́ле	뽈례	명 들판, 들, 논, 밭, 경작지
полёт	빨룓	명 비행
ползко́м	빨스꼼	부 기어서, 네 손발로 기어서, 굽실거리면서
поликли́ника	빨리끌리니까	명 종합병원 외래진료소
полице́йский	빨리쩨이스끼	명 경찰관
полице́йский уча́сток	빨리쩨이스끼 우차스턱	명 파출소
по́лка	뽈까	명 선반, 책꽂이
по́лночь ⓕ	뽈나치	명 밤 12시, 밤중
по́лный	뽈늬	형 충만한, 온전한, 가득 찬
полови́к, ко́врик	빨라빅, 꼬브릭	명 발 매트, 깔개
поло́вник	빨롭닉	명 국자
полоса́	빨라사	명 줄무늬, 지대
полоса́ движе́ния	빨라사 드비제니야	명 차선
	Доро́ги с четырьмя́ полоса́ми движе́ния 4차선 도로	

полоте́нце	빨라쪦쪀	몧 수건

полуо́стров	빨루오스뜨롭	몧 반도(半島)

Се́верная Коре́я должна́ уважа́ть все существу́ющие договорённости ме́жду Се́вером и Ю́гом и приложи́ть уси́лия, что́бы обеспе́чить мир на Коре́йском полуо́строве.

북한은 남북한간의 모든 기존 합의를 존중해야 하며 한반도에 평화를 보장하기 위해 노력해야 한다.

получа́ть- получи́ть	빨루차치-빨루치치	동 받다, 얻다, 손에 넣다

Я продала́ Ива́ну Петро́ву лес за три ты́сячи, а получи́ла то́лько две.

나는 이반 페트로프에게 숲을 3천에 팔았는데 2천만 받았다.

полцены́ⓕ	빨쯰늬	몧 반값, 헐값

Мы бы́стро распрода́ли всё иму́щество за полцены́ и уе́хали.

우리는 모든 재산을 빠르게 헐값에 팔아치우고 떠났다.

по́льзователь ⓜ	뽈자바꼘	몧 사용자, 이용자

по́льзоваться	뽈자바짜	동 이용하다, 사용하다, 행사하다, 누리다, 향유하다

Лев Толсто́й реши́л не по́льзоваться пра́вом со́бственности на зе́млю.

레프 톨스토이는 토지 소유권을 행사하지 않기로 했다.

пома́да	빠마다	몧 립스틱

помидо́р, тома́т	빠미도르, 따맡	명 토마토
по́мнить	뽐니치	동 기억하다, 회고하다, 생각하다

Я зна́ю и по́мню о своём праде́душке, о его́ жи́зни.

나는 나의 증조부와 그의 삶을 알고 기억한다.

помога́ть-помо́чь	빠마가치-빠모치	동 돕다, 거들다, 효과가 있다

Не могли́ бы вы мне помо́чь?

당신이 저를 좀 도와주실 수 있나요?

помо́йка	빠모이까	명 쓰레기장
по́мощь ⨍	뽀마시	명 도움, 원조, 구호
понеде́льник	빠니젤닉	명 월요일
понима́ть-поня́ть	빠니마치-빠냐치	동 이해하다, 알다, 납득하다

Я уже́ непло́хо понима́ю по-ру́сски, но сейча́с я вас не поняла́.

나는 이제 러시아어를 꽤 잘 알아듣지만, 지금은 당신이 무슨 말을 했는지 이해하지 못했습니다.

поно́с	빠노스	명 설사
попко́рн, возду́шная кукуру́за	빱꼬른, 바즈두시나야 꾸꾸루자	명 팝콘
попуга́й	빠뿌가이	명 앵무새
попы́тка	빠븰까	명 기도, 시도, 노력

О
П
Р
С
Т
У
Ф
Х
Ц
Ч
Ш
Щ
Ъ

поража́ть- порази́ть	빠라자치-빠라지치	동 가격하다, 때리다, 치다, 깜짝 놀라게 하다, 아연실색하게 하다

Внеза́пная тишина́ порази́ла его́.
갑작스러운 정적이 그를 놀라게 했다.

пораже́ние	빠라제니예	명 패배, 장애, 병변
поро́й	빠로이	부 때때로, 가끔
порт	뽀르트	명 항구, 항
портфе́ль ⓜ	빠를펠	명 서류 가방, 책가방
по-ру́сски	빠루스끼	부 러시아어로, 러시아식으로
поря́дковое числи́тельное	빠럍꼬버예 치슬리찔나예	명 서수(序數)
поря́док	빠랴닥	명 질서, 규칙, 순서, 서열
поря́дочный	빠랴더치늬	형 꽤 많은, 상당한, 훌륭한, 고상한
поса́дка	빠샅까	명 승선, 탑승, 심는 것
поса́дка самолёта	빠샅까 사말료따	명 비행기 착륙
поса́дочный тало́н	빠사다츠늬 딸론	명 탑승권

Поса́дочный тало́н на самолёт
비행기 탑승권

посвяща́ть- посвяти́ть	빠스비샤치- 빠스비찌치	동 바치다, 쏟다, 헌정하다

	Я посвяти́ла тебе́ всю свою́ жизнь.	
	나는 너를 위해 내 인생 전부를 바쳤다.	
посёлок	빠쇼락	명 마을, 취락
посети́тель ⓜ	빠시찌젤	명 관람객, 방문객
посеща́ть-посети́ть	빠시샤치-빠시찌치	동 방문하다, 들여다보다, 찾아가다, 찾아오다
	Из наме́ченных на сего́дня объе́ктов он успе́л посети́ть два — типогра́фию и библиоте́ку.	
	오늘 정해진 목적지 중에서 그는 인쇄소와 도서관 두 곳을 방문할 수 있었다.	
по́сле	뽀슬례	전 그 후, ~후에, 부 나중에
по́сле полудня, днём	뽀슬례 빨루드냐, 드뇸	부 오후에, 낮에
после́днее напу́тствие	빠슬례드녜예 나뿔스트비예	명 마지막 당부, 유언
после́дний	빠슬롈니	형 마지막
	Она́ всегда́ выходи́ла из о́фиса после́дней.	
	그녀는 항상 사무실에서 마지막으로 퇴근했다.	
после́довательный	빠슬례다바찔늬	형 연속하는, 순차적인, 일관된
послеза́втра	뽀슬례잡트라	부 모레, 내일모레
послу́шный	빠슬루시늬	형 고분고분한, 온순한, 유순한, 말을 잘 듣는

Я послу́шно пое́хала — не́ было ни сил, ни жела́ния спо́рить.

나는 순순히 떠났다. 싸울 힘도, 의사도 없었다.

пособие	빠소비예	명 보조금, 수당, 교과서
посо́л	빠솔	명 대사(외교관)
посо́льство	빠솔스뜨바	명 대사관
поста́вка	빠스따프까	명 납품, 공급
поставля́ть-поста́вить	빠스따블랴치-빠스따비치	동 납품하다, 조달하다, 공급하다

США поставля́ют ору́жие мно́гим стра́нам НА́ТО.

미국은 수많은 나토 회원국에 무기를 공급한다.

поставщи́к	빠스따프식	명 공급자, 납품업체
посте́льное бельё	빠스쪨너예 빌리요	명 침구류
постила́ть-постели́ть (постла́ть)	빠스찔라치-빠스찔리치 (빠슬라치)	동 표면에 덮다, 잠자리를 펴다

Остава́йся, я тебе́ постелю́ на дива́не.

가지 마, 내가 소파에 잠자리를 마련해 줄게.

постоя́нный	빠스따얀늬	형 부단한, 변치 않는, 일정한
пострада́вший	빠스뜨라답시	명 피해자

число́ поги́бших и пострада́вших

사상자 수

постро́йка	빠스트로이까	명 건축, 건설, 건축물, 구조물

поступáть- поступи́ть	빠스뚜빠찌- 빠스뚜삐치	동 행동하다, 대하다, 대우하다, ~한 상태로 들어가다, 입학하다, 가입하다

Вы́шла и поступи́ла в прода́жу
пе́рвая кни́га журна́ла 《Дэлос》.

잡지 '델로스'의 첫 번째 책이 출판되어 판매되기 시작했다.

посу́да	빠수다	명 식기, 그릇
посу́дное полоте́нце	빠수드너예 빨라쪈쩨	명 행주
посудомо́йка	빠수다모이까	명 식기세척기
посчастли́виться	빠시슬리비짜	동 행운을 누리다, 운 좋게 ~하게 되다

Ему́ посчастли́вилось встреча́ться
с изве́стным поэ́том.

그는 저명한 시인을 만나는 행운을 누렸다.

посыла́ть- посла́ть	빠실라치-빠슬라치	동 보내다, 발송하다

Я ча́сто посыла́ю пи́сьма свои́м
роди́телям.

나는 부모님께 편지를 자주 보낸다.

посы́лка	빠실까	명 소포
пот	뽇	명 땀
поте́ть-вспоте́ть	빠쩨치-프스빠쩨치	동 땀을 흘리다, 땀이 나다

У него́ сра́зу вспоте́л лоб и ша́пка
съе́хала на заты́лок.

그의 이마에는 곧바로 땀이 났고 모자가 뒤통수로 미끄러
졌다.

потоло́к	빠딸록	명 천장

потóм	빠톰	부 나중에, 후에, 그 다음에
потребитель ⓜ	빠뜨리비쩰	명 소비자, 수요자
похищéние	빠히셰니예	명 유괴, 납치
пóхороны	뽀하란늬	명 장례식, 매장, 장의
пóчва	뽀치바	명 토양, 흙, 기반, 근저
почемý	빠체무	의 왜, 부 어떤 이유로
пóчка	뽀치까	명 신장
пóчта	뽀치따	명 우체국, 우체통, 우편물
почтальóн	빠치딸리온	명 집배원
почтóвый ящик	빠치또븨 야식	명 우편함
поэтому	빠에따무	부 그러므로, 그래서
появля́ться- появи́ться	빠이블랴짜-빠야비짜	동 나타나다, 등장하다, 출현하다, 생겨나다

Когдá поя́вится термоя́дерная стáнция?

핵융합 발전소는 언제 생겨날까?

пóяс	뽀이스	명 허리띠, 띠, 벨트
прáвда	쁘라브다	명 진실, 진상, 정의, 공정
прави́тельство	쁘라비쪨스뜨바	명 정부, 내각

O
П
Р
С
Т
У
Ф
Х
Ц
Ч
Ш
Щ
Ъ

пра́во	쁘라바	명 법, 권리, 자격, 허가, 면허(증)
	Любо́й челове́к име́ет пра́во на сча́стье. Но не ка́ждый мо́жет быть реа́льно счастли́вым.	
	누구나 행복할 권리가 있다. 그러나 모든 사람이 실제로 행복할 수 있는 것은 아니다.	
пра́вый поворо́т, поворо́т напра́во	쁘라비 빠바롤, 빠바롤 나쁘라바	명 우회전
пра́здник	쁘라즈닉	명 축제, 명절, 축일
практи́чный	쁘락찌치느이	형 실용적인, 실용적인, 능률적인
	Англича́не - практи́чный наро́д, не идеали́сты.	
	영국인들은 실용적인 사람들이지 이상주의자들은 아니다.	
предвари́тельный	쁘리드바리쩰느이	형 예비의, 사전의, 앞서는, 대략적인
предлага́ть-предложи́ть	쁘리들라가치-쁘리들라지치	동 권하다, 제안하다, 제공하다
	Она́ предложи́ла Кли́му ча́ю, Клим ве́жливо отказа́лся.	
	그녀는 클림에게 차를 권했지만, 클림은 공손하게 사양했다.	
предложе́ние	쁘리들라제니예	명 제안, 공급, 프러포즈
	спрос и предложе́ние	
	수요와 공급	
предме́т	쁘릳몉	명 물체, 주제, 항목, 주제, 과목, 분야

| предполага́ть-
предположи́ть | 쁘릳빨라가치-
쁘릳빨라즤치 | 동 추측하다,
헤아리다,
예상하다,
짐작하다,
계획하다,
의도하다 |

Челове́к предполага́ет, а Бог располага́ет.

사람이 계획하나 신이 이루어 주신다.

| предпочита́ть-
предпоче́сть | 쁘릳빠치따치-
쁘릳빠체스치 | 동 선호하다,
더 좋아하다 |

Они́ сосредото́чены на реа́льности и предпочита́ют де́йствовать прагмати́чно.

그들은 현실에 중점을 두고 실용적으로 행동하기를 선호했다.

| предпочте́ние | 쁘릳빠츠쩨니예 | 명 선호,
더 좋아하는 것 |

Почему́ потреби́тели отдаю́т предпочте́ние да́нным това́рам и услу́гам предприя́тия?

소비자들은 왜 이 기업의 상품과 서비스를 선호할까요?

| предприя́тие | 쁘릳쁘리야찌예 | 명 기업, 기업체,
기업 경영 |

| председа́тель⬜ | 쁘리찌다쪨 | 명 의장, 회장 |

| представля́ть-
предста́вить | 쁘릳스따블랴치-
쁘릳스따비치 | 동 제시하다,
제기하다,
제출하다, 내놓다,
대표하다,
소개하다 |

	Предста́вьте себе́, что вы нахо́дитесь в пусты́не уже́ не́сколько дней и у вас ко́нчилась вода́.	
	당신이 벌써 며칠째 사막에 있는데 물이 떨어졌다고 상상해 보세요.	
предупрежда́ть-предупреди́ть	쁘리두쁘리즈다치-쁘리두쁘리지치	동 미리 알려주다, 예고하다, 경고하다, 예방하다
	Предупреди́те его́, что я прие́ду за́втра.	
	내가 내일 도착할 거라고 그에게 미리 알려주세요.	
презервати́в/ кондо́м	쁘리지르바찜/깐돔	명 피임 도구/콘돔
президе́нт	쁘레지젠트	명 대통령, 대표, 사장
прекра́сный	쁘리끄라스늬	형 아주 아름다운, 훌륭한, 뛰어난
пре́мия	쁘레미야	명 보너스, 상, 상금
преодолева́ть-преодоле́ть	쁘리아달리바치-쁘리아달례치	동 극복하다, 이겨내다, 감당해내다
	Что́бы быстре́е преодоле́ть тру́дность, необходи́мо сде́лать неизве́стное изве́стным, а непривы́чное привы́чным.	
	난관을 빨리 극복하려면 불명확한 것을 명확하게, 낯선 것을 익숙하게 해야 한다.	
преподава́тель _(m)_	쁘리빠다바쩰	명 강사, 교원
преподава́ть-препода́ть	쁘리빠다바치-쁘리빠다치	동 가르치다, 강의하다

преступле́ние	쁘리스뚜쁠레니예	몡 죄, 범죄
	преступле́ние и наказа́ние 죄와 벌	
престу́пник	쁘리스뚭닉	몡 범인, 죄인
прибыва́ть- прибы́ть	쁘리븨바치-쁘리븨비치	동 도착하다, 다다르다, 이르다
	К ве́черу должны́ прибыть все спортсме́ны. 모든 선수가 저녁까지 도착해야 한다.	
приве́т	쁘리볱	몡 안녕, 안부
	Привет! 안녕! (만났을 때 인사)	
прививáть, сде́лать приви́вку	쁘리비바치, 즈젤라치 쁘리빚꾸	동 예방접종 하다
	Взро́слых прививáют в поликли́никах по ме́сту регистра́ции и́ли рабо́ты. 거주지나 직장 소재지별로 병원에서 성인들은 예방접종 을 받을 수 있다.	
привлека́тельнос ть ⨍	쁘리블리까쩰너스치	몡 끄는 힘, 매력
привлека́тельный	쁘리블리까쩰늬	혱 매력적인, 매혹적인, 마음을 끄는
приводи́ть- привести́	쁘리바지치- 쁘리비스찌	동 데려오다, 어떤 상태로 이끌다
	Éсли вы мне по-пре́жнему не ве́рите, приведу́ доказа́тельства. 만약 당신이 예전처럼 나를 믿지 않는다면 내가 증거를 가져오겠어요.	

| привози́ть-
привезти́ | 쁘리바지치-
쁘리비스찌 | 통 실어오다,
운반해 오다,
배달하다 |

Сего́дня мы купи́ли стира́льную маши́ну, за́втра нам её привезу́т.

오늘 우리가 세탁기를 샀는데 내일 우리에게 배달해 줄 거다.

| привыка́ть-
привы́кнуть | 쁘리비까치-
쁘리빜누치 | 통 익숙해지다,
습관이 되다 |

Он привы́к де́йствовать в одино́чку.

그는 혼자서 행동하는 것에 익숙해졌다.

| приглаша́ть-
пригласи́ть | 쁘리글라샤치-
쁘리글라시치 | 통 초대하다,
초청하다 |

В пя́тницу мы пригласи́м к себе́ госте́й.

금요일에 우리는 손님을 집으로 초대할 거다.

| приглаше́ние | 쁘리글라시에니예 | 명 초대, 초청 |

| приготовля́ть/
гото́вить-
пригото́вить | 쁘리가따블랴치/
가또비치-
쁘리가또비치 | 통 준비하다,
마련하다,
요리하다,
~을 사용 가능한
상태로 만들다 |

Я до́ма не гото́влю: ем в столо́вой.

나는 집에서 음식을 하지 않고 식당에서 사 먹는다.

| придоро́жное де́рево | 쁘리다로즈나예
졔리바 | 명 가로수 |

| приезжа́ть-
прие́хать | 쁘리이즈자치-
쁘리예하치 | 통 타고 오다,
도착하다,
도달하다 |

	Мне снóва придётся приéхать сюдá, к вам на дáчу. 나는 이곳, 너희 별장으로 다시 오게 될 거다.	
приём	쁘리욤	명 수락, 받아들임, 웅접, 수용, 리셉션
приземля́ться- приземли́ться	쁘리졔믈랴짜- 쁘리졔믈리짜	동 착륙하다, 상륙하다
	Космический корáбль дóлжен приземля́ться с почти́ нулевóй скóростью, инáче произойдёт катастрóфа 우주선은 거의 제로 속도로 착륙해야 한다. 그렇지 않으면 참사가 일어날 것이다.	
призы́в	쁘리즾	명 부름, 호소, 초청, 초대, 요청, 외침
призыва́ть- призва́ть	쁘리즤바치- 쁘리즈바치	동 부르다, 호출하다, 소환하다, 소집하다, 초청하다, 호소하다, 설득하다
	Я знал, что вскóре меня́ призовýт в áрмию. 나는 얼마 후 나를 군대에 소집할 거라는 사실을 알았다.	
прикáзывать- приказáть	쁘리까즤바치- 쁘리까자치	동 지시하다, 명령하다, 요구하다
	Королéва приказáла немéдленно позвáть дочь. 여왕은 딸을 즉시 불러오라고 명했다.	
прикóл	쁘리꼴	명 장난, 허튼 소리, 농담
прилетáть- прилетéть	쁘릴리따치- 쁘릴리쩨치	동 (비행기를 타고) 도착하다, 날아오다

	Вчера́ мы прилете́ли из Москвы́ в Сеу́л.	
	우리는 어제 모스크바에서 서울에 비행기로 도착했다.	
примеря́ть-приме́рить	쁘리미랴치-쁘리몌리치	통 치수가 맞는지 입어 보다, 신어 보다, 써 보다, 맞춰 보다
	Мо́жно приме́рить?	
	입어 봐도 돼요?	
приме́та	쁘리몌따	명 징조, 징후, 전조
примиря́ться-примири́ться	쁘리미랴짜-쁘리미리짜	통 화해하다, 만족하다
	Степа́н, как ви́дно, примири́лся с жено́й.	
	스쩨판은 아내와 화해한 듯 보인다.	
принима́ть-приня́ть	쁘리니마치-쁘리냐치	통 받아들이다, 수락하다, 응하다
	Не принима́йте э́то бли́зко к се́рдцу.	
	그 일을 너무 깊이 받아들이지 마세요.	
принима́ться-приня́ться	쁘리니마짜-쁘리냐짜	통 시작하다, 착수하다, 개시하다
	Успоко́енная, она́ приняла́сь расска́зывать ему́ о свои́х серде́чных ра́нах.	
	침착해진 그녀는 그에게 자신의 가슴속 상처에 관해 이야기하기 시작했다.	
приноси́ть-принести́	쁘라나시치-쁘리니스찌	통 가져오다, 데려오다, 초래하다
	Переда́йте ему́, пожа́луйста, что́бы мне принесли́ ко́фе.	
	제게 커피를 갖다 주라고 그에게 전달해 주세요.	

при́нтер	쁘린떼르	명 프린터
припра́ва	쁘리쁘라바	명 양념, 조미료
приро́да	쁘리로다	명 자연, 자연계, 천연, 본성, 천성
приро́дный газ	쁘리로드늬 가스	명 천연가스

прислоня́ться- прислони́ться	쁘리슬라냐짜- 쁘리슬라니짜	동 기대다, 의지하다

Не прислоня́йтесь к дверя́м, мо́гут внеза́пно откры́ться.

문에 기대지 마세요. 갑자기 열릴 수 있습니다.

присыла́ть- присла́ть	쁘리실라치- 쁘리슬라치	동 보내오다, 보내다, 발송하다

Она́ зна́ла, что мне де́ньги нужны́, а не сове́ты, — и присла́ла мне де́нег.

그녀는 내가 조언이 아니라 돈이 필요한 것을 알았다. 그래서 내게 돈을 보내왔다.

приходи́ть-прийти́	쁘리하지치-쁘리찌	동 오다, 도착하다, ~한 상태에 이르다, 도래하다, 다가오다

Я был дово́льно далеко́ и не успе́л бы прийти́ им на по́мощь.

나는 상당히 멀리 있기 때문에 그들을 도우러 시간 안에 당도하지 못했다.

приходи́ться- прийти́сь	쁘리하지짜- 쁘리이찌스	동 하게 되다, 할 수밖에 없다, 맞게 되다, 어울리게 되다

Жи́телям придётся немно́го потерпе́ть, что́бы реши́лась пробле́ма про́бок.

교통 체증 문제를 해결하기 위해서는 주민들이 조금 더 기다려야 할 겁니다.

прича́л, при́стань(ⓕ)	쁘리찰, 쁘리스딴	몡 **부두, 정박소**
причёска	쁘리쵸스까	몡 **머리 모양**
причиня́ть-причини́ть	쁘리치냐치-쁘리치니치	동 **끼치다, 입히다, 당하게 하다**

Прости́, я не хоте́ла причиня́ть тебе́ боль.

용서해, 난 너를 아프게 하고 싶지 않았어.

прию́т	쁘리윳	몡 **피난처, 보육원, 보호시설**
про́бка, зато́р	쁘롭까, 자또르	몡 **교통체증, 정체, 길 막힘**
пробле́ма	쁘라블레마	몡 **문제, 해결 과제**
про́бовать-попро́бовать	쁘로바바치-빠쁘로바바치	동 **시도하다, 시험해 보다, 맛을 보다**

Я то́же всегда́ хоте́ла попро́бовать ката́ться на доске́!

나도 항상 보드를 타보고 싶었다!

прова́ливать-провали́ть	쁘라발리바치-쁘라발리치	동 **망치다, 실패하다, 결딴내다, 그르치다**

Я дал вам зада́ние, а вы провали́ли рабо́ту.

나는 당신에게 과제를 주었고, 당신은 일을 망쳤습니다.

проверя́ть-прове́рить	쁘라비랴치-쁘라베리치	동 **점검하다, 확인하다, 조사하다, 검사하다**

	С по́мощью не́скольких те́стов вы мо́жете прове́рить своё состоя́ние. 몇 가지 테스트를 통해 당신은 자신의 상태를 확인할 수 있습니다.	
прови́нция	쁘라빈찌야	명 지방, 지역, 도, 성
проводи́ть-провести́	쁘라바지치-쁘라비스찌	동 이끌다, 인도하다, 행하다, 실행하다, 치르다, 처리하다, ~를 하도록 돕다/강제하다
	Я испо́лнил всё, как ты мне сове́товала: написа́л кни́гу, провёл конфере́нцию. 나는 네가 조언한 대로 모든 것을 이행했어. 책을 썼고 콘퍼런스를 치렀어.	
провожа́ть-проводи́ть	쁘라바자치-쁘라바지치	동 동반하다, 함께 가다, 데려다주다, 배웅하다
	По́сле конце́рта Са́ша обяза́тельно прово́дит А́ню домо́й. 콘서트가 끝나면 사샤가 아냐를 반드시 집에 데려다줄 거다.	
про́волока	쁘로발라까	명 철사, 철조망
програ́мма	쁘라그람마	명 프로그램, 공연 목록, 커리큘럼
прогу́лочное су́дно	쁘라굴라치나예 수드나	명 유람선
продава́ть-прода́ть	쁘라다바치-쁘라다치	동 팔다, 판매하다

	Оте́ц прода́л весь урожа́й я́блок о́птом за полцены́.
	아버지는 사과 수확량 전부를 반값에 도매로 팔았다.
продаве́ц	쁘라다베쯔 · 몡 판매원
продвига́ть-продви́нуть	쁘라드비가치-쁘라드비누치 · 동 밀다, 밀치다, 앞으로 나아가게 하다, 퍼져 나가다, 전진하게 하다, 높이 올라가게 하다, 추진하다
	Размеще́ние рекла́мы компа́нии в на́шей газе́те позво́лит бы́стро продви́нуть това́р на ры́нок.
	우리 신문에 귀사의 광고를 게재하면 상품이 시장에 빠르게 퍼져 나갈 수 있을 겁니다.
продвиже́ние	쁘라드비제니예 · 몡 전진, 승격, 증진
	Как доби́ться продвиже́ния по слу́жбе?
	어떻게 하면 직장에서 승진할 수 있을까?
продлева́ть-продли́ть	쁘라들리바치-쁘라들리치 · 동 늘리다, 연장하다
	Кто зна́ет, мо́жет быть, ви́зу и продля́т.
	어쩌면 비자를 연장해 줄지도 몰라.
продолжа́ть-продо́лжить	쁘라달자치-쁘라돌즈치 · 동 계속하다, 지속하다, 말을 이어가다, 계속 ~하다
	А́кция продолжа́ет па́дать в цене́.
	주가가 계속해서 떨어진다.
продолжа́ться-продо́лжиться	쁘라달자짜-쁘라돌즈짜 · 동 지속하다, 계속되다, 진행되다

	Заня́тия продолжа́лись до середи́ны ию́ня. 수업이 6월 중순까지 계속되었다.	
продолжи́тельнос ть⊘	쁘라달지쪨너스치	명 **지속, 계속, 존속**
	продолжи́тельность жи́зни 수명	
продо́льный	쁘라돌늬	형 **세로 방향의, 세로의, 날줄의**
проду́кт	쁘라둑트	명 **제품, 식품**
проду́кт пита́ния	쁘라둑뜨 삐따니야	명 **식품**
проду́кция	쁘라둑찌야	명 **제품**
проезжа́ть- прое́хать	쁘라이즈자치- 쁘라예하치	동 **타고 통과하다, 빠져나가다, 지나가다, 지나치다**
	Я прое́хала свою́ остано́вку, вы́шла на сле́дующей и обра́тно шла пешко́м. 나는 내 정거장을 지나쳐 버려서 다음 정거장에 내려 걸어서 되돌아갔다.	
прое́кт	쁘라엑트	명 **프로젝트, 설계도, 시안, 초안**
прожива́ть- прожи́ть	쁘라지바치-쁘라즤치	동 **거주하다, 체재하다, 살다, 생존하다**
	Всю жизнь он прожи́л в це́нтре го́рода. 그는 평생을 도시 중심지에서 살았다.	
прои́грывать- проигра́ть	쁘라이그릐바치- 쁘라이그라치	동 **잃다, 지다, 패하다**

	Вы́бора не́ было, проигра́ли гражда́нскую войну́. 선택의 여지가 없었다, 그들은 내전에서 졌다.	
производи́ть-произвести́	쁘라이즈바지치- 쁘라이즈비스찌	동 만들다, 생산하다, 제조하다, 생기게 하다, 자아내다, 유발하다
	Ко́мната производи́ла весьма́ прия́тное впечатле́ние. 방은 정말로 기분 좋은 인상을 자아냈다.	
произноси́ть-произнести́	쁘라이즈나시치- 쁘라이즈니스찌	동 발음하다, 소리 내다, 발언하다, 입 밖에 내다
	Я собира́лась произнести́ что́-то ре́зкое, но сдержа́лась. 나는 뭔가 신랄한 말을 입 밖에 내려고 했지만, 참았다.	
происходи́ть-произойти́	쁘라이스하지치- 쁘라이자이찌	동 발생하다, 생기다, 일어나다, 진행되다
	Что происхо́дит в ми́ре? 세계는 지금 무슨 일이 일어나고 있나?	
прока́лывать-проколо́ть	쁘라깔리바치- 쁘라깔로치	동 꿰뚫다, 찌르다, 관통하다, 구멍을 뚫다, 쑤시다
	Тради́ция прока́лывать у́ши сего́дня широко́ распространена́. 귀를 뚫는 풍습은 오늘날 널리 퍼져 있다.	
прокла́дка (гигиени́ческая)	쁘라끌랕까 (기기예니체스까야)	명 생리대
проли́в	쁘랄맆	명 해협
промежу́ток	쁘라미주딱	명 중간, 간격, 사이, 틈

| промока́ть-промо́кнуть | 쁘라마까치-쁘라목누치 | 동 적시다, 젖게 하다, 스며들다, 스며 나오다, 젖다, 축축해지다, 담가 두다 |

Что же де́лать, е́сли вы промочи́ли но́ги?

당신의 발이 다 젖었을 때는 뭘 해야 할까요?

Руба́шка промо́кла от по́та.

셔츠가 땀으로 다 젖었다.

| пропада́ть-пропа́сть | 쁘라빠다치-쁘라빠스치 | 동 사라지다, 자취를 감추다, 소멸되다 |

Из-за э́того у мно́гих пропада́ет интере́с чита́ть газе́ты и кни́ги.

이것 때문에 많은 사람에게서 신문이나 책을 읽으려는 관심이 사라진다.

| про́пасть⑦, круто́й склон | 쁘로빠스치, 끄루또이 스끌론 | 명 절벽, 벼랑, 심연 |

| проси́ть-попроси́ть | 쁘라시치-빠쁘라시치 | 동 요청하다, 부탁하다, 바라다 |

Я прошу́ вас сесть на ме́сто.

자리에 앉아주시기 바랍니다.

| проспе́кт | 쁘라스뻭트 | 명 대로, 큰 거리 |

| просро́ченный | 쁘라스로첸늬 | 형 기한이 지난, 연체된 |

| просто́й | 쁘라스또이 | 형 단순한, 간단한, 소탈한 |

| просту́да | 쁘라스뚜다 | 명 감기 |

| простужа́ться-простуди́ться | 쁘라스뚜자짜-쁘라스뚜지짜 | 동 감기에 걸리다 |

	Застегни́сь, а то просту́дишься.	
	옷을 잠가라, 아니면 감기에 걸릴 거다.	
простыва́ть-просты́ть	쁘라스띠바치-쁘라스띠치	동 식다, 차가워지다, 감기에 걸리다
	Я просты́ла, причём о́чень си́льно.	
	나는 감기가 심하게 걸렸다.	
просыпа́ть-проспа́ть	쁘라스빠치-쁘라스빠치	동 늦잠 자다, 늦잠 자서 놓치다
	Я проспала́ свой вы́лет.	
	나는 늦잠을 자서 비행기를 놓쳤다.	
просыпа́ться-просну́ться	쁘라스빠짜-쁘라스누짜	동 잠에서 깨다, 일어나다
	В пять часо́в Са́нин просну́лся, в шесть уже́ был оде́т.	
	사닌은 5시에 잠에서 깨어나 6시에 이미 옷을 차려입었다.	
про́сьба	쁘로지바	명 부탁, 요청, 의뢰
	У меня́ к Вам про́сьба.	
	당신께 부탁이 있습니다.	
протестанти́зм/протеста́нт	쁘라쩨스딴찌즘/쁘라쩨스딴트	명 개신교/개신교 신자
про́тив	쁘로찊	전 반대하여, 대항하여, 마주 대하여, 맞은편의
противовоспали́тельное сре́дство	쁘라찌바바스빨리쩰나예 스롗스뜨바	명 소염제
противозача́точное сре́дство	쁘라찌바자차따츠나예 스레쯔뜨바	명 피임약

противополо́жный пол	쁘러찌바빨로즈늬 뽈	명 이성
противостоя́ть	쁘라찌바스따야치	동 맞서다, 항의하다, 대항하다, 적대하다

С де́тства я привы́к противостоя́ть вне́шним влия́ниям.

어린 시절부터 나는 외부의 영향에 맞서는 것에 익숙했다.

профессиона́л	쁘라폐시아날	명 전문가
профе́ссия	쁘라폐시야	명 직업, 생업
профе́ссор	쁘라폐사르	명 교수
прохла́дный	쁘라흘랃늬	형 서늘한, 쌀쌀한, 냉랭한
прохо́д	쁘라홑	명 통과, 통로
проходи́ть-пройти́	쁘라하지치-쁘라이찌	동 지나다, 지나가다, 통과하다, 경과하다, 통행하다

Жи́тели боя́лись пройти́ ми́мо э́того до́ма но́чью.

주민들은 밤에 이 집 앞을 지나가기가 무서웠다.

проходи́ть-пройти́ курс лече́ния	쁘라하지치-쁘라이찌 꾸르스 리체니야	동 치료받다

С тех пор, как я прошла́ курс лече́ния анеми́и по э́той схе́ме, прошло́ четы́ре го́да.

이 프로그램으로 내가 빈혈 치료를 받은 때로부터 4년이 지났다.

прохо́жий	쁘라호지	형 통행하는, 통과하여 지나가는 명 행인, 통행인

профе́ссия 쁘라폐시야 직업

наёмный рабо́тник 나욤늬 라봍닉 샐러리맨, 회사원

слу́жащий 슬루자시 노동자, 사무직원

рабо́чий 라보치 노동자, 육체노동자

учи́тель / учи́тельница 우치쪨 / 우치쪨니짜 교사

преподава́тель 쁘리빠다바쪨 강사

профе́ссор 쁘라폐사르 교수

юри́ст / адвока́т 유리스트 / 아드바깥 변호사

врач 브라치 의사

спортсме́н / спортсме́нка
스빠르쯔몐 / 스빠르쯔몐까 운동선수

по́вар 뽀바르 요리사

пе́карь 뻬까르 제빵사

певе́ц / певи́ца 삐볘쯔 / 삐비짜 가수

исполни́тель в шоу-би́знесе /
звезда́ шоу-би́знеса 이스빨니쪨 프 쇼우-비즈니세 / 즈비즈다
쇼우-비즈니사 연예인

актёр / актри́са телеви́дения
악쬬르 / 악뜨리사 찔리비졔니야 탤런트

военнослу́жащий / вое́нный
바옌나슬루자시 / 바옌늬 군인

полице́йский 빨리쩨이스끼 경찰관

пожа́рный 빠자르늬 소방관

го́сслу́жащий / госуда́рственный слу́жа-
щий 고스슬루자시 / 가수다르스뜨벤늬 슬루자시 공무원

домохозя́йка 더마하쟈이까 가정주부

процéсс	쁘라쩨스	명 **과정, 공정**
прóшлая недéля	쁘로실라야 니곌랴	**지난주**
прóшлое	쁘로실라예	명 **과거**
прóшлый	쁘로실리	형 **지난, 지나간, 과거의**

Óля вы́шла зáмуж в прóшлом годý.

올라는 작년에 결혼했다.

прощáть-прости́ть	쁘라샤치-쁘라스찌치	동 **용서하다, 면제하다, 감면하다**

Вы меня́ прости́те. Я тогдá за столóм глýпость сказáл, оби́дел вас.

저를 용서해 주세요. 제가 그때 밥 먹는 자리에서 어리석은 말을 해서 당신의 마음을 상하게 했습니다.

прощáться-прости́ться	쁘라샤짜-쁘라스찌짜	동 **작별인사를 하다, 작별을 고하다// 용서를 구하다**

Все встáли, нáчали прощáться, а я всё сидéла.

모두가 일어나서 작별인사를 하기 시작했지만, 나는 계속 앉아 있었다.

пруд	쁘룻	명 **연못, 못**
пры́гать(пры́гнуть) в вóду	쁘리가치(쁘리그누치) 보두	동 **다이빙하다**

прыжки́ в вóду

다이빙

О
П
Р
С
Т
У
Ф
Х
Ц
Ч
Ш
Щ
Ъ

пры́гать-пры́гнуть	쁘리가치-쁘릭누치	동 뛰어오르다, 점프하다, 도약하다, 뛰어들다, 튀다, 펄쩍 뛰다, 뛰며 돌아다니다

Он пры́гал от ра́дости посреди́ двора́.

그는 기쁨에 겨워 마당 한가운데서 뛰며 돌아다녔다.

пры́щик, прыщ	쁘리식, 쁘리시	명 여드름, 뾰루지, 농포
пря́жка	쁘랴시까	명 버클, 고정 장치
пряма́я трансля́ция	쁘리마야 뜨란슬랴찌야	명 생중계, 현장 방송, 라이브
прямо́й эфи́р	쁘리모이 이피르	명 생방송
прямоуго́льник	쁘리마우골닉	명 직사각형
психиатри́ческий	프시히아뜨리체스끼	형 정신과의, 정신병의

психиатри́ческая лече́бница

정신 요양시설

психова́ть-психану́ть	프시하바치-프시아누치	동 이성을 잃다, 신경질을 내다, 화를 내다

И́з-за вся́кой ерунды́ психу́ешь.

별의별 쓸데없는 일로 신경질을 내는구나.

психо́лог	프시홀록	명 심리학자
психоло́гия	프씨할로기야	명 심리학
пти́ца	쁘찌짜	명 새, 조류

пуга́ться-испуга́ться	뿌가짜-이스뿌가짜	동 놀라다, 두려워하다, 겁먹다, 놀라서 주춤하다

Я не испуга́лась угро́з и смогла́ противостоя́ть напада́вшим.

나는 위협에 겁먹지 않았고 공격자들에게 저항할 수 있었다.

пу́говица	뿌가비짜	명 단추
пу́дра	뿌드라	명 파우더
пузы́рь ⓜ	뿌지리	명 거품, 기포, 물집, 공기주머니
пу́кать	뿌까치	동 방귀 뀌다

Я мно́го пу́каю, что де́лать?

나는 방귀를 자주 뀌어요, 무슨 대책이 있을까요?

пульт	뿔트	명 리모컨
пункт назначе́ния	뿐크트 나즈나체니야	명 목적지
пункт обме́на валю́т	뿐크트 압몌나 발륱	명 환전소
пупо́к	뿌뽁	명 배꼽
пусто́й	뿌스또이	형 비어 있는, 텅 빈, 공허한, 보람 없는
пусты́ня	뿌스띠냐	명 사막, 황야
пу́тать-запу́тать/ перепу́тать	뿌따치-자뿌따치/ 뻬리뿌따치	동 엉키게 하다, 교란하다, 혼동하게 하다, 뒤섞다, 혼동하다

Слу́жащий перепу́тал но́мер 425 с но́мером 325.

직원이 425호를 325호와 혼동했다.

путёвка	뿌쬬까	명 여행 상품, 여행 증명서
	туристическая путёвка	
	여행 패키지	
путеше́ствие	뿌찌세스트비예	명 여행, 유람, 여정
путеше́ствие за грани́цу(за рубе́ж)	뿌찌세스뜨비예 자 그라니쭈(자 루볘시)	명 해외여행
путеше́ствие с рюкзако́м	뿌찌세스뜨비예 스 룩자꼼	명 배낭여행
путеше́ствовать	뿌찌세스뜨바바치	동 여행하다, 유람하다
	Я путеше́ствовал без вся́кой це́ли, без пла́на; остана́вливался везде́, где мне нра́вилось.	
	나는 아무런 목적도, 계획도 없이 여행을 다녔고 내 마음에 드는 곳이면 어디든 머물렀다.	
пухови́к	뿌하빅	명 오리털 재킷, 점퍼
пчела́	쁘칠라	명 벌
пылесо́с	쁠리소스	명 진공청소기
пыльца́	쁠짜	명 꽃가루, 화분
пыта́ться- попыта́ться	쁴따짜-빠쁴따짜	동 시도하다, 꾀하다, 애쓰다
	Я пыта́лся тебе́ дозвони́ться, но напра́сно.	
	나는 너와 통화하려고 애썼지만, 소용이 없었다.	
пы́тка	쁴까	명 괴로움, 고통, 고민, 번민

O
П
P
C
T
У
Ф
Х
Ц
Ч
Ш
Щ
Ъ

| пьяне́ть |삐이녜치 | 동 취하다 |

Он пил, но не пьяне́л, и взгляд его́ станови́лся всё тоскли́вее.

그는 술을 마셨지만 취하지 않았고, 그의 눈빛은 점점 더 쓸쓸해졌다.

| пя́титься-попя́титься | 빠찌짜-빠빠찌짜 | 동 뒤로 물러서다, 뒷걸음치다, 후퇴하다 |

Официа́нт урони́л поднос и попя́тился.

웨이터가 쟁반을 떨어뜨리고서 뒤로 물러섰다.

пятиуго́льник	삐찌우골닉	명 오각형
пя́тка	빹까	명 발뒤꿈치
пя́тница	빺니짜	명 금요일

Р

рабо́та	라보따	명 일, 업무, 작업
рабо́тать	라뽀따치	통 일하다, 작업하다, 근무하다

Я рабо́таю фрила́нсером.
나는 프리랜서로 일한다.

рабо́тник	라볼닉	명 직원, 근로자, 노동자
рабо́чий	라보치	명 노무자, 노동자
равни́на	라브니나	명 평지, 평원, 평야
равня́ться	라브냐짜	통 같다, 동일하다, 겨루다

Два плюс два равня́ется(равно́) четырём.
2+2=4

рад	랕	술 기쁘다, 반갑다
ра́дио	라지오	명 라디오
ра́довать-обра́довать	라다바치-압라다바치	통 기쁘게 하다, 즐겁게 하다

Твой прие́зд о́чень меня́ обра́довал.
네가 와서 나는 무척 기뻐.

ра́доваться- пора́доваться, обра́доваться	라다바짜- 빠라다바짜, 압라다바짜	동 기뻐하다, 몹시 기뻐하다

Я и́скренне ра́дуюсь ва́шему сча́стью.

저는 당신이 행복하다니 진심으로 기쁩니다.

ра́дость ⨍	라더스치	명 기쁨, 기쁜 일

разбавля́ть- разба́вить	라즈바블랴치- 라즈바비치	동 묽게 하다, 희석하다

Э́то зна́чит, что сок на́до разба́вить водо́й в 3 ра́за.

이것은 주스를 물로 3배 희석하라는 말이다.

разбега́ться- разбежа́ться	라즈비가짜- 라즈비자짜	동 흩어져 내달리다, 이리저리로 뛰어서 흩어지다, 있는 힘껏 달리다

Де́ти с кри́ком разбежа́лись в ра́зные сто́роны.

아이들이 소리를 지르며 여러 방향으로 내달려 흩어졌다.

разбива́ться- разби́ться	라즈비바짜-라즈비짜	동 깨지다, 산산조각이 나다, 부서지다, 다쳐서 피가 나다

Упа́л и разби́лся бока́л вина́.

와인 잔이 떨어져서 깨졌다.

разва́л	라즈발	명 붕괴, 와해, 무너짐

разва́ливаться- развали́ться	라즈발리바짜- 라즈발리짜	동 부서지다, 붕괴하다, 주저앉다

O

П

P

С

Т

У

Ф

Х

Ц

Ч

Ш

Щ

Ъ

	Если они отступят ещё немного, наша армия развалится совсем. 그들이 조금 더 후퇴한다면 우리 군대는 완전히 붕괴할 것이다.	
развива́ться- разви́ться	라즈비바짜-라즈비짜	동 발달하다, 발전하다, 전개하다, 진전하다
	Дру́жба ча́сто развива́ется в любо́вь. 우정은 흔히 사랑으로 발전한다.	
развод	라즈봍	명 이혼, 별거
разводи́ть- развести́	라즈바지치- 라즈비스찌	동 여러 곳으로 데려다 주다, 배달하다, 양식하다, 재배하다, 이혼시키다, 가르다, 좌우로 나누다 희석하다, 묽게 하다
	Он развёл дете́й по дома́м. 그는 아이들을 집에 데려다주었다.	
разводи́ться- развести́сь	라즈바지짜- 라즈비스찌스	동 이혼하다
	Три го́да наза́д я с му́жем развела́сь. 나는 3년 전에 남편과 이혼했다.	
развози́ть- развезти́	라즈바지치- 라즈비스찌	동 여러 곳으로 데려다 주다, 배달하다(교통 수단으로)

В прию́те я рабо́тала беспла́тно,
ра́ди удово́льствия, газе́ты я
развози́ла по выходны́м.

보육원에서 나는 자기 만족을 위해 무료로 일을 했는데,
주말마다 신문을 배달했다.

разгова́ривать	러즈가바리바치	동 이야기를 나누다, 대화하다

Они́ друг с дру́гом уже́ неде́лю
не разгова́ривают.

그들은 벌써 일주일 동안 서로 대화를 하지 않는다.

разгово́р	라즈가보르	명 대화, 이야기
разгово́рчивый	라즈가보르치비	형 말수가 많은, 이야기하기 좋아하는
раздава́ться-разда́ться	라즈다바짜-라즈다짜	동 소리가 나다, 울리다//갈라지다, 넓어지다, 커지다

В воскресе́нье у́тром разда́лся
звоно́к в дверь.

일요일 아침 문에서 초인종 소리가 났다.

раздели́тельная полоса́, раздели́тель	라즈질리쩰나야 빨라사, 라즈질리쩰	명 중앙 분리대, 분할선
разлу́ка	라즐루까	명 이별, 헤어짐, 별거
разлуча́ть-разлучи́ть	라즐루차치-라즐루치치	동 헤어지게 하다, 떼어놓다, 떨어뜨리다

Мы всегда́ бу́дем жить вме́сте,
и уже́ ничто́ не смо́жет нас
разлучи́ть.

우리는 항상 함께 살 거야. 이제 아무것도 우리를 헤어지
게 할 수 없을 거야.

разме́р	라즈몌르	몡 크기, 치수
ра́зница во вре́мени	라즈니짜 바 브례미니	몡 시차
разочаро́вывать-разочарова́ть	라자치로븨바치-라자치라바치	동 실망하게 하다, 기대를 저버리다

Бо́льше всего́ я боя́лся разочарова́ть роди́телей.

나는 무엇보다도 부모님께 실망을 주는 게 두려웠다.

разочаро́вываться -разочарова́ться	라자치로븨바짜-라자치라바짜	동 실망하다, 기대를 잃다

В э́ту мину́ту он был похо́ж на челове́ка, кото́рый по́лностью разочарова́лся в жи́зни.

이 순간 그는 삶에 완전히 실망한 사람처럼 보였다.

разреша́ть-разреши́ть	라즈리샤치-라지리쉬치	동 허락하다, 허가하다, 승인하다, 해결하다, 풀다

Вла́сти разреши́ли въезд в страну́ всем иностра́нцам.

당국은 모든 외국인에게 입국을 허가했다.

разрешённая ско́рость, ограниче́ние ско́рости	라즈리숀나야 스꼬라스치, 아그라니체니예 스꼬라스치	몡 제한 속도
разъём	라즈욤	몡 소켓, 연결기
разы́грывать-разыгра́ть	라즤그리바치-라즤그라치	동 연기하다, 상연하다, 연주하다, 장난치다, 장난으로 속이다

	Ты что, разыгрываешь меня?	
	너 뭐야. 장난해?	
рай	라이	명 천국, 낙원
рак	락	명 암(癌)
ракéтка	라곗까	명 라켓
ráковина для ванной	라까비나 들랴 반너이	명 세면대
ráковина, ракýшка	라까비나, 라꾸시까	명 조가비, 소라, 조개
ráна, ранéние	라나, 라녜니예	명 상처
ráнить	라니치	동 상처 내다, 다치게 하다, 상처를 입히다, 상처를 주다
	Как бóльно порóю ра́нят нас слова́.	
	말이 때때로 얼마나 아프게 우리에게 상처를 주는지.	
ráньше	란세	부 예전에, 이전에, ~보다 먼저
расписáние	러스삐사니예	명 시간표, 일정표
распи́сываться-расписáться	라스삐싀바짜-라스삐사짜	동 서명하다, 사인하다
	Пожа́луйста, расписи́тесь здесь.	
	이곳에 서명해 주세요.	

располага́ть-расположи́ть	라스빨라가치-라스빨라즤치	동 소유하다, 이루어지게 하다, 결과를 불러일으키다, 처리하다, 다스리다, 취급하다, 맞는 자리에 두다, 배치하다, 해결하다

Больши́ми сре́дствами я не располага́ю.

나는 큰 재산이 없다.

распрода́жа, ски́дка	라스쁘라다자, 스낄까	명 할인 판매, 가격 낮춤

Сезо́нная распрода́жа же́нской оде́жды. Оде́жда со ски́дкой до 70%.

여성 의류 시즌 세일. 70%까지 인하된 의류.

распространя́ть-распространи́ть	라스쁘라슽라냐치-라스쁘라슽라니치	동 확산하다, 퍼뜨리다, 전파하다, 공유하다, 넓히다

На́ше де́ло тепе́рь — про́сто распространи́ть све́дения о но́вом зако́не.

이제 우리가 할 일은 새로운 법에 관한 정보를 전파하는 것뿐이다.

расса́сывать-рассоса́ть	라사싀바치-라사사치	동 빨다, 빨아서 녹이다

Расса́сывающие табле́тки от го́рла

인후통에 먹는 녹여 먹는 알약

рассве́т	라스볱	명 새벽, 여명

рассе́янный	라세안늬	형 분산된, 산만한, 부주의한
расска́з	라스까스	명 이야기, 단편소설
расска́зывать-рассказа́ть	라스까즤바치-라스까자치	동 이야기하다, 말해주다.

Расскажи́те, пожа́луйста, немно́го о себе́.

자신에 관해서 조금 이야기해 주세요.

расстава́ться-расста́ться	라스따바짜-라스따짜	동 헤어지다, 이별하다, 관계를 끊다

Мы расста́лись и́з-за его́ безразли́чия ко мне.

우리는 나에 대한 그의 무관심 때문에 헤어졌다.

расстёгивать-расстегну́ть	라스쬬기바치-라스찌그누치	동 (단추, 벨트 등을) 풀다, 끄르다

Она́ расстегну́ла ве́рхнюю пу́говицу блу́зки.

그녀는 블라우스의 윗단추를 풀었다.

расстоя́ние, диста́нция	라스따니예, 지스딴찌야	명 거리

расстра́иваться-расстро́иться	라스뜨라이바짜-라스뜨로이짜	동 실망하다, 아쉬워하다, 낙담하다, 손실을 보다, 혼란스럽게 되다, 뒤죽박죽되다

Он нело́вко смотре́л на часы́, а она́ расстра́ивалась и начина́ла пла́кать.

그는 어색하게 시계를 쳐다보았고, 그녀는 낙담하여 울음을 터뜨렸다.

| расстро́йство пищеваре́ния, несваре́ние | 라스뜨로이스뜨바 삐시바례니야, 니스바례니예 | 몡 소화불량 |

| рассужда́ть | 라수즈다치 | 동 사고하다, 궁리하다, 논하다, 토론하다, 의견을 말하다 |

Мы в кафе́ сиде́ли. Пи́ли ко́фе и му́зыку слу́шали. И про вас рассужда́ли.

우리는 카페에 앉아 있었어. 커피를 마시면서 음악도 들었어. 그리고 너희들 이야기도 했단다.

| рассчи́тывать-рассчита́ть | 라시띠바치-라시따치 | 동 셈하다, 계산하다, 고려하다, 계산에 넣다 |

Я рассчи́тываю на ва́шу по́мощь.

저는 당신의 도움을 고려하고 있습니다.

| расте́ние | 라스쩨니예 | 몡 식물 |

| расте́риваться-растеря́ться | 라스쩨리바짜-라스찌랴짜 | 동 없어지다, 잃어버리다, 망연자실하다, 당황하다, 어쩔 줄 모르다 |

Я растеря́лась от неожи́данного дове́рия де́вочек, когда́ о́бе протяну́ли мне ру́ки.

여자아이 둘이 내게 손을 내밀었을 때 나는 아이들이 보여주는 예상 못한 신뢰에 어찌할 바를 몰랐다.

| расте́рянность ⑦ | 라스쩨린나스치 | 몡 당황, 망연자실 |

Когда́ мы узна́ли, что бере́менны тре́тьим, бы́ли в расте́рянности.

셋째를 임신한 사실을 알았을 때 우리는 망연자실했다.

расти́-вы́расти	라스찌-비라스찌	동 성장하다, 자라다, 발전하다, 강화되다, 전진하다, 늘어나다

Растёт спрос на това́ры.

상품에 대한 수요가 증가하고 있다.

расти́ть-вы́растить	라스찌치-비라스찌치	동 양육하다, 키우다, 재배하다, 기르다

Ну́жно постро́ить дом, посади́ть де́рево и вы́растить сы́на.

집을 짓고, 나무를 심고, 아들을 키워야 한다.

растя́гивание	라스쨔기바니예	명 스트레칭
расхо́д	라스홋	명 비용, 소비, 지출

расходи́ться-разойти́сь	라스하지짜-라자이찌스	동 흩어지다, 뿔뿔이 흩어지다, 헤어지다, 흩어져 돌아가다, 해산하다, 벗어나다

Го́сти разошли́сь в де́сять часо́в.

손님들은 10시에 뿔뿔이 흩어졌다.

расхо́ды на оплату проезда	라스호드 나 아쁠라뚜 쁘라예즈다	명 교통비

расчёсывать-расчеса́ть	라쇼싀바치-라시이사치	동 (머리 등을) 빗다, 빗질하다

Для́ нача́ла расчеши́ мне бо́роду!

먼저 내 턱수염을 빗겨줘!

ра́фтинг	라프찐	명 래프팅
рвать	르바치	동 게우다, 토하다, 구토하다

	Если ребёнка на́чало рвать, не паники́йте.	
	아이가 토하기 시작했다면 당황하지 마세요.	
ребёнок (⑳де́ти)	리뵤뇩 (제찌)	몡 아이, 어린이, 자녀
ребро́	리브로	몡 늑골
реве́ть	리볘치	통 울부짖다, 통곡하다, 포효하다
	Ма́лые де́ти реве́ли вме́сте с матеря́ми.	
	작은 아이들이 엄마들과 함께 대성통곡했다.	
регуля́рный	리굴랴르늬	혱 정기적인, 규칙적인
ре́дкий	롓끼	혱 드문, 흔하지 않은, 희귀한
ре́дко	롓까	븟 드물게, 가끔
ре́дька	롓찌까	몡 무(채소)
режиссёр	리지쑈르	몡 감독
	кинорежиссёр	
	영화감독	
ре́зать-разре́зать/ наре́зать/сре́зать	레자치-라즈레자치/ 나레자치/스레자치	통 자르다, 끊다, 썰다, 절개하다, 베다, 깎다
	Я́ков на́чал ре́зать карава́й хле́ба ножо́м.	
	야콥은 칼로 둥근 빵 덩어리를 썰기 시작했다.	
	Мно́гие стара́тельно среза́ют ко́жицу я́блок, счита́я её о́чень жёсткой.	
	많은 이들은 사과 껍질을 아주 뻣뻣하다고 여겨서 부지런히 깎는다.	

резинка для волос	리진까 들랴 발로스	명 머리끈
резкий	레스끼	형 뾰족한, 날카로운, 격렬한, 격한, 단호한, 신랄한
резко	레스까	부 날카롭게, 격렬하게, 갑자기, 급격히, 날쌔게
река	리까	명 강(江)
реклама	리끌라마	명 광고
рекомендация	리까멘다찌야	명 추천, 소개, 권고
рекомендовать-порекомендовать	리까멘다바찌-빠리까멘다바찌	동 추천하다, 권하다, 조언하다

Врач подозревал худшее, чем обычная невралгия, и рекомендовал обратиться к хирургу.

의사는 보통의 신경통보다 더 나쁜 경우를 의심했고, 외과 의사에게 가보라고 조언했다.

реконструировать	리깐스뜨루이라바치	동 개조하다, 재건하다, 재구성하다

Иногда они ошибались и реконструировали формы неправильно.

이따금 그들은 실수했고 형식을 틀리게 재구성했다.

религия	릴리기야	명 종교
рельс	렐스	명 궤도, 선로
ремень безопасности	리멘 비자빠스나스찌	명 안전띠, 안전벨트

ремéнь ⓜ, пóяс	리멘, 뽀이스	⑲ 허리띠, 벨트, 혁대, 끈
ремеслó	리미슬로	⑲ 수공예

я́рмарка ремёсел

수공예품 시장

репертуáр	리뻬르뚜아르	⑲ 레퍼토리, 상연 목록
репортáж	리뽀르따시	⑲ 르포, 탐방 기사, 현장 보고
ресни́ца (ⓜресни́цы)	리스니짜 (리스니찔)	⑲ 속눈썹
рестора́н	리스따란	⑲ 레스토랑
реце́пт	리쩹트	⑲ 처방전, 비책, 비법, 조리법, 레시피

Врач вы́писал пацие́нтам реце́пты.

의사가 환자들에게 처방전을 써주었다.

реша́ть-реши́ть	리사치-리싀치	⑧ 결정하다, 결심하다, ~하기로 하다

Мы реши́ли верну́ться к пе́рвому предло́женному ва́ми вариа́нту.

저희는 귀가 제시한 첫 번째 방안으로 돌아가기로 했습니다.

реша́ть-реши́ть	리사치-리싀치	⑧ 풀다, 해결하다, 해답을 얻다

Я до́лго реша́ла э́ту зада́чу, но так и не реши́ла.

나는 이 문제를 푸는 데 많은 시간을 썼지만, 여전히 해답을 얻지 못했다.

реша́ться-реши́ться	리사짜-리싀짜	⑧ 마음을 정하다, 결심하다, 과감히 ~하려고 하다

	Он не реши́лся продолжа́ть спо́рить с жено́й в прису́тствии посторо́нних. 그는 남들이 있는 자리에서 아내와 계속 다투지 못했다.
ржаве́ть- заржаве́ть	르자베치-자르자베치 동 **녹슬다** Е́сли замо́к заржаве́л, ну́жно ка́пнуть в него́ не́сколько ка́пель бензи́на. 만약 자물쇠가 녹슬었으면 그 안에 휘발유 몇 방울을 떨어뜨려야 한다.
ржа́вчина	르잡치나 명 **녹, 붉은 녹**
рис	리스 명 **밥, 쌀**
рисова́рка	리사바르까 명 **전기밥솥**
рисова́ть- нарисова́ть	리사바치-나리사바치 동 **그림을 그리다,** **묘사하다,** **소묘하다** Вы ча́сто рису́ете на бума́ге звёзды? 당신은 종이에 별을 자주 그리나요?
рог	록 명 **뿔**
ро́динка	로진까 명 **작은 반점, 점**
ро́ды	로디 명 **출산, 분만**
рожа́ть-роди́ть	라자치-라지치 동 **아이를 낳다,** **출산하다** Я родила́ пе́рвого ребёнка в 43 го́да. 나는 마흔세 살에 첫 아이를 낳았다.

рожда́ться- роди́ться	라즈다짜-라지짜	동 태어나다, 일어나다, 발생하다
	Я родила́сь в 1972 году. <small>나는 1972년에 태어났다.</small>	
рожде́ние	라즈졔니예	명 탄생, 태어남
ро́за	로자	명 장미
розе́тка	라졔뜨까	명 콘센트
ро́зовый	로자비	형 분홍색의
ро́ликовые коньки́	롤리까비예 깐끼	명 인라인스케이트
роль ⨍	롤리까비예 깐끼	명 역할, 배역
ром	롬	명 럼, 럼주
рома́н	라만	명 연애, 로맨스, 장편소설
роня́ть-урони́ть	라냐치-우라니치	동 떨어뜨리다, 흘리다, 숙이다
	Я урони́ла ча́шку, и она́ разби́лась. <small>나는 찻잔을 떨어뜨렸고, 그것은 산산조각이 났다.</small>	
роско́шный	라스꼬시늬	형 사치스러운, 화려한, 호사스러운
Росси́я	라시야	명 러시아
рост	로스트	명 키, 신장// 성장, 증가, 발달
ростки́ со́и	라스뜨끼 소이	명 콩나물
рот	롣	명 입

рубáшка	루바시까	명 남방, 셔츠, 와이셔츠
рубúн	루빈	명 루비
рýбрика, заголóвок	루브리까, 자갈로박	명 제목, 표제, 기사 제목

ругáть	루가치	동 야단치다, 꾸짖다, 호통치다

Ох, как ругáла меня́ мать, когда́ узнáла об э́том!

아, 어머니가 이 사실을 알았을 때 얼마나 나를 야단쳤는지!

ругáться	루가짜	동 험한 말을 하다, 욕설을 하다, 다투다

Э́та дéвушка сúльно измени́ла егó — он дáже перестáл ругáться и пить.

이 아가씨가 그를 크게 바꿔놓았는데, 그는 심지어 험한 말도 하지 않고 술도 끊었다.

рукá (@рýки)	루카 (루끼)	명 손, 팔
рукáв	루깝	명 (의복의) 소매
руководи́тель @	루까바지쪨	명 지도자, 장, 지도 담당

руководи́ть	루까바지치	동 지도하다, 주관하다, 감독하다, 인도하다

Егó дéйствиями руководи́л расчёт.

계산이 그의 행동들을 인도한다. (그는 계산에 따라 행동한다)

рулéтка	룰롈까	명 줄자, 룰렛
руль *m*	룰	명 핸들, 방향타, 조타 장치
румя́на	루먄나	명 볼 터치
рýсская кýхня	루스까야 꾸흐냐	명 러시아 음식
рýсский	루스끼	형 러시아의, 명 러시아 사람
рýсское правослáвие	루스까예 쁘라바슬라비예	명 러시아 정교
ручéй	루체이	명 개울
рýчка	루치까	명 손잡이, 펜대, 볼펜
ручнáя кладь	루지나야 끌라치	명 기내 휴대 수화물
ры́ба	리바	명 물고기, 생선
рыбáлка	리발까	명 낚시
рыболóвство	리바롭스뜨바	명 어업
рыгáть-рыгнýть	리가치-리그누치	동 트림하다

Утерéв рот ты́льной стороно́й ладо́ни, он гро́мко рыгну́л.

그는 손등으로 입을 닦고 나서 큰소리로 트림했다.

ры́нок	리넉	명 시장(市場)
ры́нок электрóники	리낙 일릭뜨로니끼	명 전자상가
рю́мка	륨까	명 작은 술잔
ряд	럍	명 줄, 열

с тех пор	스 쪠흐 뽀르	분 그때부터
сад	쌑	명 정원(庭園)
сади́ться-сесть	사지짜-세스치	동 앉다, ~을 하려고 앉다

Я се́ла за руль не так уж давно́ - 10 ме́сяцев наза́д, поэ́тому воспомина́ния о пе́рвом дне вожде́ния свежи́.

내가 운전대에 앉은 것은 10개월 전으로 그리 오래되지 않았다. 그래서 처음 운전한 날의 기억이 아직 생생하다.

са́йра	사이라	명 꽁치
сала́т	살랕	명 샐러드
сала́т-лату́к	살랕-라뚝	명 상추
сала́тник	살랕닉	명 샐러드 그릇
салфе́тка	살폩까	명 냅킨
самолёт	사말룥	명 비행기
сантиме́тр	산찌몌뜨르	명 센티미터(cm)
сапоги́	사빠기	명 부츠
сапфи́р	샆피르	명 사파이어
сара́й	사라이	명 헛간, 창고
сарди́на	사르지나	명 정어리

сáхар	사하르	명 설탕
сáхарная вáта	사하르나야 바따	명 솜사탕
сбéгать	즈베가치	동 (완료형)~을 사러, 데리러 뛰어서 가다 (돌아올 목적으로)

Лéна, по прóсьбе рáненых, сбéгала на стáнцию и купи́ла ведрó мали́ны.

레나는 부상자들의 청을 듣고 역으로 달려가 산딸기 한 양동이를 샀다.

сбегáть-сбежáть	즈비가치-즈비자치	동 뛰어 내려가다, 흘러내리다, 표면에서 사라지다

Весь класс сбежáл с урóка.

반 전체가 수업을 빼먹고 도망갔다.

сберегáть-сберéчь	즈비리가치-즈비레치	동 저축하다, 아끼다, 절약하다, 보존하다, 지키다

Э́то óчень сберегáет тóпливо.

그것은 연료를 매우 절약해 준다.

сбережéние	즈비리제니예	명 보존, 보호, 저축, 절약
сбережéния	즈비리제니야	명 저축
сберкни́жка	즈비르끄니시까	명 예금통장
сбóрник	즈보르닉	명 모음집
сбывáть-сбыть	즈비바치-즈비치	동 팔아치우다, 처분하다

Éсли мы начнём сбывáть крáденое, нам придётся нести́ отвéтственность.

만약 우리가 장물을 처분하기 시작하면 우리는 책임을 져야 할 것이다.

сва́дебное путеше́ствие	스바졔브너예 뿌찌세스트비예	명 신혼여행
сва́дьба	스바지바	명 결혼식, 혼례
свёкла	스뵤끌라	명 비트, 근대(채소)
свёкор	스뵤꺼르	명 시아버지
свекро́вь ⓕ	스비끄로피	명 시어머니
сверга́ть- све́ргнуть	스비르가치- 스베르그누치	동 뒤집다, 전복하다, 타도하다

Он реши́л подгото́вить за́говор и све́ргнуть молодо́го импера́тора.

그는 음모를 꾸미며 젊은 황제를 타도하기로 했다.

свёртывать- сверну́ть	스뵤르띠바치- 스비르누치	동 돌려서 말다, 접다

Он сверну́л листо́к и су́нул его́ в карма́н.

그는 종이를 접어서 주머니에 집어넣었다.

све́рху	스베르후	부 위에서, 위로부터
сверчо́к	스비르촉	명 귀뚜라미
свет	스볫	명 빛, 광명, 불, 등불
свет	스볫	명 세상, 사회, 상류사회
свети́ться	스비찌짜	동 빛이 비치다, 빛나다, 반짝거리다, 환하게 비치다

	На мо́ре подня́лся тума́н; едва́ сквозь него́ свети́лся фона́рь на корме́ бли́жнего корабля́.	
	바다에 안개가 일었다. 가까운 배 선미의 등이 안개를 뚫고 간신히 빛났다.	
све́тлый	스베틀리	형 밝은, 환한, 연한
светля́к	스비뜰략	명 개똥벌레
светофо́р	스비따포르	명 신호등
свеча́	스비차	명 초, 양초
свиде́тель ⓜ	스비졔쪨	명 목격자, 증인
свиде́тельство	스비졔쪨스트바	명 증명서, 증거, 증거물
свини́на	스비니나	명 돼지고기
свинья́	스비니야	명 돼지
свист	스비스트	명 휘파람
сви́тер	스비테르	명 스웨터
свобо́да	스바보다	명 자유
свобо́дный	스바볻늬	형 자유로운, 빈
свой пол	스보이 뽈	명 동성(同性)
свяще́нник, ба́тюшка	스비셴닉, 바쮸시까	명 신부(神父), 사제
сдава́ть экза́мен	즈다바치 익자멘	동 시험을 치다, 응시하다

А на сле́дующей неде́ле ты сно́ва сдаёшь экза́мен на права́.
다음 주에 너는 운전면허 시험을 다시 칠 거다.

сдава́ть(сдать) в аре́нду	з다바치(з다치) 바롄두	동 임대하다, 세놓다, 빌려주다
	Сейча́с нема́лая часть зда́ний уже́ сдана́ в аре́нду. 현재 적지 않은 건물들이 이미 임대되었다.	
сдава́ть-сдать	з다바치-з다치	동 넘기다, 맡기다, 돌려주다, 거슬러 주다
	Всем горожа́нам прика́зано сдать ору́жие, е́сли име́ется! 무기가 있다면 넘기라는 명령이 모든 도시민에게 내려졌다!	
сдава́ться- сда́ться	з다바짜-з다짜	동 항복하다, 굴하다, 투항하다
	Когда́ мне тяжело́, я всегда́ напомина́ю себе́ о том, что е́сли я сда́мся – лу́чше не ста́нет. 힘들 때마다 항복해 버리면 나아질 게 없다고 항상 나 자신에게 상기시킨다.	
сдать экза́мен	з다치 익자몐	동 시험에 붙다, 시험을 통과하다
	Она́ сдала́ экза́мен на 5 и стра́шно дово́льная верну́лась домо́й. 그녀는 시험에서 A(5)를 받고 엄청나게 흡족한 상태로 집으로 돌아갔다.	
сда́ча	з다차	명 넘김, 인계, 교부, 납부, 거스름돈
	сда́ча кварти́ры в аре́нду 아파트 임대	
сде́лать макия́ж	스젤라치 마끼야시	동 화장하다
се́вер/се́верный	셰베르/셰비르늬	명 북, 북쪽/북쪽의

Се́верная Коре́я, КНДР	세베르나야 까례야, 까엔데에르	몡 북한, 조선민주주의 인민 공화국
Се́верный по́люс	세비르느니 뽈류스	몡 북극
сего́дня	시본냐	囲 오늘
седина́	시지나	몡 흰머리, 새치
секре́т	시끄렡	몡 비밀, 비결
секрета́рь ⒨	시크리따르	몡 비서
	генера́льный секрета́рь ООН UN 사무총장	
сексуа́льный	섹수알느	혱 섹시한, 성적인
секу́нда	시꾼다	몡 초(秒)
секундоме́р	시꾼다메르	몡 스톱워치, 초시계
село́	실로	몡 마을, 동네
сельдь ⒡, селёдка	셸치, 실룥까	몡 청어
се́льское хозя́йство	셸스까예 하쟈이스뜨바	몡 농업
семья́	시미야	몡 가족, 가정
се́мя (⒫семена́)	셰먀 (시미나)	몡 씨앗, 씨, 종자
сенсо́рный экра́н	센소르느 이끄란	몡 터치스크린
се́рвис	셰르비스	몡 서비스
серде́чный при́ступ	시르졔치느 쁘리스돞	몡 심장마비

семья 시미야 **가족, 가정**

дéдушка / дед 졔부시까 / 졛 할아버지, 조부

бáбушка 바부시까 할머니, 조모

отéц 아쩨쯔 아버지, 부친

пáпа 빠빠 아빠

мать 마치 어머니, 모친

мáма 마마 엄마

дя́дя 쟈쟈 아저씨

тётя 쬬쨔 아주머니, 고모, 이모

брат (@**брáтья**) 브랕 (브라찌야) 형, 오빠, 형제

сестрá (@**сёстры**) 시스트라 (쑈스트릐) 누나, 언니, 자매

сын (@**сыновья́**) 씬 (싀나비야) 아들

дочь (@**дóчери**) 도치 (도체리) 딸

млáдший брат 믈랕시 브랕 남동생

млáдшая сестрá 믈랕샤야 시스트라 여동생

свёкор 스뵤까르 시아버지

свекрóвь 스비끄로피 시어머니

тесть 쪠스치 장인

тёща 쬬샤 장모

невéстка / снохá 니볘스트까 / 스나하 며느리

зять (@**затья́**) 쟈치 (자찌야) 사위

серди́ться-рассерди́ться	시르지짜-라시르지짜	동 화가 나다, 화내다, 성을 내다
	Тогда́ я на мать си́льно рассерди́лся, но впосле́дствии был ей благода́рен. 당시에 나는 어머니에게 몹시 화가 났지만, 나중에는 엄마에게 감사했다.	
се́рдце	셰르쩨	명 심장, 마음
серебро́	시리브로	명 은(銀)
сере́бряный	시례브린늬	형 은색의
середи́на	시리지나	명 중간, 한복판, 중도
сёрфинг	쇼르핑	명 서핑
се́рый	셰리	형 회색의
се́рьги, серёжки	셰르기, 시료시끼	명 귀걸이
серьёзный	시르요즈늬	형 진지한, 신중한, 심각한
се́ссия	셰시야	명 정기 회의, 시험 기간
сестра́ (@сёстры)	시스트라 (쇼스트리)	명 자매
сза́ди	즈자지	부 뒤에서, 뒤로부터, 배후에서
сиде́ть-посиде́ть	시졔치-빠시졔치	동 앉아 있다, 머물러 있다 (일정한 시간 동안)

러시아어 단어 | 265

	На кры́ше ста́рого до́ма сиде́ла воро́на. 낡은 집 지붕에 까마귀가 앉아 있었다.
	Я сам не зна́ю, почему́ я верну́лся; вероя́тно, потому́, что о тебе́ вспо́мнил: хоте́лось с тобо́й посиде́ть. 내가 왜 돌아왔는지 나 자신도 모르겠어. 어쩌면 너를 기억해냈기 때문일지도 몰라. 너와 머물고 싶어서.
си́ла	실라	명 힘
си́льный	실늬	형 강한, 센, 강력한
си́мвол	심발	명 상징, 부호
симпати́чный	심빠찌치늬	형 매력적인, 호감형의
симпа́тия	심빠찌야	명 호의, 호감
симфо́ния	심포니야	명 심포니, 교향곡
си́ний	시니	형 파란, 푸른
сино́ним	시노님	명 비슷한 말, 동의어
ситуа́ция	시뚜아찌야	명 상황, 형세
	Не быва́ет безвы́ходных ситуа́ций. 출구 없는 상황이란 없다.
скала́, валу́н, большо́й ка́мень	스깔라, 발룬, 발쇼이 까민	명 암석, 바위, 암반
скалола́зание	스깔랄라자니예	명 암벽등반
сканда́л	스깐달	명 소란, 말썽, 논란, 파동

	Не сто́ит устра́ивать сканда́л, е́сли мужчи́на не жела́ет идти́ с ва́ми по магази́нам. 남자가 당신과 함께 쇼핑을 가길 원하지 않는다 해서 소란을 피울 필요는 없다.	
ска́нер	스까네르	명 스캐너
скат	스깥	명 가오리
скеле́т	스껠롈	명 해골, 골격, 뼈대
скла́дывать-сложи́ть	스끌라디바치-슬라지치	동 넣다, 쌓아 올리다, 더하다, 보태다, 접다, 겹치다
	Прямоуго́льный лист бума́ги сложи́ли попола́м шесть раз. 직사각형 종이를 반으로 여섯 번 접었다.	
склон, скат	스끌론, 스깥	명 경사면, 경사지, 비탈
сковоро́дка	스까바롵까	명 프라이팬
ско́лько	스꼴까	수 얼마나, 몇, 부 얼마나 많은
ско́рость ⒡	스꼬라스치	명 속도
ско́рый по́езд	스꼬리 뽀이스드	명 급행열차
скоти́на	스까찌나	명 가축, 집짐승
скре́пка	스끄롎까	명 클립
скрипа́ч	스끄리빠치	명 바이올리니스트
скри́пка	스끄맆까	명 바이올린
скро́мный	스끄롬늬	형 얌전한, 소박한, 겸손한
ску́мбрия	스꿈브리야	명 고등어

ску́тер	스꾸떼르	명 스쿠터
скýчный	스꾸시늬	형 지루한, 따분한
сла́бый	슬라븨	형 약한, 힘 없는, 순한
сла́дкий	슬랃끼	명 달달한, 달콤한
сла́дкий пе́рец	슬랃끼 뻬리쯔	명 피망
сле́дователь ⓜ	슬레다바쪨	명 형사, 수사관
сле́дующая неде́ля	슬레두유샤야 니졜랴	다음 주
сле́дующий	슬레두유시이	형 다음의, 아래와 같은
слёзы	슬료즤	명 눈물
слепа́я кишка́	슬리빠야 끼시까	명 맹장
слéпнуть-ослéпнуть	슬롑누치-아슬롑누치	동 실명하다, 눈이 멀다, 보지 못하다
сли́ва	슬리바	명 자두
сливно́е отве́рстие	슬립노예 앝베르스찌예	명 배수구
сли́вочное ма́сло	슬리보츠나예 마슬라	명 버터
слова́рь ⓜ	슬라바리	명 사전
сложе́ние	슬라제니예	명 덧셈
сло́жный	슬로즈늬	형 복잡한, 합성의, 복합적인
слон	슬론	명 코끼리

служащий	슬루자시	명 샐러리맨, 봉급 생활자, 사무직원
служба	슬루즈바	명 복무, 직무
служить	슬루지치	동 복무하다, 종사하다

Зачéм я служи́л в а́рмии 2 го́да? Что дала́ мне э́та страна́?

나는 왜 2년간 군 복무를 했을까? 이 나라는 내게 무엇을 주었을까?

случа́ться- случи́ться	슬루차짜-슬루치짜	동 생기다, 발생하다, 일어나다

Что случи́лось 16-го апре́ля в Коре́е?

4월 16일 한국에서 무슨 일이 일어났나?

слу́шать- послу́шать	슬루샤치-빠슬루샤치	동 듣다, 청취하다, 감상하다, 따르다

Я люблю́ слу́шать му́зыку.

나는 음악 감상을 좋아한다.

слу́шаться- послу́шаться	슬루샤짜-빠슬루샤짜	동 말을 듣다, 남의 충고, 조언 등을 따르다, 복종하다

Э́то упря́мство ребёнка, кото́рый зна́ет, что взро́слый прав, но слу́шаться не жела́ет.

그것은 어른이 옳다는 것은 알지만, 말을 듣길 원하지 않는 아이의 고집이다.

слы́шать- услы́шать	슬리샤치-우슬리샤치	동 들리다, 들어보다

	Ду́маю, вам приходи́лось слы́шать, что ве́ра — вели́кая вещь, во что ве́ришь, то и полу́чишь.
	여러분들도 들어봤을 거라고 저는 생각하는데, 믿음은 위대한 것이라 믿는 것을 얻는 법입니다.
слюна́	슬류나 / 몡 침, 타액
	И́зо рта слюна́ бры́зжет.
	입에서 침이 튄다.
сма́зывать-сма́зать	스마즤바치-스마자치 / 통 바르다, 칠하다, 흐리게 하다
	Ру́ки хорошо́ сма́зывать кре́мом по́сле ка́ждого мытья́ рук, э́то защити́т их от су́хости.
	손을 씻고 난 다음에는 크림을 잘 발라야 한다. 그렇게 하면 손이 건조해지는 것을 막는다.
смерть⑦	스메르치 / 몡 죽음
смета́на	스미따나 / 몡 스메따나(떠먹는 유제품)
сме́шивать-смеша́ть	스메싀바치-스미사치 / 통 섞다, 혼합하다, 혼동하다
	Ты́кву натере́ть на тёрке, отжа́ть сок и смеша́ть его́ с водо́й.
	호박을 강판에 갈아서 즙을 짜낸 다음 물과 섞는다.
смея́ться	스미야짜 / 통 소리 내어 웃다, 비웃다, 조롱하다, 농담하다
	Хорошо́ смеётся тот, кто смеётся после́дним.
	마지막으로 웃는 사람이 제대로 웃는다.(최후의 승자가 진정한 승자다.)

| СМИ, средства массовой информации | 스미, 스롇스뜨바 마사바이 인프르마찌이 | 명 언론, 언론 기관 |

| смиряться-смириться | 스미랴짜-스미리짜 | 동 순종하다, 굴복하다, 받아들이다 |

Долго боролся, но, наконец, смирился и уступил.

오랫동안 싸웠지만, 결국 굴복하고 양보했다.

| сморкаться-высморкаться | 스마르까짜-비스마르까짜 | 동 코를 풀다 |

| смотреть-посмотреть | 스맡레치-빠스맡레치 | 동 보다, 바라보다, 대하다, 간주하다 |

Я смотрю в глаза ребёнка.

나는 아이의 눈을 바라본다.

| смущать-смутить | 스무샤치-스무찌치 | 동 당황하게 하다, 난처하게 하다 |

Как ни глупы слова дурака, а иногда бывают они достаточны, чтобы смутить умного человека.

바보의 말이 아무리 어리석다 해도 똑똑한 사람을 당황하게 하기에 충분할 때가 종종 있다.

| снег | 스넥 | 명 눈(雪) |

| снег с дождём | 스넥 즈 다즈좀 | 명 진눈깨비 |

| снизу | 스니주 | 부 아래로부터, 밑에서부터 |

| снимать-снять | 스니마치-스냐치 | 동 벗기다, 떼다, 제거하다, 면직하다, 철회하다, 촬영하다, 세를 얻다 |

러시아어 단어 | 271

	Я сняла́ пальто́ с ве́шалки.	
	나는 옷걸이에서 외투를 벗겼다.	
снисходи́тельный	스니스하지쪨늬	형 **관대한, 너그러운, 호의적인**
сни́ться	스니짜	동 **꿈을 꾸다, 꿈에 보이다**
	Никогда́ в жи́зни ей не сни́лось тако́го ужа́сного кошма́ра.	
	그녀는 살면서 그렇게 끔찍한 악몽을 꾼 적이 없었다.	
снотво́рное сре́дство	스나뜨보르너예 스례쯔뜨바	명 **수면제**
сноубо́рдинг	스노우보르징	명 **스노보딩**
соба́ка, пёс	사바까, 뾰스	명 **개, 수캐**
собира́ть-собра́ть	사비라치-사브라치	동 **모으다, 거두다, 집결하다**
	Я ду́мал, что собра́л прекра́сный материа́л для мое́й но́вой кни́ги.	
	나는 새 책을 위해 훌륭한 자료를 모았다고 생각했다.	
собира́ться-собра́ться	사비라짜-사브라짜	동 **모이다, 모여들다, 채비하다, ~하려고 하다**
	У́тром, когда́ я собрала́сь уходи́ть, он сказа́л: «Остава́йся здесь».	
	아침에 내가 나갈 채비를 했을 때, 그가 "이곳에 남아줘"라고 말했다.	
собла́зн	사블라즌	명 **유혹**
соблазня́ть-соблазни́ть	사블라즈나치-사블라즈니치	동 **꾀다, 유혹하다, 유인하다, 부추기다, 꼬여내다**

	Она́ была́ ве́рной, ти́хой, спокойной, дома́шней... Таку́ю не ка́ждому уда́стся соблазни́ть.
	그녀는 충실하고 조용하고 침착하고 가정적이었다……. 그런 사람을 유혹하기는 쉽지 않을 것이다.
собо́р	사보르 · 명 대성당, 대사원
сова́	사바 · 명 부엉이, 올빼미
сова́ть-су́нуть	사바치-수누치 · 동 집어넣다, 넣다, 찔러 넣다
	Не руга́йте малыша́ за то, что он суёт па́льцы в рот.
	손가락을 입에 넣는다고 아이를 야단치지 마세요.
соверша́ть-соверши́ть	사비르사치-사비르시치 · 동 실행하다, 저지르다, 범하다
	Бо́лее того́, и́менно фина́нсовый се́ктор свои́ми рука́ми соверша́л преступле́ние.
	게다가 금융 부문이 자발적으로 범죄를 저질렀다는 것이다.
со́весть ⨍	소비스치 · 명 양심
	У тебя́ со́весть есть?
	너 양심 있니?
сове́т	사볱 · 명 조언, 권고
сове́товать-посове́товать	사볘[따바치-빠사볘[따바치 · 동 충고하다, 조언하다, 추천하다
	Посове́туйте мне како́й-нибу́дь фильм с коре́йцами. И жела́тельно с ру́сской озву́чкой, а не с субти́трами.
	한국 사람들이 나오는 아무 영화나 제게 추천해 주세요. 러시아어 자막 말고 더빙이 된 영화면 좋겠네요.

우측 탭: О П Р С Т У Ф Х Ц Ч Ш Щ Ъ

советоваться-посоветоваться	사볘따바짜-빠사볘따바짜	동 상의하다, 조언을 얻다
	Он всегда и во всём советуется с женой. 그는 아내와 항상 모든 일을 상의한다.	
совок	사복	명 쓰레받기, 꼬마삽
современный	사브리몐늬	형 현대의, 요즘의, 현대식의
совсем	삽셈	부 아주, 완전히, 전혀
соглашаться-согласиться	사글라샤짜-사글라시짜	동 동의하다, 찬성하다, 합의하다, 승낙하다, ~하기로 하다
	Я попросила его подумать, он вроде согласился. 나는 그에게 생각해 보라고 요청했고 그는 동의하는 것 같았다.	
содовый напиток	소다븨 나삐딱	명 탄산 음료, 탄산수
соевый соус	소이브 소우스	명 간장(조미료)
создавать-создать	사즈다바치-사즈다치	동 창조하다, 창작하다, 만들다, 제작하다, 창설하다, 조직하다
	Можно ли создать идеальный мир для каждого? 모든 사람에게 이상적인 세상을 만들 수 있겠습니까?	
создаваться-создаться	사즈다바짜-사즈다짜	동 만들어지다, 이루어지다, 창조되다, 조직되다, 형성되다

	На перекрёстке создался затор из множества машин.	
	자동차가 많아서 교차로에서 정체가 형성되었다.	
соискатель ⓜ	사이스까쩰	몡 지원자, 대회 참가자
сок	속	몡 주스
сокол	소깔	몡 매(조류)
сокращать-сократить	사끄라샤치-사끄라찌치	동 단축하다, 감소하다, 줄이다, 감축하다
	Крупнейшие российские компании начали сокращать персонал.	
	러시아 대기업들이 인원을 감축하기 시작했다.	
солить-посолить	살리치-빠살리치	몡 소금을 치다, 소금을 뿌리다
	Рыбный суп солят в начале варки.	
	생선국은 끓이기 시작할 때 소금을 넣는다.	
солнечная ванна	솔녜치나야 반나	몡 일광욕
солнечный	솔니치늬	혱 맑은, 햇살이 좋은
солнце	손쩨	몡 해, 태양
солнцезащитные очки	산쯰자시읱늬예 아치끼	몡 선글라스
солнцезащитный крем	산쯰자시읱늬 끄렘	몡 자외선 차단 크림
соль ⓕ	솔	몡 소금
сомневаться	삼니바짜	동 의심하다, 안 믿다, 주저하다, 망설이다

	Есть серьёзные основа́ния сомнева́ться в правди́вости их объясне́ний.	
	그들 설명의 진실성을 의심할 만한 확실한 근거가 있다.	
сомне́ние	삼녜니예	명 의심, 주저함, 망설임
сон	손	명 꿈, 잠
	Накану́не я ви́дела сон.	
	전날 밤에 나는 꿈을 꾸었다.	
сонли́вый	산리비	형 졸리는, 졸린
сообража́ть-сообрази́ть	사아브라자치-사아브라지치	동 알아듣다, 알아차리다, 이해하다, 생각해내다
	Стара́лся сообрази́ть, что же в действи́тельности произошло́.	
	실제로 무슨 일이 일어났는지 알아차리려고 애썼다.	
сообща́ть-сообщи́ть	사압샤치-사압시치	동 알리다, 전하다, 통보하다
	Я его́ зна́ю давно́ и могу́ вам сообщи́ть о нём мно́гое.	
	나는 그를 오래전부터 알고 있어서 당신에게 그에 관해 많은 것을 알려드릴 수 있습니다.	
сообще́ние	사압셰니예	명 메시지, 통지, 보도, 통보, 교통
соревнова́ние	사리브나바니예	명 시합, 경주, 경쟁, 겨루기
соревнова́ть	사리브나바치	동 겨루다, 경쟁하다, 경주하다
	Соревну́йтесь друг с дру́гом то́лько в добре́.	
	선한 일로만 서로 경쟁하세요.	

со́рная трава́, сорня́к	소르나야 뜨라바, 사르냑	명 잡초
соро́ка	사로까	명 까치
сосе́д (ⓕсосе́дка)	사셋 (사셋까)	명 이웃
сосна́	사스나	명 소나무
состоя́ние	사스따야니예	명 상황, 상태, 형편// 재산
состоя́тельный	사스따야찔늬	형 재산이 있는, 부유한
состоя́ть	사스따야치	동 구성되다, 이뤄지다, 조합되다

Кварти́ра состои́т из двух ко́мнат.
Семья́ состои́т из четырёх челове́к.

아파트는 방 두 개짜리다. 가족은 4명으로 구성되어 있다.

состоя́ться	사스따야짜	동 개최되다, 진행되다

18 ма́рта состоя́тся вы́боры
президе́нта Росси́йской
Федера́ции.

러시아 대선이 오는 3월 18일에 치러진다.

сотру́дник	싸뜨룬닉	명 직장 동료, 직원
сохраня́ть-сохрани́ть	사흐라냐치-사흐라니치	동 보관하다, 유지하다, 저장하다, 지키다

Он с трудо́м сохрани́л
невозмути́мое выраже́ние лица́.

그는 간신히 침착한 얼굴 표정을 유지했다.

социоло́гия	싸찌알로기야	명 사회학
сочине́ние	사치녜니예	명 작문, 글쓰기

О
П
Р
С
Т
У
Ф
Х
Ц
Ч
Ш
Щ
Ъ

сочу́вствие	싸춥스트비예	몡 공감, 동감, 동정, 공명
сочу́вствовать	싸춥스트바바치	동 공감하다, 동감하다, 동정하다

И́скренне сочу́вствуя дру́гу, он не знал, что на́до говори́ть в таки́х слу́чаях.

진심으로 친구에게 공감하면서 이런 경우 뭐라고 말해야 할지 그는 몰랐다.

со́я	소야	몡 콩
спа́льный ваго́н	스빨늬 바곤	몡 침대차, 침대칸
спа́льня	스빨냐	몡 침실
спаса́тель ⓜ	스빠사쪨	몡 구조대원, 안전요원
спаса́тельный жиле́т	스빠사쪨늬 질롙	몡 구명조끼
спаса́ть- спасти́	스빠사치-스빠스찌	동 구하다, 구출하다, 구원하다

На предложе́ние поступи́ть в мона́хи и спасти́ свою́ ду́шу он отве́тил улы́бкой.

수도사로 들어와 자신의 영혼을 구원하라는 제안에 그는 미소로 답했다.

спаси́бо	스빠시바	몡 감사, 사의 술 고맙습니다, 감사합니다
спаси́тель ⓜ	스빠시쪨	몡 구원자, 구해준 사람, 구세주
спать	스빠치	동 잠을 자다, 비활동 상태에 있다

Я не спала́ всю ночь.

나는 밤새 잠을 못 잤다.

спектáкль _m_	스뻭따끌	명 연극, 공연
спéреди	스뻬리지	부 앞쪽에, 전면에
спéрма	스뻬르마	명 정액
сперматозóид	스뻬르마따조읻	명 정자(精子)
специалúст	스뻬찌알리스트	명 담당자, 기술자
спешúть	스뻬시치	동 서두르다, 서둘다, 바삐 하다

Я спешу́ сообщи́ть вам ра́достную весть!

나는 여러분께 서둘러 기쁜 소식을 전합니다!

спинá	스삐나	명 (사람의) 등
спонж	스폰시	명 스폰지
спóрить-поспóрить	스뽀리치-빠스뽀리치	동 말싸움하다, 논쟁하다, 다투다, 대적하다
спорт	스뽀르트	명 스포츠, 운동
спортзáл	스뽀르뜨잘	명 체육관
спортúвная одéжда	스빠르찝나야 아졔즈다	명 운동복
спортúвное оборýдование, спортинвентáрь _m_	스빠르찝나예 아바루다바니예, 스빠르찐비따르	명 운동기구, 운동구
спортсмéн	스빠르쯔몐	명 운동선수
справедлúвость _f_	스쁘라비들리바스치	명 정의, 공정, 공평, 공명정대, 정당
спрáвка	스쁘랖까	명 도움말

спорт 스포르트 스포츠, 운동

футбо́л 풋볼 축구

баскетбо́л 바스낏볼 농구

волейбо́л 발레이볼 배구

бейсбо́л 베이즈볼 야구

гольф 골프 골프

насто́льный те́ннис 나스똘늬 떼니스 탁구

билья́рд 빌야를 당구

бо́улинг 보울링 볼링

те́ннис[тэ] 테니스 테니스

бокс 복스 권투

пла́вание 쁠라바니예 수영

альпини́зм 알삐니즘 등산

джо́ггинг / бег трусцо́й 조깅 / 벡 뚜루스쪼이 조깅

фи́тнес 피트니스 헬스

лы́жный спорт 리지늬 스뽀르트 스키

сноубо́рдинг 스노우보르징 스노보딩

пла́вание с аквала́нгом
쁠라바니예 사크벌란검 스쿠버다이빙

затяжны́е прыжки́ с парашю́том[шу]
저찌지늬예 쁘릐시끼 스 빠라수땀 스카이다이빙

велоспо́рт 벨라스뽀르트 사이클링

O
П
Р
С
Т
У
Ф
Х
Ц
Ч
Ш
Щ
Ъ

справля́ться-спра́виться	스쁘라블랴짜-스쁘라비짜	동 대처하다, 감당해내다, 처리하다

Мно́гие справля́ются со сло́жными ситуа́циями и не боя́тся жи́зненных эта́пов.

많은 사람이 힘겨운 상황을 감당해내면서도 인생의 단계를 두려워하지 않는다.

спра́вочное бюро́	스쁘라바치니예 뷰로	명 안내소
спра́шивать-спроси́ть	스쁘라시바치-스쁘라시치	동 묻다, 질문하다

Ма́ма всегда́ спра́шивает, что пригото́вить на за́втрак.

엄마는 아침 식사로 무엇을 준비할지 항상 물어본다.

спрос	슾로스	명 요구, 청구, 수요
спу́тник	스뿔닉	명 위성
сра́внивать-сравни́ть	스라브니바치-스라브니치	동 비교하다, 비하다, 견주다

Когда́ вы сравни́те результа́ты, они́ вас, вероя́тно, удивя́т.

여러분이 결과를 비교해 보시면 결과는 아마도 여러분을 놀라게 할 겁니다.

сра́зу	스라주	부 곧바로, 즉시, 한꺼번에, 단번에
среда́	스레다	명 수요일
сре́днее	스렏니예	명 평균
сре́дний	스렏니	형 중간의, 가운데의
сре́дство для сня́тия макия́жа	스렏스뜨바 들랴 스냐찌야 마끼야자	명 클렌징 제품

срок	스록	몡 기간, 기한
срок го́дности, срок хране́ния	스록 곤니스찌, 스록 흐라녜니야	몡 유통기한

Срок го́дности то́рта истёк вчера́.
이 케이크의 유통기한은 어제까지였다.

срок де́йствия	스록 졔이스뜨비야	몡 유효기간

Сего́дня срок де́йствия води́тельского удостовере́ния в Росси́и составля́ет 10 лет.
현재 러시아의 운전면허증 유효기간은 10년이다.

сро́чное письмо́	스로치나예 삐시모	몡 속달우편
ссо́ра	쏘라	몡 싸움, 말다툼
ссо́риться- поссо́риться	쏘리짜-빠쏘리짜	동 싸우다, 다투다

Почему́ они́ ссо́рятся ка́ждый день?
그들은 왜 매일 싸울까?

ста́вить- поста́вить	스따비치-빠스따비치	동 세우다, 놓다

Пе́ред чёрным кре́слом ничего́ не на́до ста́вить.
검은 안락의자 앞에는 아무것도 놓을 필요가 없다.

стадио́н	스따지온	몡 운동장, 경기장
стака́н	스따깐	몡 컵
сталь f.	스딸	몡 강철
станови́ться- стать	스따나비짜-스따치	동 되다, 이루어지다

	Почему́ вода́ в состоя́нии льда стано́вится ле́гче? 물이 얼음 상태에서 더 가벼워지는 이유는?
ста́нция	스딴찍야 명 **지하철역, 기지국, 정거장**
стара́ться- постара́ться	스따라짜-빠스따라짜 동 **애쓰다, 노력하다,** Вы должны́ труди́ться, стара́ться быть поле́зным. 당신은 일해야 하고 쓸모 있는 사람이 되도록 노력해야 합니다.
стари́к (⊘стару́ха)	스따릭 (스따루하) 명 **노인**
ста́рость⊘	스따러스치 명 **노년**
ста́ршая сестра́	스따르샤야 시스뜨라 명 **언니, 누나**
ста́рший	스따르시 형 **연상의, 상급자의** У тебя́ есть ста́ршая сестра́? 너는 언니가 있니? Он в на́шем отде́ле ста́рший. 그는 우리 부서에서 상급자다.
ста́рший брат	스따르시 브랕 명 **형, 오빠**
ста́рый	스따리 형 **낡은, 오래된**
ста́туя Бу́дды	스따뚜야 부디 명 **불상**
статья́	스따찌야 명 **기사, 논설, 논문, (법, 계약) 조항, 항목**
стациона́р	스따찌아나르 명 **입원실, 상설기관**

О П Р С Т У Ф Х Ц Ч Ш Щ Ъ

	больной стациона́рный	
	입원 환자	
	больной амбулато́рный	
	외래 환자	
ста́я	스따야	명 **무리, 떼**
	Огро́мная ста́я птиц улета́ет на зака́те.	
	엄청난 새 떼가 저물녘 하늘을 난다.	
ствол	스뜨볼	명 **줄기, 몸통**
	Гла́вный сте́бель де́рева называ́ется стволо́м.	
	나무의 주된 줄기를 몸통이라 부른다.	
сте́бель ⓜ	스쩨빌	명 **줄기, 대**
стена́	스찌나	명 **벽, 담벼락**
сте́плер	스떼쁠리르	명 **스테이플러, 찍개**
стерилизова́ть	스찌릴리자바치	동 **살균하다, 멸균하다**
	Стерилизова́ть консе́рвы.	
	통조림 식품을 살균하다.	
стесня́ться- стесни́ться	스찌스냐짜- 스찌스니짜	동 **수줍어하다, 불편해하다, 어려워하다, 거북해하다**
	Он не стесня́ется говори́ть то, что ду́мает.	
	그는 자기 생각을 말하는 것을 거북해하지 않는다.	
стира́льная маши́на	스찌랄나야 마시나	명 **세탁기**
стира́льная рези́нка	스찌랄나야 리진까	명 **지우개**

стира́льный порошо́к	스찌날늬 빠라숔	명 세제
стира́ть-стере́ть	스찌라치-스찌례치	동 닦아내다, 제거하다, 빨래하다, 세탁하다

Э́то бы́ли пра́чки, кото́рые стира́ли бельё для бога́тых люде́й.

이 사람들은 부자들을 위해 빨래를 하는 세탁부들이었다.

сто́йка	스또이까	명 받침대, 판매대, 코너 선반
стойка для бро́ни	스또이까 들랴 브로니	명 예약 카운터
стойка регистра́ции на рейс	스또이까 리기스뜨라찌이 나 레이스	명 탑승 수속 카운터
сто́йкий	스또이끼	형 확고한, 견고한, 단단한, 탄탄한
сто́ить	스또이치	동 값, 가치가 나가다, 얼마다, 값을 가지다

Ско́лько сто́ит э́тот костю́м?

이 정장은 얼마입니까?

стол	스똘	명 책상
столе́тие, век	스딸례찌예, 볙	명 100년, 100주년, 1세기
столи́ца	스딸리짜	명 수도(首都), 서울
стоматологи́ческое отделе́ние	스따마딸라기치스꺼예 앋질례니예	명 치과
стопа́	스따빠	명 발, 발바닥

сторона́ све́та	스떠라나 스볘따	몡 방위
стоя́ть	스따야치	동 서 있다, 정차하다, 멎다

Он стоя́л у окна́.

그는 창문 옆에 서 있었다.

страда́ние	스뜨라다니예	몡 고통, 아픔
страда́ть- пострада́ть	스뜨라다치- 빠스뜨라다치	동 고생하다, 고통을 겪다, 수난을 당하다, 괴로워하다, 앓다

Ма́ма так страда́ла от головны́х
бо́лей. Так му́чилась!

엄마는 두통 때문에 아주 고생했다. 얼마나 힘들어했는지!

страна́	스트라나	몡 나라
стра́ус	스뜨라우스	몡 타조
страх	스트라흐	몡 공포, 무서움, 겁
стрекоза́	스뜨리까자	몡 잠자리
стреми́ться	스뜨리미짜	동 추구하다, 지향하다, 노력하다

С дре́вности лю́ди стреми́лись
дости́чь процвета́ния.

고대부터 사람들은 번영을 이루기를 추구했다.

стри́жка	스트리시까	몡 머리 자르기, 이발
стричь	스트리치	동 깎다, 자르다, 치다

Мо́жно ли стричь ко́шкам ко́гти?

고양이 발톱을 깎아줘도 될까?

стри́чься	스뜨리치샤	동 머리를 깎다, 자르다

	Когда́ во сне стригу́тся седы́е во́лосы, то э́то о́чень хорошо́.	
	백발을 자르는 꿈을 꾸면 그것은 매우 좋다.	
стро́йный	스트로인늬	형 날씬한, 늘씬한, 정연한
стро́ить-постро́ить	스뜨로이치-빠스뜨로이치	동 짓다, 만들다, 건설하다, 세우다, 구축하다
	Света! На́до учи́ться само́й стро́ить свою́ жизнь. Нельзя́ ждать, что други́е сде́лают необходи́мое тебе́.	
	스베따! 자신의 인생을 스스로 만들어가는 법을 배워야 해. 다른 사람들이 네게 필요한 것을 해주도록 기다려서는 안 된다.	
студе́нт	스뚜졘트	명 대학생
стул	스뚤	명 의자
стыди́ться	스띠지짜	동 부끄러워하다
	Мы стоя́ли, как поражённые гро́мом, стыдя́сь взгляну́ть друг дру́гу в лицо́.	
	우리는 서로의 얼굴을 보기를 부끄러워하면서 벼락 맞은 사람들처럼 서 있었다.	
стю́ард, бортпроводни́к	스쮸아릍, 바르트쁘라받늭	명 남자 승무원, 스튜어드
стюарде́сса, бортпроводни́ца	스쮸아르데싸, 바르트쁘라받늬짜	명 여승무원, 스튜어디스
суббо́та	수보따	명 토요일
субти́тр	숩찌트르	명 자막
сувени́р	수비니르	명 기념품, 기념 선물

сýдно (⑳судá)	수드나 (수다)	몡 배, 선박
сýдорога	수다로가	몡 경련, 쥐
	Во врéмя плáвания мóжет возникнуть сýдорога(спазм мышц). 수영할 때 쥐(근육 경련)가 날 수 있다.	
сýдорожный	수다로지늬	혱 경련이 일듯, 발작적으로, 급격하게
сýмка	숨까	몡 가방
сýмма	수마	몡 금액, 총액, 합계
суп	숲	몡 수프, 국
суперклей	수뻬르끌레이	몡 본드(접착제)
суппозиторий	수빠지또리	몡 좌약
супрýг (⑳супрýга)	수쁘룩 (수쁘루가)	몡 배우자
супрýжество	수프루즤스쯔바	몡 부부 생활, 결혼 생활
сустáв	수스땊	몡 관절
сухóй	수호이	혱 건조한
сýша	수샤	몡 육지
сушёные вóдоросли	수숀늬예 보다라슬리	몡 김(해조류)
сушить-высушить	수싀치-븨수싀치	됭 말리다, 건조하다
	Днём сóлнце хорошó высушило зéмлю. 낮에 태양이 땅을 잘 말렸다.	

существовáть	수셰스뜨바바치	동 있다, 존재하다, 생활하다
	Без водь́ и пи́щи человéк не мóжет существовáть.	
	인간은 물과 음식 없이는 존재할 수 없다.	
сфéра	스페라	명 영역, 범위, 구면, 구체
схéма метрó	스헤마 미드로	명 지하철 노선도
сходи́ть-сойти́	스하지치-사이찌	동 갔다 오다, 옮겨 가다, 내려가다
	Мы с подрýгой вчера сходи́ли на концéрт.	
	어제 여자 친구와 함께 우리는 콘서트에 다녀왔다.	
сцéна	스쩨나	명 무대, 광경
счастли́вый	시슬리비	형 행복한
счáстье	샤스찌예	명 행복, 다행
счёт	숕	명 계산서
считáть	시이따치	동 세다, 계산하다, 여기다, 생각하다, 간주하다
	Я счита́ю, что нам порá позáвтракать.	
	나는 우리가 아침을 먹을 때라고 생각해.	
сшивáть-сшить	싀이바치-싀이치	동 꿰매어 연결하다, 바느질하여 잇다, 이어 붙이다, 봉합하다

	Ему́ нра́вилось пока́зывать шра́мы и расска́зывать, как врачи́ сшива́ли его́ те́ло.	
	그는 흉터를 보여주면서 의사들이 그의 몸을 어떻게 봉합했는지를 이야기하는 것을 좋아했다.	
съезжа́ть-съе́хать	스예즈자치-스예하치	동 흘러내리다, 미끄러지다, 비뚤어지다, 이사 가다
	Плато́к у неё съе́хал с головы́, упа́л на пол.	
	그녀의 손수건이 머리에서 미끄러져서 바닥으로 떨어졌다.	
сы́воротка, се́рум, эссе́нция	스바롵까, 세룸, 에센찌야	명 에센스, 세럼
сын (⑳сыновья́)	쉰 (스나비야)	명 아들
сыр	스르	명 치즈
сыро́й	스로이	형 습기 있는, 축축한, 생것의, 날것의
сы́тый	스띠	형 배부른, 풍부한

Т

табле́тка	따블례뜨까	명 정제, 알약
табли́ца	따블리짜	명 표, 도표, 일람표
табло́	따블로	명 전광판, 알림판
таз	따스	명 골반
та́йна	따이나	명 기밀, 비밀
так	딱	부 그렇게, 그만큼// 접 그러므로, 그래서
такси́	딱시	명 택시
тала́нт	딸란뜨	명 재능, 재주
та́лия	딸리야	명 허리
там	땀	부 거기에, 그곳에
тамо́жня	따모즈냐	명 세관
танцева́ть-станцева́ть	딴쯰바치-스딴쯰바치	동 춤추다

Я танцу́ю вальс под э́ту му́зыку.
나는 이 음악을 틀어놓고 왈츠를 춘다.

та́почки	따빠츠끼	명 슬리퍼
тарака́н	따라깐	명 바퀴벌레
таре́лка	따롈까	명 접시

твёрдое тело	뜨뵤르다예 쩰라	명 고체
театр	찌아트르	명 극장, 공연장
текст	쩩스트	명 텍스트, 본문, 가사
телевизио́нный кана́л	찔리비지온늬 까날	명 TV 채널
телеви́зор	찔리비저르	명 텔레비전
теле́жка	찔례시까	명 손수레, 쇼핑 카트
телезри́тель ⓜ	찔리즈리쩰	명 시청자
телепереда́ча	쩰례뻬리다차	명 텔레비전 방송
телепрогра́мма	찔리쁘라그람마	명 TV 프로그램
телесериа́л	찔리시리알	명 드라마, 연속극
телефо́н	찔리폰	명 전화기
	Сего́дня ве́чером я тебе́ позвоню́ по телефо́ну. 오늘 저녁 내가 너에게 전화할게.	
те́ло	쩰라	명 몸, 신체
те́ма, предме́т разгово́ра	쩨마, 쁘릳몥 라즈가보라	명 화제, 이야깃거리
тёмно-си́ний	쫌나-시니	형 진한 파란색의
тёмный	쫌늬	형 어두운, 컴컴한
те́ни для век	쩨니 들랴 볙	명 아이섀도
те́ннис	떼니스	명 테니스

те́ло 쪨라 몸, 신체

головна́я часть / голова́ 갈라브나야 차스찌 / 갈라바 머리

ше́я 세야 목

плечо́ 쁠리초 어깨

рука́(ру́ки) 루까(루끼) 팔

грудь ⨍ 그루찌 가슴

живо́т 직보트 배

пупо́к 뿌뽁 배꼽

па́лец на руке́ 빨례쯔 나 루께 손가락

таз 따스 골반

нога́ (⨍ но́ги) 나가(노기) 다리

коле́но (⨍ коле́ни) 깔례나(깔례니) 무릎

лоды́жка, щи́колотка 라딕쉬까, 시깔롵까 발목, 복사뼈

та́лия 딸리야 허리

бедро́ (⨍ бёдра) 비드로(뵤드라) 허벅지

го́лень ⨍ 골린 종아리

большо́й па́лец 발쇼이 빨례쯔 엄지, 엄지손가락

указа́тельный па́лец 우까자쪨늬 빨례쯔 인지, 집게손가락

сре́дний па́лец 스례드니 빨례쯔 중지, 가운뎃손가락

безымя́нный па́лец 볘직만늬 빨례쯔 약지, 넷째손가락

мизи́нец 미지녜쯔 소지, 새끼손가락

тепло́	찌쁠로	몡 열, 따스함
тёплый	쬬쁠릐	혱 따뜻한, 따스한
терапевти́ческое отделе́ние	찌라삗찌체스까예 앋질레니예	몡 내과
тёрка	쬬르까	몡 채칼, 강판
терпели́вый	찌르삘리븨	혱 참을성 있는, 인내심 있는
террито́рия	찌리또리야	몡 국토, 영토, 구역, 지역
теря́ть-потеря́ть	찌랴치-빠찌랴치	동 잃다, 상실하다

Гла́вное — идти́ вперёд и не теря́ть равнове́сия.

중요한 것은 앞으로 나아가며 균형을 잃지 않는 것이다.

тесть ⓜ	쩨스치	몡 장인(丈人)
тетра́дь ⓕ	찓라치	몡 공책, 노트
тётя	쬬쨔	몡 고모, 이모, 아주머니
тёща	쬬샤	몡 장모
тигр	찌그르	몡 호랑이
това́р	따바르	몡 상품
толка́ть-толкну́ть	딸까치-딸끄누치	동 밀다, 밀치다, 떠밀다, 밀어 넣다, 밀듯이 앞으로 던지다

	Он толка́л меня́ в бок кулака́ми, хло́пал свое́й широ́кой ладо́нью по плечу́. 그는 주먹으로 내 옆구리를 툭툭 치고 자신의 넓은 손바닥으로 어깨를 두드렸다.	
то́лстая кишка́ (то́лстый кише́чник)	똘스따야 끼시까 (똘스띠 끼세치닉)	명 대장(大腸)
то́лстый	똘스띠	형 뚱뚱한, 두꺼운
толщина́	딸시나	명 두께
то́лько	똘까	부 오직, 뿐, 만, 다만
то́лько что	똘까 시또	부 방금, 금방, 갓
тон	톤	명 색조, 어조, 음조
тона́льный крем	따날늬 끄렘	명 파운데이션
тона́льный крем-кушон	따날늬 끄렘-꾸숀	명 쿠션 파운데이션
то́ник, то́нер	또늭, 또네르	명 스킨(화장품)
то́нкая кишка́ (то́нкий кише́чник)	똔까야 끼시까 (똔끼 끼세치닉)	명 소장(小腸)
то́нна	똔나	명 톤(t)
топа́з	따빠스	명 토파즈, 황옥
то́поль ⓜ	또빨	명 포플러, 미루나무
топо́р	따뽀르	명 도끼

торго́вая ма́рка, бренд, торго́вый знак	따르고바야 마르까, 브렌드, 따르고비 즈낙	명 상표, 브랜드
торго́вля	따르고블랴	명 상업, 교역, 무역
торго́вый центр	따르고비 쩬트르	명 쇼핑몰
торго́вый центр, универма́г	따르고비 쩬트르, 우니비르막	명 백화점, 쇼핑센터
то́рмоз	또르마스	명 브레이크
торопи́ть-поторопи́ть	따라삐치-뻐따라삐치	동 재촉하다, 독촉하다, 촉구하다

Пойдёмте быстре́е, она́ о́чень проси́ла поторопи́ть вас.

더 빨리 갑시다, 그녀가 당신을 재촉하라고 간곡히 부탁했어요.

торт	또르트	명 케이크
тоскли́вый	따스골리비	형 우울한, 쓸쓸한
тост	또스트	명 축배, 건배
то́чный	또치늬	형 정확한, 정밀한
тошни́ть	따시니치	동 메슥거리다, 구역질하다, 역겨워하다

Её тошни́ло от за́паха еды́.

그녀는 음식 냄새 때문에 속이 메슥거렸다.

траге́дия	뜨라게지야	명 비극, 불행
трампли́н	뜨람쁠린	명 도약대, 도약판, 다이빙대

трансля́ция	뜨란슬랴찌야	명 전송
тра́нспорт	뜨란스뽀르뜨	명 교통, 교통수단
тра́нспортное сре́дство	뜨란스빠르뜨나예 스롙스뜨바	명 교통수단
тра́тить-потра́тить	뜨라찌치-빠뜨라찌치	동 쓰다, 소비하다, 낭비하다

Расхо́ды на́до сокраща́ть. По́пусту — ни копе́йки не тра́тить.

지출을 줄여야 해. 1 코페이카도 헛되이 낭비하면 안 돼.

тре́бовать-потре́бовать	뜨레바바치-빠뜨레바바치	동 요구하다, ~하게 하다

За како́й това́р мо́жно тре́бовать возвра́та де́нег.

그런 상품에 대해서는 환불을 요구할 수 있다.

тренажёр-велосипе́д	뜨리나조르-벨라시뻴	명 사이클론
тре́нер	뜨레녜르	명 트레이너, 코치, 감독

футбо́льный тре́нер

축구 감독

тренирова́ться-натренирова́ться	뜨리니라바짜-나뜨리니라바짜	동 훈련하다, 연습하다

Эден Аза́р усе́рдно трениру́ется пе́ред воскре́сным ма́тчем.

에덴 아자르는 일요일 경기를 앞두고 열심히 훈련하고 있다.

трениро́вка	뜨레니룙까	명 훈련, 연습
тренч, плащ, тренчко́т	뜨렌치, 쁠라시, 뜨렌치꼳	명 트렌치코트

треска́	뜨리스까	몡 대구
треуго́льник	뜨리우골늬ㄱ	몡 삼각형
треуго́льные отноше́ния	뜨리우골늬예 알나셰니야	몡 삼각관계
три́ллер	뜨릴레르	몡 스릴러(장르)
трипи́така	뜨리삐따까	몡 불경, 법장(法藏)
тро́гаться-тро́нуться	뜨로가짜-뜨로누짜	동 움직이다, 출발하다, 떠나가다

Как то́лько автомоби́ль тро́нулся с ме́ста, заигра́л моби́льный телефо́н.

자동차가 출발하자마자 휴대전화가 울렸다.

тро́гать-тро́нуть	뜨로가치-뜨로누치	동 건드리다, 대다, 닿다, 감동하게 하다

Ни за́суха, ни градоби́тие не тро́нут урожа́й!

가뭄도, 우박이 쏟아져도 수확을 건드리지 못할 거야!

тромбо́н	뜨람본	몡 트롬본
тростни́к	뜨라스늬ㄱ	몡 갈대
тротуа́р	뜨라뚜아르	몡 인도, 보도
труба́	뜨루바	몡 트럼펫
труба́ч	뜨루바치	몡 트럼펫 연주자
тру́бочка	뜨루바치까	몡 빨대
труд	뜨룻	몡 노동, 일

труди́ться	뜨루지짜	동 일하다, 수고하다, 노동하다
	Никто́ без де́ла не сиди́т, все тру́димся! 아무도 일 없이 앉아 있지 않아요, 모두가 일합니다!	
тру́дный	트룯늬	형 어려운, 힘든
трудолюби́вый	뜨루다류비븨	형 부지런한, 근면한
трусли́вый	뜨루슬리븨	형 겁이 많은, 소심한
трусы́	뜨루싀	명 팬티
тря́пка	뜨랴쁘까	명 걸레
туале́т	뚜알롙	명 화장실
туале́тная бума́га	뚜알롙나야 부마가	명 화장지
туале́тное мы́ло	뚜알롙나예 믤라	명 세숫비누, 화장비누
туале́тный сто́лик	뚜알롙늬 스똘릭	명 화장대, 경대
туго́й	뚜고이	형 팽팽한, 단단한, 조이는
ту́ловище	뚜가비셰	명 몸통, 몸체, 몸
тума́н	뚜만	명 안개
тума́нный	뚜만늬	형 안개 낀, 뿌연
ту́мбочка	뚬바치까	명 협탁
туне́ц	뚜녜쯔	명 참치
тупо́й	뚜뽀이	형 무딘, 뭉툭한, 둔한, 멍청한

турагéнтство	뚜라겐스뜨바	명 여행사
турúзм	뚜리즘	명 관광
турúст	뚜리스트	명 관광객, 여행객
туристúческий маршрýт	뚜리스찌체스끼 마르시룉	명 관광 코스
турникéт	뚜르니꼍	명 개찰구
тут	뚵	부 여기에, 이때, 이 경우에
тýфли	뚜플리	명 구두
тýфли на высóком каблукé	뚜플리 나 븨소깜 까블루꼐	명 하이힐
тушь⊘ для реснúц	뚜시 들랴 리스니쯔	명 마스카라
ты	띄	대 너
тýква	띄바	명 늙은 호박
тýльная сторонá ладóни	띌나야 스터라나 라도니	명 손등
тýсяча	띄시차	수 1000, 천
	дéсять тýсяч 1만	
тюльпáн	쭐빤	명 튤립
тяжёлый	찌졸리	형 무거운, 힘든, 괴로운

ТЯНУ́ТЬСЯ

찌누짜

동 늘어나다, 뻗다,
뻗치다, 이어지다,
퍼져 나가다

До́лгие мину́ты тяну́лись в тишине́, пре́жде чем звук возни́к опя́ть.

소리가 다시 발생하기 전에 오랫동안 침묵이 이어졌다.

О
П
Р
С
Т
У
Ф
Х
Ц
Ч
Ш
Щ
Ъ

у

убега́ть-убежа́ть

우비가치-우비자치

동 도망가다,
달아나다,
벗어나다,
서둘러 나가다

Тот, кто бе́гает от себя́, далеко́ убежа́ть не мо́жет.

자신에게서 벗어나고자 하는 자는 멀리 달아날 수 없다.

убежда́ться-убеди́ться

우비즈다짜-우비지짜

동 확신하다,
자신하다,
굳게 믿다

Пока́ мы о́ба мо́лча ожида́ли А́сю, я убеди́лся оконча́тельно в необходи́мости разлу́ки.

우리 둘이 묵묵히 아샤를 기다리고 있을 때 나는 이별을 피할 수 없음을 확실히 확신하게 되었다.

убежда́ть-убеди́ть

우비즈다치-우비지치

동 설득하다,
확신시키다,
이해시키다

Вот и меня́ у́мными слова́ми жена́ убеди́ла присоедини́ться к ним.

아내는 그들과 합류하도록 현명한 말로 나를 설득했다.

убива́ть-уби́ть

우비바치-우비치

동 죽이다, 없애다,
박멸하다

На охо́те он уби́л двух у́ток.

그는 사냥에서 오리 두 마리를 죽였다.

убира́ть-убра́ть

우비라치-우브라치

동 치우다, 제거하다,
거두다, 수확하다

Взяв ве́ник, она́ приняла́сь убира́ть ку́хню.

빗자루를 쥐고서 그녀는 부엌을 치우기 시작했다.

убо́рка	우보르까	명 청소, 정돈, 수확, 수확기
уважа́ть	우바자치	동 존중하다, 존경하다, 귀히 여기다

На́до уважа́ть чу́вства бли́зких.

가까운 이들의 감정을 존중해야 한다.

увели́чиваться-увели́читься	우빌리치바짜-우빌리치짜	동 늘어나다, 늘다, 증가하다, 증대하다, 확장되다

Семья́ увели́чилась на два челове́ка.

식구가 두 명 늘었다.

увели́чивать-увели́чить	우빌리치바치-우빌리치치	동 증대하다, 늘이다, 늘리다, 확장하다, 높이다, 향상하다

Царь приказа́л увели́чить число́ рабо́тающих на возведе́нии своего́ за́мка до шести́ ты́сяч челове́к.

차르는 자신의 성을 건설하는 노동자 수를 6천 명까지 늘리라고 명했다.

уверя́ть-уве́рить	우비랴치-우베리치	동 확신시키다, 설득하다, 믿도록 만들다

Ничто́ не могло́ уве́рить больно́го в необходи́мости опера́ции.

그 무엇도 환자가 수술을 받도록 설득하지 못했다.

увлажни́тель во́здуха ⓜ	우블라즈니쩰 보즈두하	명 가습기
увлажня́ющий крем	우블라즈냐유시이 끄롐	명 보습 크림

увлека́ться-увле́чься	우블리까짜-우블레치샤	동 열중하다, 몰두하다, 빠지다, 취미로 두다.

Со студе́нческих лет в Москве́ я увлека́юсь теа́тром.

모스크바 대학 시절부터 나는 극장에 다니는 취미가 있다.

увлече́ние	우블리체니예	명 감흥, 몰두, 열중, 열의, 취미

уводи́ть-увести́	우바지치-우비스찌	동 데려가다, 끌고 가다, 유괴하다, 훔쳐가다

По́сле чаепи́тия Фёдор увёл нас в свой кабине́т.

차를 마신 다음 표도르가 우리를 자기 서재로 데려갔다.

увози́ть-увезти́	우바지치-우비스찌	동 교통수단에 태워서 데려가다, 가져가다, 훔쳐가다

В сентябре́ Ва́рвара увезла́ своего́ му́жа в Петербу́рг.

9월에 바르바라는 자기 남편을 페테르부르크로 데려갔다.

угожда́ть-угоди́ть	우가즈다치-우가지치	동 기대를 만족시키다, 기쁘게 하다, 던져서 맞히다, 명중하다, 제때 도착하다

Ни оди́н ли́дер ещё никогда́ не смог угоди́ть всем.

어떤 지도자도 모두를 만족시킨 적은 없었다.

у́голь ⓜ	우갈	명 석탄

у́горь ⓜ	우가리	명 장어

угро́за	우그로자	명 위협, 협박, 위험, 위급 상황

удава́ться- уда́ться	우다바짜-우다짜	동 성공적으로 마무리 되다, 잘 치러지다, 무사히 끝나다, 할 수 있다(무인칭)
	Сва́дьба удала́сь! 결혼식이 성공적으로 치러졌다!	
удалённый	우달룐늬	형 원거리의, 원격의
	удалённый рабо́чий стол 원격 데스크톱	
уда́рник, бараба́нщик	우다르닉, 바라반시익	명 드러머, 드럼 연주자
ударя́ть-уда́рить	우다랴치-우다리치	동 치다, 때리다, 타격을 주다
	Она́ со всей си́лы уда́рила меня́ по щеке́. 그녀는 있는 힘을 다해 내 뺨을 때렸다.	
уда́ча	우다차	명 행운, 성공
уде́рживаться- удержа́ться	우졔르즤바짜- 우졔르자짜	동 버티다, 지탱하다, 참고 견디다
	Она́ не смогла́ удержа́ться у вла́сти до конца́ своего́ президе́нтского сро́ка, лиши́вшись до́лжности президе́нта в результа́те импи́чмента. 그녀는 탄핵을 당하여 대통령직을 잃고서 임기를 끝까지 채우지 못했다.	
уде́рживать- удержа́ть	우졔르즤바치- 우졔르자치	동 받치다, 지탱하다, 저지하다
	Коле́ни ослабе́ли, едва́ удава́лось удержа́ть равнове́сие. 무릎이 약해져서 간신히 균형을 유지할 수 있었다.	

удиви́тельный	우지비쩰늬	형 **놀라운, 굉장한, 놀랄 만한**
удивля́ться-удиви́ться	우지블랴짜-우지비짜	동 **놀라다, 감탄하다**

Она́ удиви́лась тако́му вопро́су.

그녀는 그런 질문에 놀랐다.

удивля́ть-удиви́ть	우지블랴치-우지비치	동 **놀라게 하다**

Он ещё удиви́т отца́, пока́жет хара́ктер!

그는 또 아버지를 놀라게 할 거야, 성질을 보여주겠지!

удовлетворённый	우다블리쯔바룐늬	형 **만족스러운, 만족한, 실행된**
удово́льствие	우다볼스쯔비예	명 **만족, 즐거움**
у́дочка	우다치까	명 **낚싯대, 낚시 도구**
уезжа́ть-уе́хать	우예즈자치-우예하치	동 **(차를 타고) 떠나다, 출발하다**

Вот и маши́на уже́ уе́хала, а он всё стои́т и смо́трит.

그렇게 차는 이미 떠났지만, 그는 계속 서서 바라본다.

уже́	우제	부 **이미, 벌써**
у́жин	우진	명 **저녁밥**
у́жинать-поу́жинать	우즤나치-빠우즤나치	동 **저녁밥을 먹다**

Я обы́чно у́жинаю до́ма.

나는 보통 집에서 저녁을 먹는다.

у́зкий	우즈끼	형 **좁은**
узнава́ть-узна́ть	우즈나바치-우즈나치	동 **알아보다, 밝혀내다**

	Он хоте́л узна́ть о ней бо́льше. 그는 그녀에 관해 더 알고 싶었다.	
уик-энд, коне́ц неде́ли	우이켄드, 까녜츠 니졜리	명 **주말**
ука́зывать- указа́ть	우까즤바치-우까자치	동 **가리키다, 지시하다, 지적하다, 표시하다, 적다**
	Свиде́тель указа́л на отца́ э́того молодо́го челове́ка, и его́ арестова́ли. 목격자가 이 청년의 아버지를 가리키자 그는 체포되었다.	
ука́лывать- уколо́ть	우깔리바치-우깔로치	동 **찌르다, 주사 놓다, 꽂다, 쑤시다, 따다**
	Вы не зна́ете, в како́й па́лец на́до уколо́ть от несваре́ния? 소화가 안 될 때는 어느 손가락을 따야 하는지 당신은 아시 나요?	
уко́л, инъе́кция	우꼴, 인옉찌야	명 **주사, 주사액**
	Для того́, чтоб пра́вильно сде́лать уко́л, сле́дует знать в каку́ю часть я́годицы его́ ста́вить. 올바르게 주사를 놓기 위해서는 엉덩이가 어느 부분에 주사 를 꽂아야 하는지 알아야 한다.	
украше́ние	우끄라세니예	명 **장신구, 액세서리**
у́ксус	욱수스	명 **식초**
улета́ть-улете́ть	울리따치-울리쩨치	동 **(비행기를 타고) 떠 나다, 날아가다**
	Муж вчера́ улете́л, но он ско́ро вернётся. 남편은 어제 비행기를 타고 떠났어요. 하지만 그는 곧 돌아 올 겁니다.	

у́лица	울리짜	명 거리, 바깥
у́лица с односторо́нним движе́нием	울리짜 사드나스따론님 드비제니옘	명 일방통행로
у́личный фона́рь	울리치늬 파나리	명 가로등
улучша́ться-улу́чшиться	울루차짜-울루치짜	동 나아지다, 향상되다, 개선되다

Улу́чшилось ка́чество проду́кции.

제품의 품질이 개선되었다.

улучша́ть-улу́чшить	울루챠치-울루치치	동 향상하다, 나아지게 하다, 높이다

Что́бы улу́чшить своё настрое́ние, мы окуну́лись в мо́ре и вско́ре забы́ли о свои́х неприя́тностях.

기분을 나아지게 하려고 우리는 바다로 뛰어들었고 나쁜 일들은 곧 잊어버렸다.

улыба́ться-улыбну́ться	울리바짜-울립누짜	동 미소 짓다, 소리 없이 웃다

Встреча́ясь, они́ улыба́лись друг дру́гу.

만났을 때 그들은 서로에게 미소를 지었다.

улы́бка	울립까	명 미소, 빙긋이 웃음
ум	움	명 두뇌, 머리, 지혜
уменьша́ться-уме́ньшиться	우민샤짜-우몐싀짜	동 줄다, 줄어들다, 약해지다, 감소하다, 축소하다

	Расхо́ды уме́ньшились в полтора́ ра́за.	
	비용이 1.5배 줄었다.	
уменьша́ть-уме́ньшить	우민샤치-우몐싀치	동 줄이다, 축소하다, 감소하다, 완화하다
	Хоро́шее пита́ние помо́жет вам уме́ньшить напряжённость.	
	올바른 영양 섭취는 긴장 완화에 도움이 될 것이다.	
уме́ть	우몌치	동 할 줄 알다, ~할 능력이 있다
	Я уме́ю пла́вать.	
	나는 수영할 줄 안다.	
умира́ть-умере́ть	우미라치-우미례치	동 죽다
	И е́сли я умру́ на бе́лом све́те, то я умру́ от сча́стья, что живу́.	
	내가 만약 이 세상에서 죽는다면, 그것은 내가 살아 있다는 행복에 겨워 죽는 것이다.	
умноже́ние	움나제니예	명 곱셈
умоля́ть-умоли́ть	우말랴치-우말리치	동 빌다, 간청하다
	Я умоля́ю тебя́.	
	네게 간절히 부탁해.	
умудря́ться-умудри́ться	우무드랴짜-우무드리짜	동 용케 ~하다, 고안하다
	Она́ каки́м-то о́бразом умудри́лась сбере́чь ко́е-что из жа́лованья му́жа и купи́ть ста́ренький дом.	
	그녀는 남편의 봉급에서 뭔가를 어떤 식으로든 용케 저축하여 낡은 집을 살 수 있었다.	
умыва́ться-умы́ться	우믜바짜-우믜짜	동 세수하다

	Я давно́ умыва́юсь мы́лом.	
	나는 오래전부터 비누로 세수한다.	
университе́т	우니베르시쩨뜨	명 대학교
унита́з	우니따스	명 변기
уны́лый	우닐리	형 침울한, 쓸쓸한
употребля́ть-употреби́ть	우빠뜨리블랴치-우빠뜨리비치	동 사용하다, 소비하다, 이용하다
упражне́ние	우쁘라즈녜니예	명 연습, 연습문제
упражня́ть	우쁘라즈냐치	동 훈련하다, 익히도록 하다
	Он ежедне́вно упражня́л свой ум и был откры́т для всего́ но́вого.	
	그는 매일 자신의 두뇌를 훈련했고 모든 새로운 것에 열린 태도를 보였다.	
урага́н	우라간	명 태풍, 폭풍
урожа́й	우라자이	명 수확, 소출, 수확량
уро́к	우록	명 수업, 수업 시간, 숙제
урологи́ческое отделе́ние	우랄라기치스꺼예 앋질례니예	명 비뇨기과
усва́ивать-усво́ить	우스바이바치-우스보이치	동 습득하다, 소화하다, 자기 것으로 만들다
ускори́тель ⓜ, **акселера́тор**	우스까리쪨, 악실리라떠르	명 가속장치, 액셀, 액셀러레이터
усну́ть	우스누치	동 잠들다, 영면하다

	Посиде́в в недоуме́нии, я сно́ва легла́ и попыта́лась усну́ть.	
	망설임 속에서 앉아 있다가 나는 다시 누웠고 잠들려고 애썼다.	
успева́ть-успе́ть	우스삐바치-우스뻬치	동 제시간에 ~하다, 때에 맞춰 ~하다, ~할 시간이 있다// 공부를 잘 따라가다
	Конце́рт зако́нчился в 23:45, мы едва́ успе́ли на метро́.	
	콘서트는 23:45에 끝났고 우리는 간신히 지하철을 탈 수 있었다.	
успе́х	우스뻬흐	명 성공, 성과
успе́шный	우스뻬시늬	형 성공적인, 좋은 결과의
успока́иваться-успоко́иться	우스빠까이바짜-우스빠꼬이짜	동 안심하다, 마음을 놓다, 안정되다
	Е́сли всё вы́яснится, мо́жет быть, ма́льчик наконе́ц успоко́ится?	
	만약 모든 것이 밝혀지면, 그렇다면 소년이 결국 안심하게 될까요?	
успока́ивать-успоко́ить	우스빠까이바치-우스빠꼬이치	동 달래주다, 안심시키다, 진정하다, 가라앉히다
	Э́то помо́жет вам успоко́ить бе́шеное сердцебие́ние.	
	이것은 당신의 맹렬한 심장박동을 가라앉히는 데 도움이 될 겁니다.	
успока́ивающее сре́дство	우스빠까이바유시예 스롓스뜨바	명 진정제
устава́ть-уста́ть	우스따바치-우스따치	동 지치다, 피곤하다, 기운이 빠지다, 피로하다

О П Р С Т У Ф Х Ц Ч Ш Щ Ъ

	Я уста́ла ждать отве́та. 나는 대답을 기다리기 지쳤다.	
уста́лый	우스딸릐	혱 피곤한, 피로에 지친
устра́иваться- **устро́иться**	우스뜨라이바짜- 우스뜨로이짜	동 정리되다, 조직되다, 자리를 잡다, 취직하다
	Как устро́иться на хоро́шую рабо́ту? 좋은 직장을 얻는 방법은?	
устра́ивать- **устро́ить**	우스뜨라이바치- 우스뜨로이치	동 짓다, 만들다, 세우다, 조직하다, 꾸리다
	Э́ту ко́мнату мой муж наро́чно устро́ил для послеобе́денных о́тдыхов. 이 방은 내 남편이 밥 먹은 후 쉬려고 일부러 만들었다.	
у́стрица	우스뜨리짜	몡 굴(조개류)
уступа́ть- **уступи́ть**	우스뚜빠치- 우스뚜삐치	동 양보하다, 복종하다, 뒤떨어지다
	Ната́ша уступи́ла На́сте и Мари́не свою́ крова́ть, а себе́ постели́ла на дива́не. 나타샤는 나스쨔와 마리나에게 침대를 양보하고 소파에 자기 이부자리를 폈다.	
усы́	우싀	몡 콧수염
у́тка	웉까	몡 오리
у́тро	우뜨라	몡 아침, 오전
у́тром	우뜨람	틧 아침에, 오전에

утю́г	우쯙	몡 다리미
у́хо (⑳**у́ши**)	우하 (우시)	몡 귀
ухо́д за ко́жей	우홑 자 꼬즤이	몡 스킨케어, 피부 관리
уходи́ть-уйти́	우하지치-우이찌	동 나가다, 떠나다, 그만두다
уча́ствовать	우차스쯔바바치	동 참석하다, 참가하다, 참여하다
	Кто бу́дет уча́ствовать в соревнова́ниях? 누가 대회에 참가합니까?	
уча́стие	우차스찌예	몡 참석, 참여, 참가, 관여
участко́вый	우치스트꼬븨	형 구역 담당의 몡 구역 담당자
	участко́вый врач 구역 담당 의사	
уча́сток	우차스떡	몡 구역
уче́бник	우체브닉	몡 교과서
учёный	우쵼늬	형 박식한, 해박한// 몡 학자
учётная за́пись по́льзователя	우쵵나야 자삐시 뽈자바쪨랴	몡 사용자 계정
учи́тель (⑳**учи́тельница**)	우치쪨 (우치쪨니짜)	몡 선생님, 교사
	учи́тель матема́тики 수학 선생님	
учи́ть-научи́ть/ вы́учить	우치치-나우치치/ 븨우치치	동 공부하다, 습득하다, 배우다, ~에게 ~을 가르치다

Моя́ мать учи́ла меня́ не брать на у́лице у незнако́мых люде́й конфе́тки.

나의 어머니는 길에서 모르는 사람들이 주는 사탕을 받지 말라고 내게 가르쳤다.

| учи́ться-
вы́учиться/
научи́ться | 우치짜-븨우찌차/
나우치짜 | 동 배우다, 공부하다,
습득하다 |

Я учу́ ру́сский язы́к, потому́ что я живу́ и учу́сь в Москве́.

나는 러시아어를 배운다, 왜냐하면 나는 모스크바에서 살면서 공부하기 때문이다.

Ф

факси́миле, факс	팍시밀례, 팍스	명 팩시밀리, 팩스
фа́ктор	팍따르	명 요소, 인자, 요인
факульте́т	파꿀쩰	명 학부, 분과
фальши́вка	팔싶까	명 위조문서
фанта́зия	판따지야	명 공상, 환상, 꾸며낸 이야기
фанта́стика	판따스찌까	명 공상 과학 영화
фа́ра	파라	명 헤드라이트
фармаце́вт	파르마쩹트	명 약사
фаса́д	파샅	명 정면, 전면
фасо́ль ⑰	파솔	명 강낭콩
фасо́н	파손	명 형태, 모양
фаст-фуд	파스트 푸드	명 패스트푸드
феми́дом	페미돔	명 페미돔
фен	펜	명 헤어드라이어
фе́рмер, крестья́нин	뻬르몌르, 끄리스찌야닌	명 농부
фиа́лка	삐알까	명 제비꽃
фи́га, инжи́р	피가, 인지리	명 무화과

фигу́ра	피구라	몡 형태, 형상, 몸매, 도형
фи́зика	피지까	몡 물리학
физиологи́ческий раство́р	피지알라기체스끼 라스뜨보르	몡 생리식염수
физкульту́ра	피스꿀뚜라	몡 체육
фи́лин	필린	몡 수리부엉이
филосо́фия	필라소피야	몡 철학
фильм	필름	몡 필름, 영화
фильм у́жасов	필름 우자샆	몡 공포영화
фи́ник	피닉	몡 대추
фиоле́товый	피알례따비	혱 보라색의
фи́рма	피르마	몡 회사, 상사
фи́рменный	피르멘니	혱 특제품의, 특산품의, 회사의, 훌륭한, 잘 만든, 특제

Моя́ жена́ сде́лает для госте́й свой фи́рменный торт.

내 아내는 손님들을 위해 자신의 특제 케이크를 만들 것이다.

фи́тнес	핃니스	몡 헬스
фи́тнес-клуб	핃니스-끌룹	몡 헬스클럽
флако́н	플라꼰	몡 작은 병, 약병
фойе́, вестибю́ль⒨	파이예, 비스찌뷸	몡 현관, 로비
форе́ль⒡	파롈	몡 송어

форзи́ция	빠르지찌야	명 개나리
формули́ровать-сформули́ровать	파르물리라바치-스빠르물리라바치	동 공식화하다, 말로 표현하다

Проанализи́руйте их де́ятельность и пи́сьменно сформули́руйте причи́ны их успе́ха.

그들의 활동을 분석하세요. 그리고 그들의 성공 원인을 글로 표현해 보세요.

фотоаппара́т	파따아빠랕	명 사진기, 카메라
фотографи́ровать-сфотографи́ровать	파따그라피라바치-스빠따그라피라바치	동 사진 찍다, 촬영하다

Я люблю́ фотографи́ровать пожилы́х люде́й.

나는 노인들의 사진을 찍는 것을 좋아한다.

фотографи́роваться-сфотографи́роваться	파따그라피라바짜-스빠따그라피라바짜	동 서로 사진 찍다, 서로 촬영하다

Дава́й вме́сте сфотографи́руемся!

같이 사진 찍자!

фотогра́фия	파따그라피야	명 사진
фрила́нсер	프릴란셰르	명 프리랜서, 자유직 종사자
фрукт	프룩뜨	명 과일
фунду́к	푼둑	명 개암, 헤이즐넛
фунчо́за	푼초자	명 당면, 잡채
фуру́нкул	푸룬꿀	명 부스럼, 종기
футбо́л	푿볼	명 축구
футбо́лка	푿볼까	명 티셔츠

фрукт 프룩뜨 과일

я́блоко 야블라까 사과

гру́ша 그루사 배

пе́рсик 뻬르씩 복숭아

клубни́ка 끌룹니까 딸기

виногра́д 비나그랕 포도

арбу́з 아르부스 수박

мандари́н 만다린 귤

апельси́н 아뻴씬 오렌지

лимо́н 리몬 레몬

бана́н 바난 바나나

анана́с 아나나스 파인애플

ды́ня 디냐 멜론

киви 키비 키위

ма́нго 만고 망고

хурма́ 만고 감

фи́га / инжи́р 피가 / 인쥐르 무화과

сли́ва 슬리바 자두

абрико́с 아브리꼬스 살구

X

хара́ктер	하락쩨르	몡 성격, 성질
хари́зма	허리즈마	몡 카리스마
хва́стать, хва́статься- похва́statься	흐바스따치, 흐바스따짜- 빠흐바스따짜	동 자랑하다, 뽐내다, 뻐기다

Поро́й мы зави́дуем по́льзователям, кото́рые хва́стаются в социа́льных сетя́х свои́м благополу́чием.

우리는 소셜 네트워크에 자신의 행복을 자랑하는 사용자들을 때때로 부러워한다.

хвата́ть-хвати́ть	흐바따치-흐바찌치	동 붙잡다, 잡다(타동사)// 충분하다, 넉넉하다(자동사)

В том гараже́ хва́тит ме́ста для двух автомоби́лей.

그 차고에는 차 두 대를 둘 자리가 충분하다.

хво́йное де́рево	흐보인나예 졔리바	몡 침엽수
хвост	흐보스뜨	몡 꼬리
хи́мия	히미야	몡 화학
хирома́нтия	히라만찌야	몡 손금 보기
хирурги́ческое отделе́ние	히루르기치스까예 앋질례니예	몡 외과
хладнокро́вный	흘랃나끄로브늬	혱 냉정한, 냉담한

хлам	흘람	명 폐품, 잡동사니
хлеб	흘롑	명 흑빵, 빵
хо́бби	호비	명 취미, 마음이 끌리는 일
ходи́ть-сходи́ть	하지찌-스하지찌	동 다니다, 다녀오다, 갔다 오다, 걸어서 돌아다니다, 입고 다니다

Ходи́ть в теа́тр для меня́ так же есте́ственно, как дыша́ть.

내게 있어 극장에 가는 것은 숨 쉬는 것만큼 자연스러운 일이다.

Куда́ сходи́ть в Москве́ сего́дня?

모스크바에서 오늘 다녀올 만한 곳이 있을까?

ходунки́	하둔끼	명 보행기
хозя́ин (⑦хозя́йка)	하쟈인 (하쟈이까)	명 주인
хокке́й	하꼐이	명 하키
холм, со́пка	홀름, 숲까	명 언덕, 구릉
холоди́льник	할라질닉	명 냉장고, 냉장실
холо́дный	할롣늬	형 추운, 차가운
хомя́к	하먁	명 햄스터
хорони́ть-похорони́ть	하라니치-뻐하라니치	동 장례를 치르다, 매장하다

Похорони́ли ма́му ря́дом с па́пой.

엄마를 아빠 옆에 묻어드렸다.

| хоро́ший | 하로싀 | 형 좋은, 훌륭한 |

хорошо́	하라쇼	男 잘, 좋게, 述 훌륭하게//좋다
хоте́ть	하쪠치	動 원하다, 바라다, ~하려고 하다

Она́ хоте́ла пу́кнуть незаме́тно.

그녀는 눈치채지 못하게 방귀를 뀌고 싶었다.

хоте́ться- захоте́ться	하쪠짜-자하쪠짜	動 (무인칭) 하고 싶다

Несмотря́ на то, что я мно́го спала́, мне сно́ва захоте́лось спать.

나는 잠을 많이 잤지만, 그래도 다시 자고 싶었다.

хра́брый	흐라브리	形 과감한, 용맹스러운
храм	흐람	名 전당, 사원
храни́ть	흐라니치	動 지키다, 보관하다, 보존하다

Молодо́й челове́к по-пре́жнему храни́л молча́ние.

청년은 예전과 마찬가지로 침묵을 지켰다.

хризанте́ма	흐리잔떼마	名 국화꽃
христиа́нство/ христиани́н	흐리스찌안스뜨바/ 흐리스찌아닌	名 기독교/기독교 신자
хруста́ль 男	흐루스딸	名 크리스털, 수정
худе́ть-похуде́ть	후졔치-빠후졔치	動 여위다, 살이 빠지다

А́ню не узна́ть, она́ похуде́ла на 10 килогра́ммов.

아뉴를 알아볼 수 없다. 그녀는 10킬로그램이 빠졌다.

худо́й	후도이	形 여윈, 마른
хурма́	후르마	名 감(과일)

Ц

цвет	쯔볫	명 색깔, 색상, 꽃
цветно́й каранда́ш	쯔빛노이 까란다시	명 색연필
цвето́к, цвет	쯔비똑, 쯔볫	명 꽃

Приснилось, что мужчина подарил вам букет цветов?
꿈에 한 남자가 당신에게 꽃다발을 선물했나요?

| целова́ть-поцелова́ть | 찔라바치-빠찔라바치 | 동 입 맞추다, 뽀뽀하다, 키스하다 |

Ма́ма поцелова́ла сы́на в щёку и обняла́ его́.
엄마가 아들의 뺨에 뽀뽀하고 안아주었다.

| целова́ться-поцелова́ться | 찔라바짜-빠찔라바짜 | 동 서로 뽀뽀하다, 입 맞추다, 키스하다 |

Отврати́тельно целова́ться с челове́ком, от кото́рого па́хнет перега́ром!
술 냄새를 풍기는 사람과 키스하는 것은 역겹다!

| цени́ть | 찌니치 | 동 가치를 인정하다, 가치를 정하다, 평가하다, 값을 매기다, 존중하다 |

Я ценю́ себя́, я ценю́ тебя́, я ценю́ весь мир.
나는 나 자신의 가치를 인정한다. 나는 너의 가치를 인정한다. 나는 전 세계의 가치를 인정한다.

цвет (⑩цвета́) 쯔벹 (쯔비타) **색, 색상, 색깔**

отте́нок 아쩨낙 색조, 색채

бе́лый 벨리 흰색

чёрный 초르늬 검은색

се́рый 쎄리 회색

жёлтый 쫄띄 노란색

бе́жевый 베제븨 베이지색

цвет слоно́вой ко́сти 쯔베트 쏠라노버이 꼬스찌 상아색

зелёный 질료늬 녹색

си́ний 씨니 파란색

тёмно-си́ний 쫌나-시니 짙은 청색

ро́зовый 로자븨 분홍색

кра́сный 끄라스늬 빨간색

фиоле́товый 피알레따븨 보라색

ора́нжевый 아란쥐븨 주황색

кори́чневый / бу́рый 까리치니븨 / 부리 갈색

серебри́стый 시리브리스띄 은색

золоти́стый 잘라찌스띄 금색

це́нник, би́рка со сто́имостью	쩬닉, 비르까 사 스또임마스찌유	명 가격표
центр	쩬트르	명 중심, 중심부, 중앙
центр го́рода, гла́вная у́лица го́рода	쩬트르 고라다, 글랍나야 울리짜 고라다	명 번화가, 중심가
центра́льный	쩬트랄늬	형 중심의, 중심부의, 주요한
центра́льный проце́ссор, ЦП	쩬뜨랄늬 쁘라쩨사르, 쩨뻬	명 중앙처리장치, CPU
цепо́чки, бу́сы, ожере́лье, колье́	찌뽀치끼, 부싀, 아지렐리예, 깔리예	명 목걸이
це́рковь ⨍	쩨르까피	명 교회, 교회당
цили́ндр	찔린드르	명 원기둥
цирк	찌르크	명 서커스
ци́фра	찌프라	명 숫자, 수

Ч

чай	차이	몡 차, 차나무, 찻잎
ча́йка	차이카	몡 갈매기
ча́йник	차이닉	몡 주전자
час	차스	몡 시, 시각
час пик	차스 삑	몡 러시아워, 붐비는 시간
ча́стный многокварти́рный дом	차스늬 므노가끄바르찌르늬 돔	몡 빌라
ча́сто	차스따	周 자주, 빈번히
ча́стый	차스띄	톙 빈번한, 자주 일어나는
ча́шка	차시까	몡 찻잔, 커피잔
	Дава́й за ча́шкой ко́фе про́сто посиди́м. 커피 한 잔 하자.	
чек	첵	몡 영수증
челове́к (⑩лю́ди)	칠라벡 (류지)	몡 사람, 인간
челове́чество	칠라베치스트바	몡 인류, 인간
червь⑩	체르피	몡 연충, 구더기
черда́к	치르닥	몡 다락

ч

че́рез	체리스	전 지나서, 후에, 통해서
че́реп	체맆	명 두개골
черепа́ха	치리빠하	명 거북
чёрная икра́	초르나야 이끄라	명 철갑상어알
черносли́в	치르나슬맆	명 서양 자두, 말린 자두
чёрный	초르늬	형 검은, 까만
чёрный хлеб	초르늬 흘렢	명 흑빵
чёртово колесо́	초르따바 깔리소	명 회전 관람차
черты́ лица́	치르띄 리짜	명 인상(人相)
чесно́к	치스녹	명 마늘
че́стный	체스늬	형 정직한, 올바른
четве́рг	치뜨베륵	명 목요일
чётное число́	쵸트나예 치슬로	명 짝수
четы́ре вре́мени го́да	치띄리 브레미니 고다	명 사계절
чи́сленностьⓕ	치슬렌너스치	명 인원수, 갯수, 수량
число́	치슬로	명 수, 수량, 날짜
чи́стить-почи́стить	치스찌치-빠치스찌치	동 닦다, 청소하다, 껍질을 까다

Я уже́ большо́й, я сам чи́щу зу́бы по утра́м.

난 이제 다 컸어, 아침마다 나는 혼자서 양치질해.

чи́стый	치스띠	형 깨끗한, 청결한, 사용하지 않은
чита́ть-прочита́ть	치따치-쁘라치따치	동 읽다, 독서하다
	Вы чита́ли 《Преступле́ние и наказа́ние》? Сове́тую прочита́ть.	
	《죄와 벌》을 읽었나요? 읽기를 권해드립니다.	
чиха́ть	치하치	동 재채기하다
	Све́жий ве́тер заста́вил меня́ чиха́ть.	
	신선한 공기 때문에 나는 재채기했다.	
чу́вство	추스뜨바	명 감정, 느낌, 감각
чу́вствовать-почу́вствовать	추스뜨바바치-빠추스뜨바바치	동 느끼다, 감각하다, 깨닫다
	Челове́к на интуити́вном у́ровне чу́вствует, что что́-то не так.	
	인간은 뭔가 이상한 것을 직감으로 안다.	
чулки́	출끼	명 스타킹

О
П
Р
С
Т
У
Ф
Х
Ц
Ч
Ш
Щ
Ъ

Ш

шампа́нское	샴빤스까예	명 샴페인
шампу́нь	삼뿐	명 샴푸
ша́почка для бассе́йна	샤뽀치까 들랴 바셰이나	명 수영 모자
шар	샤르	명 구(球), 공
шарф	샤르프	명 스카프, 목도리, 숄
ша́хматы	샤흐마띄	명 체스, 장기
шёпот//шёпотом	쇼빹//쇼빠땀	명 귓속말, 부 속삭임//귓속말로, 속삭이며
ше́я	셰야	명 목
ши́на	싀나	명 타이어
ширина́	싀리나	명 가로, 폭, 너비
широ́кий	싀로끼	형 넓은
широта́	싀라따	명 위도(緯度)
шить-сшить	싀치-싀이치	동 꿰매다, 깁다, 바느질하다, 수놓다, 만들다, 짓다, 옷을 맞추다

	Он был сапо́жным ма́стером, мог чини́ть ста́рую и шить но́вую о́бувь
	그는 제화공이었는데 낡은 신발을 고칠 수도, 새 신발을 지을 수도 있었다.
шко́ла	시꼴라 · 명 학교
шко́льник	시꼴닉 · 명 초등, 중등, 고등학생
шлем	슬렘 · 명 헬멧
шля́па, ша́пка	슬랴빠, 샾까 · 명 모자
шнур	시누르 · 명 끈, 코드
шокола́д	사깔랃 · 명 초콜릿
шо́рты	소르띠 · 명 반바지
шпина́т	시삐낱 · 명 시금치
шрифт	시리프트 · 명 글꼴
шта́нга	스딴가 · 명 역기
штаны́	시따늬 · 명 바지
ште́псельная ви́лка	시뗖셀나야 빌까 · 명 플러그, 꽂개
шу́рин	수린 · 명 처남
шути́ть-пошути́ть	수찌치-빠수찌치 · 동 농담하다, 우스갯소리 하다, 장난하다
	Не шути́ над мои́ми чу́вствами.
	내 감정을 가지고 장난하지 마.

щека́ (⑪щёки)	시까 (쇼끼)	몡 **볼, 뺨**
щёлкнуть, кли́кнуть мы́шью	숄끄누치, 끌릭누치 미시유	동 **마우스로 클릭하다**

Щёлкните по нему́ два ра́за ле́вой кно́пкой мы́ши.

마우스 왼쪽 버튼으로 거기를 두 번 클릭하세요.

щипцы́	싶찌	몡 **집게**

Э

эвакуа́тор	이바꾸아따르	명 **견인차**
эгоисти́чный	이가이스찌치늬	형 **이기적인**
эква́тор	익바떠르	명 **적도(赤道)**
экза́мен	익자몐	명 **시험, 고사**
эконо́мика	이까노미까	명 **경제**
эконо́мить- сэконо́мить	이까노미치- 세까노미치	동 **합리적으로 쓰다, 경제적으로 쓰다, 아끼다, 절약하다**

Она́ эконо́мила на свои́х пла́тьях, на о́буви, на пи́ще, то́лько бы свести́ концы́ с конца́ми.

그녀는 생활을 어떻게든 꾸려가기 위해 옷, 신발, 음식값을 아꼈다.

эконо́м-класс	이까놈 끌라스	명 **이코노미석, 일반석**
экскурсио́нный авто́бус	익스꾸리시온늬 앞또부스	명 **관광버스**
экску́рсия	익스꾸르시야	명 **체험 학습, 답사, 견학, 소풍**
экскурсово́д, гид	익스꾸리사봍, 긷	명 **가이드, 관광안내원**
электри́чество	일렉뜨리체스뜨바	명 **전기**
электри́чка	일릭뜨리치까	명 **전차, 전기 열차**
электро́ника	일릭뜨로니까	명 **전자제품, 전자공학**

электро́нная по́чта	일릭뜨론나야 뽀치따	명 **이메일**
электро́нный ба́нкинг	일릭뜨로늬 반킨	명 **이뱅킹** (Electronic-banking)
эмоциона́льный	이모찌아날늬	형 **감수성이 예민한, 정서적, 감정적인**
эмоциона́льная реа́кция 감정적 반응		
эмо́ция	이모찌야	명 **감정, 정서**
эпиде́мия	에삐졔미야	명 **전염병, 유행병**
эскала́тор	에스깔라떠르	명 **에스컬레이터**
эстака́да	이스따까다	명 **고가도로, 구름다리**
э́та неде́ля	에따 니졜랴	**이번 주**
эта́ж	에따시	명 **층, 층위**
э́тика	에찌까	명 **윤리, 도덕**

юбиле́й	유빌례이	명 기념행사, 주기, 기일
ю́бка	윱까	명 치마, 스커트
ювели́рное изде́лие	유빌리르나예 이즈젤리예	명 귀금속
юг/ю́жный	육/유즈늬	명 남, 남쪽/남쪽의
Ю́жная Коре́я, Респу́блика Коре́я	유즈나야 까례야, 리스뿌블리까 까례야	명 남한, 대한민국
Ю́жный по́люс	유즈늬 뽈류스	명 남극
ю́ность ⓕ	유나스치	명 청년기, 젊은이들
ю́ноша ⓜ	유나샤	명 청년, 젊은이
ю́ный	윤늬	형 젊은
юри́ст	유리스트	명 법률가, 율사, 변호사

Я

Я	야	대 나
я́блоко	야블라까	명 사과(과일)
явля́ться-яви́ться	이블랴짜-이비짜	동 나타나다, 출현하다, ~이다

Он явля́ется чле́ном профсою́за.
그는 노조의 조합원이다.

я́годица	야가지짜	명 엉덩이
язы́к	이직	명 혀, 언어, 말
язы́к цвето́в	이직 쯔비또프	명 꽃말
яйцо́	이이쪼	명 달걀, 계란
яйцо́, яйцекле́тка	이이쪼, 이이체끌렡까	명 난자, 알세포, 난세포
я́мочка (на щеке́)	야머치카 (나 시꼐)	명 보조개
янта́рь ⓜ	얀따르	명 호박
я́рмарка	야르마르까	명 장터, 전시회
я́хта	야흐따	명 요트
я́щик	야식	명 서랍

한국어
+
러시아어 단어

ㄱ

100, 백	명 сто	스또
1000, 천	명 ты́сяча	띄시차
100년, 100주년, 1세기	명 столе́тие, век	스딸례찌예, 볙
100만, 백만	명 миллио́н	밀리온
10억	명 миллиа́рд, биллио́н	밀리아르트, 빌리온
1인용 침대, 싱글베드	명 односпа́льная крова́ть	앋나스빨나야 끄라바치
2인용 침대, 더블베드	명 двуспа́льная крова́ть	드부스빨나야 끄라바치
2층 침대	명 двухэта́жная крова́ть	스부흐에따즈나야 끄라바치
3D 프린터	명 3D-при́нтер	뜨리데 프린떼르
TV 채널	명 телевизио́нный кана́л	찔리비지온늬 까날
TV 프로그램	명 телепрогра́мма	찔리쁘라그람마
가게, 상점	명 магази́н	마가진
가격표	명 це́нник, би́рка со сто́имостью	쩬닉, 비르까 사 스또임마스찌유
가구	명 ме́бель ⑰	메벨

가까운, 친한, 다가오는	형 близкий	블리스끼
가난한, 궁핍한, 빈약한, 허술한	형 бе́дный	베드늬
가다, 떠나다, 출발하다(타고)	동 е́хать-пое́хать	예하치-빠예하치
가다, 오다, (비, 눈) 내리다, 진전하다	동 идти́-пойти́	이찌-빠이찌
가드레일	명 доро́жные огражде́ния	다로즈늬예 아그라즈제니야
가로, 폭, 너비	명 ширина́	싀리나
가로등	명 у́личный фона́рь	울리치늬 파나리
가로수	명 придоро́жное де́рево	쁘리다로즈나예 졔리바
가르치다, 강의하다	동 преподава́ть-преподать	쁘리빠다바치-쁘리빠다치
가르치다, 훈련하다, 교육하다, 양성하다	동 обуча́ть-обучи́ть	아부차치-아부치치
가리키다, 지시하다, 지적하다, 표시하다, 적다	동 ука́зывать-указа́ть	우까즤바치-우까자치
가뭄	명 за́суха	자수하
가방	명 су́мка	숨까

가벼운, 쉬운	형 лёгкий	료흐끼
가설 건물, 부속 건물	명 павильо́н	빠빌리온
가속장치, 액셀, 액셀러레이터	명 ускори́тель⒨, акселера́тор	우스까리쪨, 악실리라떠르
가수	명 певе́ц (⒡певи́ца)	삐볘쯔 (삐비짜)
가스	명 газ	가스
가스레인지	명 га́зовая плита́	가자바야 쁠리따
가슴	명 грудь⒡	그루치
가습기	명 увлажни́тель во́здуха⒨	우블라즈니쪨 보즈두하
가오리	명 скат	스깥
가위	명 но́жницы	노즈니찌
가을 (가을에)	명 о́сень (부 о́сенью)	오신 (오신유)
가이드, 관광안내원	명 экскурсово́д, гид	익스꾸리사봍, 긷
가전제품	명 бытова́я те́хника	비따바야 쪠흐니까
가정주부, 전업주부	명 домохозя́йка	다마하쟈이까
가져오다, 데려오다, 초래하다	동 приноси́ть-принести́	쁘라나시치-쁘리니스찌
가족, 가정	명 семья́	시미야
가죽 구두	명 ко́жаные ту́фли	꼬잔늬예 뚜플리

가지(채소)	명 баклажа́н	바끌라쫜
가지다, 소유하다, 갖추다	동 име́ть	이몌치
가축, 집짐승	명 скоти́на	스까찌나
가치가 있는, ~할 자격이 있는	형 досто́йный	다스또인늬
가치를 인정하다, 가치를 정하다, 평가하다, 값을 매기다, 존중하다	동 цени́ть	쯰니치
가톨릭교/ 가톨릭교도	명 католици́зм/ като́лик	까똘리쯰즘/ 까똘릭
각각의, 하나하나의, 각자, 모든 사람	형 명 ка́ждый	까즈듸
각뿔, 피라미드	명 пирами́да	삐라미다
간(肝)	명 пе́чень ⨍	뻬친
간식 먹다, 요기하다, 안주를 먹다	동 заку́сывать- закуси́ть	자꾸싀바치- 자꾸시치
간식, 안주, 전채, 애피타이저	명 заку́ска	자꾸스까
간염	명 гепати́т	계빠찥
간이식당	명 заку́сочная	자꾸사치나야

간이매점	명 киóск	끼오스끄
간이식당, 스낵, 분식	명 буфéт, закýсочная	부펱, 자꾸사치나야
간장(소스)	명 сóевый сóус	소이브이 소우스
간판	명 вы́веска	브이비스까
간호사	명 медсестрá	몓시스뜨라
갈다, 문지르다, 쓸리다, 잘게 썰다	동 натирáть- натерéть	나찌라치- 나찌례치
갈대	명 тростни́к	뜨라스닉
갈룹찌(고기를 양배추로 말아 찐 요리)	명 голубцы́	갈룹찌
갈망, 열망	명 жáжда	자즈다
갈망하다, 열망하다, 간절히 원하다	동 жáждать	자즈다치
갈매기	명 чáйка	차이카
갈색의	형 кори́чневый	까리츠니브이
감(과일)	명 хурмá	후르마
감귤, 귤	명 мандари́н	만다린
감기	명 простýда	쁘라스뚜다
감기에 걸리다	동 простужáться- простуди́ться	쁘라스뚜자짜- 쁘라스뚜지짜

감독	몡 режиссёр	리지쑈르
감사, 사의// 고맙습니다, 감사합니다	몡 술 спаси́бо	스빠시바
감사하다, 사의를 표하다	동 благодари́ть- поблагодари́ть	블라가다리치- 빠블라가다리치
감수성이 예민한, 정서적, 감정적인	혱 эмоциона́льный	이모찌아날늬
감자	몡 карто́фель ⓜ, карто́шка	까르또필, 까르또시까
감자 칩	몡 карто́фельные чи́псы	까르또필늬예 칞싀
감정, 느낌, 감각	몡 чу́вство	추스뜨바
감정, 정서	몡 эмо́ция	이모찌야
감흥, 몰두, 열중, 열의, 취미	몡 увлече́ние	우블리체니예
갑자기, 별안간	부 вдруг	브드룩
값/ 가치가 나가다, 얼마다, 값을 가지다	동 сто́ить	스또이치
값을 매기다, 평가하다, 인정하다, 짐작하다	동 оце́нивать- оцени́ть	아쩨니바치- 아쩨니치
값이 싼, 저렴한, 천박한	혱 дешёвый	지쑈븨

갔다 오다, 옮겨 가다, 내려가다	동 сходи́ть-сойти́	스하지치-사이찌
강(江)	명 река́	리까
강낭콩	명 фасо́ль ⨍	파솔
강당	명 лекцио́нный зал	릭찌온늬 잘
강사, 교원	명 преподава́тель ⓜ	쁘리빠다바쪨
강요된, 강제된, 어쩔 수 없이 해야 하는	형 вы́нужденный	븨누즈젠늬
강의, 강좌	명 ле́кция	롁찌야
강의실, 강당, 청중	명 аудито́рия	아우지또리야
강철	명 сталь ⨍	스딸
강한, 센, 강력한	형 си́льный	실늬
같다, 동일하다, 겨루다	동 равня́ться	라브냐짜
개	명 соба́ка	사바까
개나리	명 форзи́ция	파르지찌야
개똥벌레	명 светля́к	스비뜰럑
개미	명 мураве́й	무라베이
개수대	명 мо́йка	모이까
개신교/ 개신교 신자	명 протестанти́зм/ протеста́нт	쁘라쩨스딴찌즘/ 쁘라쩨스딴트

개암, 헤이즐넛	명 фунду́к	푼둑
개요, 요약, 골자	명 конспе́кт	깐스뼥뜨
개울	명 руче́й	루체이
개조하다, 재건하다, 재구성하다	동 реконструи́ровать	리깐스뜨루이라 바치
개찰구	명 турнике́т	뚜르니꼘
개체	명 о́собь ⨍	오삽
개최되다, 진행되다	동 состоя́ться	사스따야짜
거기에, 그곳에	부 там	땀
거리, 간격	명 расстоя́ние, диста́нция	라스따니예, 지스딴찌야
거리(길거리), 바깥	명 у́лица	울리짜
거미	명 пау́к	빠욱
거부하다, 배척하다, 거절하다	동 отверга́ть- отве́ргнуть	앝비르가치- 앝볘륵누치
거북	명 черепа́ха	치리빠하
거실	명 гости́ная	가스찐나야
거울	명 зе́ркало	졔르깔라
거위	명 гусь ⓜ	구스

ㄱ ㄴ ㄷ ㄹ ㅁ ㅂ ㅅ ㅇ ㅈ ㅊ ㅋ ㅌ ㅍ ㅎ

거절하다, 거부하다, 끊다, 거두다, 앗다, 작동하지 않다	동 отка́зывать-отказа́ть	앝까즤바치-앝까자치
거절하다, 포기하다, 단념하다, 사양하다	동 отка́зываться-отказа́ться	앝까즤바짜-앝까자짜
거주지, 사는 곳	명 ме́сто прожива́ния, местожи́тельство	메스따 쁘라즤바니야, 메스따즤쪨스뜨바
거주하다, 체재하다, 살다, 생존하다	동 прожива́ть-прожи́ть	쁘라즤바치-쁘라즤치
거즈	명 ма́рля	마를랴
거짓말, 사기, 속임수, 기만	명 обма́н	압만
거친, 무례한, 서툰	형 гру́бый	그루븨
거품	명 пе́на	뼤나
걱정하다, 염려하다, 불안해하다	동 беспоко́иться	비스빠꼬이짜
건강 검진, 건강 진단	명 медици́нский осмо́тр	메지쮠스끼 아스모뜨르
건강을 회복하다, 깨끗이 낫다, 완쾌하다	동 выздора́вливать-вы́здороветь	븨즈다라블리바치-븨즈다라비치

건강하게 지내다, 잘 지내다	동 **здра́вствовать**	즈드라스뜨바바치
건너다(교통수단을 타고), 이사하다, 옮 겨가다, 차로 치다, 다른 것 으로 넘어가다	동 **переезжа́ть- перее́хать**	삐리예즈자치- 삐리예하치
건너다, 자리를 옮기다 장소를 바꾸다, 이동하다, 추월하다, 옮겨 가다, 넘어가다	동 **переходи́ть- перейти́**	삐리하지치- 삐리이찌
건널목, 횡단보도	명 **пешехо́дный перехо́д**	삐시혼늬 삐리홑
건드리다, 대다, 닿다, 감동하게 하다	동 **тро́гать-тро́нуть**	뜨로가치- 뜨로누치
건드리다, 영향을 미치다, 언급하다	동 **затра́гивать- затро́нуть**	자뜨라기바치- 자뜨로누치
건물	명 **зда́ние**	즈다니예
건조한	형 **сухо́й**	수호이
건축, 건설, 건축물, 구조물	명 **постро́йка**	빠스트로이까
건포도	명 **изю́м**	이쥼

걸다, 달다, 매달다, 교수형에 처하다	동 вéшать-повéсить	베샤치-빠베시치
걸레	명 тря́пка	뜨랴쁘까
걸어가다, 가다, 오다, 수송하다	동 идти́	이찌
걸어서 다다르다, 이르다, 도착하다	동 доходи́ть-дойти́	다하지치-다이찌
걸쭉해지다, 엉기다	동 густéть-загустéть	구스쩨치-자구스쩨치
검사하다, 조사하다, 진찰하다, 자세히 살펴보다	동 осмáтривать-осмотрéть	아스마뜨리바치-아스마뜨례치
검사하다, 조사하다, 탐구하다, 검진하다	동 обслéдовать	압슬례다바치
검역	명 каранти́н	까란찐
검은, 까만	형 чёрный	초르늬
겁이 많은, 소심한	형 трусли́вый	뜨루슬리븨
겉옷	명 вéрхняя одéжда	베르흐니야 아졔즈다
게	명 краб	끄랍

게시판, 공고판	명 доска́ объявле́ний	다스까 압이블레니
게우다, 토하다, 구토하다	동 рвать	르바치
게으른, 나태한	형 лени́вый	리니비
겨루다, 경쟁하다, 경주하다	동 соревнова́ть	사리브나바치
겨우, 간신히, 가까스로	부 едва́	옐바
겨울 (겨울에)	명 зима́ (зимо́й)	지마 (지모이)
겨자 소스	명 горчи́ца	가르치짜
견인차	명 эвакуа́тор	이바꾸아따르
결정하다, 결심하다, ~하기로 하다	동 реша́ть-реши́ть	리사치-리싀치
결함, 결점, 불량품	명 брак	브락
결혼, 부부	명 брак	브락
결혼반지	명 обруча́льное кольцо́	아브루찰녀예 깔쪼
결혼식, 혼례	명 сва́дьба	스바지바
결혼하다	동 пожени́ться	빠즤니짜
결혼하다 (남성)	동 жени́ться	즤니짜

결혼하다(여성)	동 вы́йти за́муж	비이찌 자무시
경도(經度)	명 долгота́	달가따
경련, 쥐	명 су́дорога	수다로가
경련이 일듯, 발작적으로, 급격하게	형 су́дорожный	수다로지늬
경비행기	명 лёгкий самолёт	료흐끼 사말룥
경사면, 경사지, 비탈	명 склон, скат	스끌론, 스깥
경솔한, 생각 없는	형 безду́мный	비즈둠늬
경유(經油)	명 ди́зельное то́пливо, ди́зель⒨	디젤너예 또쁠리바, 디젤
경쟁	명 конкуре́нция	깐꾸롄찌야
경쟁력이 있는	형 конкурентоспосо́бный	깐꾸롄따스빠솝늬
경쟁자	명 конкуре́нт	깐꾸롄트
경제	명 эконо́мика	이까노미까
경찰관	명 полице́йский	빨리쩨이스끼
경찰서	명 отде́л поли́ции	앝곌 빨리찌이
계곡	명 доли́на	달리나
계단, 사다리	명 ле́стница	레스니짜
계산, 산출	명 вычисле́ние	븨치슬례니예

계산기	명 калькуля́тор	깔꿀랴따르
계산대, 카운터, 매표소	명 ка́сса	까사
계산서	명 счёт	숕
계산원	명 касси́р	까시르
계산하다, 산출하다, 산정하다, 셈하다	동 вычисля́ть-вы́числить	븨치슬랴치-븨치슬리치
계속하다, 지속하다, 말을 이어가다, 계속 ~하다	동 продолжа́ть-продо́лжить	쁘라달자치-쁘라돌즤치
계속해서, 내내	부 всё вре́мя	프쇼 브레먀
계절	명 вре́мя го́да	브레먀 고다
계좌번호	명 но́мер счёта	노몌르 쇼따
고가도로, 구름다리	명 эстака́да	이스따까다
고갈시키다, 소모하다, 황폐하게 하다	동 истоща́ть-истощи́ть	이스따샤치-이스따시치
고개나 몸 등으로 굽히다, 웅크리다, 구부러지다, 숙이다, 경사지다	동 наклоня́ться-наклони́ться	나끌라냐짜-나끌라니짜

고객	명 клие́нт	끌리옌트
고구마	명 бата́т, сла́дкий карто́фель	바땯, 슬랕끼 까르또필
고급 주택	명 ви́лла	빌라
고기, 육고기	명 мя́со	먀사
고등어	명 ску́мбрия	스꿈브리야
고래	명 кит	낕
고르다, 선택하다, 선정하다, 선발하다	동 выбира́ть-вы́брать	비비라치-비브라치
고리, 링, 반지	명 кольцо́	깔쪼
고릴라	명 гори́лла	가릴라
고모, 이모, 아주머니	명 тётя	쬬쨔
고문, 괴로움, 고통, 고민, 번민	명 пы́тка	쁼까
고분고분한, 온순한, 유순한, 말을 잘 듣는	형 послу́шный	빠슬루시늬
고생하다, 고통을 겪다, 수난을 당하다, 괴로워하다, 앓다	동 страда́ть-пострада́ть	스뜨라다치-빠스뜨라다치

고속열차	명 высокоскоростн ́ой п ́оезд	븨사까스까라스노이 뽀이스뜨
고압적인, 남을 억누르는, 권력을 가진	형 вл ́астный	블라스늬
고양이	명 кот (⊘к ́ошка)	꼳 (꼬시까)
고원(高原)	명 плат ́о	쁠라또
고체	명 тв ́ёрдое т ́ело	뜨뵤르다예 쩰라
고추	명 п ́ерец	뻬리쯔
고추장	명 перц ́овая п ́аста	삐르쪼바야 빠스따
고춧가루	명 кр ́асный м ́олотый п ́ерец	끄라스늬 몰라띄 뻬리쯔
고층 건물	명 небоскр ́ёб	니바스크룝
고치다, 정정하다, 바로잡다	동 исправл ́ять- испр ́авить	이스쁘라블랴치- 이스쁘라비치
고통, 아픔	명 страд ́ание	스뜨라다니예
고함치다, 큰 소리로 부르다	동 кл ́икать-кл ́икнуть	끌리까치- 끌릭누치
고혈압	명 гипертони ́я, выс ́окое давл ́ение	기뻬르따니야, 븨소까예 다블레니예
곡괭이	명 мот ́ыга	마띄가
곤충	명 насек ́омое	나시꼼마예

곧바로, 즉시, 한꺼번에, 단번에	부 сра́зу	스라주
골목, 골목길	명 переу́лок	삐리울락
골반	명 таз	따스
골프	명 гольф	골프
곰	명 медве́дь ⓜ	몔볘치
곰 인형	명 плю́шевый ми́шка	쁠류시비 미시까
곱셈	명 умноже́ние	움나제니예
곱슬곱슬한, 곱슬머리의	형 кудря́вый	꾼랴비
공	명 мяч	먀치
공감 능력이 높은, 호응하는, 배려심 있는	형 отзы́вчивый	앝칩치비
공감, 동감, 동정, 공명	명 сочу́вствие	사추스뜨비예
공감하다, 동감하다, 동정하다	동 сочу́вствовать	사추스뜨바바치
공격, 습격	명 ата́ка	아따까

ㄱ
ㄴ
ㄷ
ㄹ
ㅁ
ㅂ
ㅅ
ㅇ
ㅈ
ㅊ
ㅋ
ㅌ
ㅍ
ㅎ

공격하다, 습격하다	동 атакова́ть, соверша́ть-соверши́ть нападе́ние, проводи́ть-провести́ ата́ку, напада́ть-напа́сть	아따까바치
공급자, 납품업체	명 поставщи́к	빠스땁식
공기청정기	명 воздухоочисти́тель ⓜ	바즈두하아치스찌찔
공부하다, 습득하다, 배우다, ~에게 ~을 가르치다	동 учи́ть-научи́ть/вы́учить	우치치-나우치치/븨우치치
공상, 환상, 꾸며낸 이야기	명 фанта́зия	판따지야
공상 과학 영화	명 фанта́стика	판따스찌까
공식화하다, 말로 표현하다	동 формули́ровать-сформули́ровать	파르물리라바치-스파르물리라바치
공원, 차고지	명 парк	빠르크
공장, 작업장	명 заво́д, цех	자봍, 쩨흐
공책, 노트	명 тетра́дь ⓕ	찔라치
공포, 무서움, 겁	명 страх	스트라흐
공포영화	명 фильм у́жасов	필름 우자쌒

공항	명 аэропо́рт	아에라뽀르뜨
곶, 작은 만	명 бу́хта	부흐따
과감한, 용맹스러운	형 хра́брый	흐라브리
과거	명 про́шлое	쁘로실라예
과부, 홀어미	명 вдова́	브다바
과실의 껍질	명 кожура́	까주라
과일	명 фрукт	프룩뜨
과자	명 пече́нье	삐체니예
과정, 공정	명 проце́сс	쁘라쩨스
과제, 연습문제, 임무, 과업	명 зада́ча	자다차
과제/할 일을 주다, 맡기다, 시키다	동 задава́ть-зада́ть	지다바치-자다치
관객	명 зри́тель ⓜ	즈리쪨
관광	명 тури́зм	뚜리즘
관광 코스	명 туристи́ческий маршру́т	뚜리스찌체스끼 마르시룯
관광객, 여행객	명 тури́ст	뚜리스트
관광버스	명 экскурсио́нный авто́бус	익스꾸리시온늬 앞또부스
관대한, 너그러운, 호의적인	형 снисходи́тельный	스니스하지쪨늬

관람객, 방문객	명 посети́тель *m*	빠시찌쪨
관심을 가지다, 흥미를 갖다	동 интересова́ться	인찌리사바짜
관절	명 суста́в	수스땊
관찰하다, 지켜보다, 주시하다, 감시하다	동 наблюда́ть	나블류다치
광고	명 рекла́ма	리끌라마
광어, 넙치, 넙치과 어류	명 ка́мбала	깜발라
광장, 지대, 평지의 면적	명 пло́щадь *f*	쁠로샤치
괴로움, 수난, 고통	명 му́ка	무까
괴로워하다, 힘들어하다, 근심하다, 걱정하다, 고민하다, 골치를 앓다	동 му́читься (му́чаться)- изму́читься	무치짜(무차짜)- 이즈무치짜
괴롭히다, 걱정시키다, 속을 썩이다	동 огорча́ть- огорчи́ть	아가르차치- 아가르치치
교과서	명 уче́бник	우체브닉
교관, 코치, 강사	명 инстру́ктор	인스뜨룩따르

교대하다, 대신하다, 바꾸다, 교체하다, 갈다	동 заменя́ть- замени́ть	자미냐치- 자미니치
교수	명 профе́ссор	쁘라폐사르
교외, 근교	명 за́город, при́город	자가랕, 쁘리가랕
교차로, 사거리	명 перекрёсток	삐리끄료스땈
교통, 교통수단	명 тра́нспорт	뜨란스쁘르트
교통비	명 расхо́ды на опла́ту прое́зда	라스호듸 나 아쁠라뚜 쁘라예즈다
교통사고	명 ДТП(доро́жно- тра́нспортное происше́ствие)	데떼뻬(다로즈나- 뜨란스쁘릍나예 쁘라이셰스뜨비예)
교통수단	명 тра́нспортное сре́дство	뜨란스빠릍나예 스롓스뜨바
교통수단에 태워 서 데려가다, 가져가다, 훔쳐 가다	동 увози́ть-увезти́	우바지치- 우비스찌
교통체증, 정체, 길 막힘	명 про́бка, зато́р	쁘롶까, 자또르
교회, 교회당	명 це́рковь ⨍	쩨르까피
구(球)/구슬	명 шар/ша́рик	샤르/샤맄

구급차, 소생용 운반차	명 маши́на ско́рой по́мощи, реанимоби́ль	마시나 스꼬라이 뽀마시, 레아니마빌
구두	명 ту́фли	뚜플리
구름 낀, 흐린	형 о́блачный	오블라츠늬
구매자	명 покупа́тель ⒨	빠꾸빠젤
구명조끼	명 спаса́тельный жиле́т	스빠사젤늬 질렡
구성되다, 이뤄지다, 조합되다	동 состоя́ть	사스따야치
구역	명 уча́сток	우차스떡
구역 담당의, 구역 담당자	형 명 участко́вый	우치스트꼬븨
구원자, 구해준 사람, 구세주	명 спаси́тель ⒨	스빠시젤
구조대원, 안전요원	명 спаса́тель ⒨	스빠사젤
구하다, 구출하다, 구원하다	동 спаса́ть- спасти́	스빠사치- 스빠스찌
구하다, 얻다, 벌다, 채굴하다, 채취하다, 획득하다	동 добыва́ть-добы́ть	다븨바치-다븨치
국, 국물	명 бульо́н	불리온

ㄱ ㄴ ㄷ ㄹ ㅁ ㅂ ㅅ ㅇ ㅈ ㅊ ㅋ ㅌ ㅍ ㅎ

ㄱ

국가	명 госуда́рство	가수다르스뜨바
국내선	명 вну́тренний ре́йс	브누뜨렌니 레이스
국립의, 국영의, 국가의	형 госуда́рственный	가수다르스뜨벤늬
국민, 민족, 인민, 사람들, 군중	명 наро́д	나롵
국수	명 вермише́ль ⨍	비르미셸
국자, 바가지	명 ковш, черпа́к, поло́вник	꼽시, 치르빡, 빨롭닉
국제선	명 междунаро́дный ре́йс	미즈두나롣니 레이스
국토, 영토, 구역, 지역	명 террито́рия	찌리또리야
국화꽃	명 хризанте́ма	흐리잔떼마
군 복무	명 вое́нная слу́жба	바옌나야 슬루즈바
군인	명 вое́нный, военнослу́жащий	바옌늬, 바옌나슬루자시이
굴(해산물)	명 у́стрица	우스뜨리짜
굴러다니다, 타고 다니다	동 ката́ться-поката́ться	까따짜-뻐까따짜
굶주린, 배고픈, 기아의	형 голо́дный	갈롣늬

358 | 필수 단어

굽다, 볶다, 태우다, 작열하다	동 жа́рить	자리치
권력, 힘, 통치기관, 행정당국	명 власть *f*	블라스치
권총	명 пистоле́т	삐스딸렡
권투	명 бокс	복스
권하다, 제안하다, 제공하다	동 предлага́ть-предложи́ть	쁘리들라가치-쁘리들라즤치
궤도, 선로	명 рельс	롈스
귀	명 у́хо (*pl* у́ши)	우하 (우시)
귀가 멀다	동 гло́хнуть-огло́хнуть	글로흐누치-아글로흐누치
귀걸이	명 се́рьги, серёжки	셰르기, 시료시끼
귀금속	명 драгоце́нные мета́ллы	드라가쪤늬예 미딸리
귀뚜라미	명 сверчо́к	스비르촉
귀여운	형 ми́лый	밀리
귀중품, 보석	명 драгоце́нность *f*	드라가쪤나스치
귓속말, 속삭임// 귓속말로, 속삭이며	명 шёпот// 부 шёпотом	쇼빹//쇼빠땀

규율, 기강, 교과, 과목	명 дисципли́на	지스찌쁠리나
그	대 он	온
그 뒤, 나중에, 후에	부 впосле́дствии	프빠슬례렡스트비예
그 후, ~후에, 나중에	전 부 по́сле	뽀슬례
그네	명 каче́ли	까첼리
그녀	대 она́	아나
그들	대 они́	아니
그때부터	부 с тех пор	스 쪠흐 뽀르
그램(g)	명 грамм	그람
그러므로, 그래서	부 поэ́тому	빠에따무
그렇게, 그만큼// 그러므로, 그래서	부 접 так	딱
그림, 장면	명 карти́на	까르찌나
그림을 그리다, 묘사하다, 소묘하다	동 рисова́ть-нарисова́ть	리사바치-나리사바치
그제, 그저께	부 позавчера́	빠자프치라

극복하다, 이겨내다, 감당해내다	동 преодолева́ть- преодоле́ть	쁘리아달리바치- 쁘리아달례치
극심한 공포, 공황, 패닉	명 па́ника	빠니까
극장, 공연장	명 теа́тр	찌아트르
근거, 논거, 입증, 논증	명 обоснова́ние	아바스나바니예
근육	명 мы́шца/му́скул	의시짜/무스꿀
글꼴	명 шрифт	시리프트
글꼴 크기	명 масшта́б	마시땊
글로 쓰다, 그리다, 칠하다	동 писа́ть-написа́ть	삐사치-나삐사치
금(金), 황금	명 зо́лото	졸라따
금붕어	명 золота́я ры́бка	잘라따야 릲까
금색의	형 золото́й	잘라또이
금성	명 Вене́ра	베녜라
금속	명 мета́лл	미딸
금속탐지기	명 металлоиска́те ль *m*	미딸라이스까쪨
금액, 총액, 합계	명 су́мма	수마
금요일	명 пя́тница	뺱니짜

급수, 수도, 급수시설	명 водоснабже́ние	버다스납제니예
급우, 반 친구	명 однокла́ссник	아드나끌라스닉
급행열차	명 ско́рый по́езд	스꼬리 뽀이스뜨
기간, 기한	명 срок	스록
기내 휴대 수화물	명 ручна́я кладь	루지나야 끌라치
기내, 차내, 선상, 뱃전, 선현	명 борт	보르트
기념물, 유적, 기념비	명 па́мятник	빠밑닉
기념일, 주기	명 годовщи́на	가답시나
기념품, 기념 선물	명 сувени́р	수비니르
기념행사, 주기, 기일	명 юбиле́й	유빌례이
기다란, 긴	형 дли́нный	들린늬
기다리다, 대기하다	동 ждать-подожда́ть	즈다치-빠다즈다치
기대다, 의지하다	동 прислоня́ться-прислони́ться	쁘리슬라냐짜-쁘리슬라니짜
기대를 만족시키다, 기쁘게 하다, 던져서 맞히다, 명중하다, 제때 도착하다	동 угожда́ть-угоди́ть	우가즈다치-우가지치

기도, 시도, 노력	명 попы́тка	빠쁰까
기도하다, 빌다	동 моли́ться-помоли́ться	말리짜-빠말리짜
기독교/기독교 신자	명 христиа́нство/христиани́н	흐리스찌안스뜨바/흐리스찌아닌
기둥	명 коло́нна	깔로나
기록, 적는 것, 녹화, 녹음, 녹화방송	명 за́пись🔤	자삐시
기르다, 키우다, 양육하다	동 воспи́тывать-воспита́ть	바스삐띄바치-바스삐따치
기름이 많은, 살찐, 지방이 많은, 느끼한	형 жи́рный	지르늬
기린	명 жира́ф	지랖
기밀, 비밀	명 та́йна	따이나
기뻐하다, 몹시 기뻐하다	동 ра́доваться-пора́доваться, обра́доваться	라다바짜-빠라다바짜, 압라다바짜
기쁘게 하다, 즐겁게 하다	동 ра́довать-обра́довать	라다바치-압라다바치
기쁘다, 반갑다	술 рад	랕
기쁨, 기쁜 일	명 ра́дость🔤	라다스치
기사, 논설, 논문, (법, 계약) 조항, 항목	명 статья́	스따찌야

기수(基數)	명 количественное числительное	깔리체스트빈나예 치슬리찔나예
기숙사	명 общежитие	압시지찌예
기어서, 네 손발로 기어서, 굽실거리면서	부 ползком	빨스꼼
기억하다, 회고하다, 생각하다	동 помнить	뽐니치
기억해내다, 떠올리다, 회상하다	동 вспоминать-вспомнить	프스빠미나치-프스뽐니치
기억해두다, 명심하다, 새겨두다	동 запоминать-запомнить	자빠미나치-자뽐니치
기업, 기업체, 기업 경영	명 предприятие	쁘렡쁘리아찌예
기울기, 경사	명 наклон	나끌론
기울이다, 숙이다, 경사지게 하다, 끄떡이다	동 наклонять-наклонить	나끌라냐치-나끌라니치
기인하다, 유래하다, 생기다	동 исходить	이스하지치
기자, 저널리스트	명 журналист	주르날리스뜨

기저귀	명 подгу́зник	빤구즈닉
기지 있는, 재치 있는	형 остроу́мный	아스뜨라움늬
기지, 재치	명 остроу́мие	아스뜨라우미예
기진맥진한, 황폐한, 쇠약한, 고갈된	형 истощённый	이스따숀늬
기차 식당칸	명 ваго́н-рестора́н	바곤-리스따란
기차, 열차, 전동차	명 по́езд	뽀예즈트
기차역, 철도역	명 вокза́л	박잘
기체, 가스	명 газообра́зное те́ло, газ	가자압라즈나예 쩰라, 가스
기침	명 ка́шель ⓜ	까셸
기침하다	동 ка́шлять-ка́шлянуть	까실랴치-까실리누치
기타(악기)	명 гита́ра	기따라
기타리스트	명 гитари́ст	가따리스뜨
기한이 지난, 연체된	형 просро́ченный	쁘라스로첸늬
기혼 상태인, 결혼한 상태인 (여성)	부 за́мужем	자무짐
기혼의, 결혼한 (남성)	형 жена́тый	즤나띄

긴장된, 불편한, 서먹서먹한, 어색한, 팽팽한	웹 натя́нутый	나쨔누띠
길, 도로	웹 доро́га	다로가
김(해조류)	웹 сушёные во́доросли	수숀늬예 보다라슬리
깃털, 깃, 펜촉	웹 перо́	삐로
깊이	웹 глубина́	글루비나
까마귀	웹 воро́на	바로나
~까지	웹 до	다(도)
까치	웹 соро́ка	사로까
깎다, 자르다, 치다	웹 стричь	스트리치
깔바사(소시지)	웹 колбаса́	깔바사
깜빡 졸다, 낮잠 자다	웹 вздремну́ть	브즈드림누치
깨끗한, 청결한, 사용하지 않은	웹 чи́стый	치스띄
깨다, 부수다, 부러뜨리다, 꺾다, 못쓰게 만들다, 망가뜨리다	웹 лома́ть-слома́ть	라마치-슬라마치
깨지다, 산산조각이 나다, 부서지다, 다쳐서 피가 나다	웹 разбива́ться-разби́ться	라즈비바짜-라즈비짜

꺼내다, 꺼내놓다	동 вынима́ть-вы́нуть	비니마치-비누치
껌	명 жва́чка, жева́тельная рези́нка	지바치까, 지바쩰나야 리진까
껍질, 얇은 가죽	명 кожура́, ко́жица	까주라, 꼬지짜
껍질을 벗기다, 깎다, 청소하다	동 очища́ть-очи́стить	아치샤치-아치스찌치
꼬냑	명 конья́к	깐약
꼬리	명 хвост	흐보스뜨
꼭 필요한, 필수불가결한, 당연한	형 необходи́мый	니압하짐미
꽁치	명 са́йра	사이라
꽃	명 цвето́к, цвет	쯔비뙀, 쯔볱
꽃가루, 화분	명 пыльца́	삘짜
꽃말	명 язы́к цвето́в	이직 쯔비뚑
꽃봉오리	명 буто́н	부똔
꽃잎	명 лепесто́к	리뻬스똑
꽤 많은, 상당한, 훌륭한, 고상한	형 поря́дочный	빠랴더치늬
꾀다, 유혹하다, 유인하다, 부추기다, 꼬여내다	동 соблазня́ть-соблазни́ть	사블라즈냐치-사블라즈니치

꿀	명 мёд	묻
꿈, 염원, 숙원, 공상, 망상	명 мечта́	미치따
꿈, 잠	명 сон	손
꿈을 꾸다, 꿈에 보이다	동 сни́ться	스니짜
꿰뚫다, 찌르다, 관통하다, 구멍을 뚫다, 쑤시다	동 прока́лывать-проколо́ть	쁘라깔리바치-쁘라깔로치
꿰매다, 깁다, 바느질하다, 수놓다, 만들다, 짓다, 옷을 맞추다	동 шить-сшить	싀치-싀이치
꿰매어 연결하다, 바느질하여 잇다, 이어 붙이다, 봉합하다	동 сшива́ть-сшить	싀이바치-싀이치
끄는 힘, 매력	명 привлека́тельность	쁘리블리까쩰너스치
끄다, 차단하다, 잠그다, 제적하다	동 выключа́ть-вы́ключить	븨끌류차치-븨끌류치치
끈, 코드	명 шнур	시누르
끌어넣다, 끌어들이다, 흡입하다	동 втя́гивать-втяну́ть	프쨔기바치-프찌누치

끌어당기다, 잡아당기다, 뽑다, 자극하다, 귀찮게 하다, 괴롭히다	동 дёргать	죠르가치
끓이다, 삶다	동 кипяти́ть	끼뻬찌치
끓이다, 삶다, 물이나 액체로 익히다	동 вари́ть-свари́ть	바리치-스바리치
끝나다, 완료되다, 그치다, 죽다	동 конча́ться-ко́нчиться	깐차짜-꼰치짜
끝나다, 완성되다	동 зака́нчиваться-зако́нчиться	자깐치바짜-자꼰치짜
끝내다, 마무리하다	동 зака́нчивать-зако́нчить	자깐치바치-자꼰치치
끝내다, 종료하다, 과정을 마치다	동 ока́нчивать-око́нчить	아깐치바치-아꼰치치
끝마치다, 완료하다, 종료하다	동 конча́ть-ко́нчить	깐차치-꼰치치
끼치다, 입히다, 당하게 하다	동 причиня́ть-причини́ть	쁘리치냐치-쁘리치니치

ㄴ

나	대 я	야
나가는 곳, 출구, 정문, 등장, 종료, 나가기	명 вы́ход	비핱
나가다, (교통수단에서) 내리다, 분출하다	동 выходи́ть-вы́йти	비하지치-비이찌
나가다, 떠나다, 그만두다	동 уходи́ть-уйти́	우하지치-우이찌
나누다, 분할하다	동 дели́ть-раздели́ть	질리치-라지질리치
나눗셈	명 деле́ние	질레니예
나뉘다, 나누다, 분할하다, 공유하다, 함께 하다	동 дели́ться-раздели́ться, подели́ться	질리짜-라즈질리짜, 빠질리짜
나라	명 страна́	스트라나
나르다, 휴대하다, 몸에 지니다	동 носи́ть	나시치
나무, 목재	명 де́рево (복 дере́вья)	졔례바 (지례비야)

나무둥치	명 ко́мель ⓜ	꼬밀
나무의, 나무로 만든//무감각한, 우둔한	형 деревя́нный	지리뱐늬
나뭇가지, 지선	명 ветвь ⓕ	볱피
나방	명 мотылёк	마띨룍
나비	명 ба́бочка	바바치까
나쁘게	부 пло́хо	쁠로하
나쁜, 악한	형 плохо́й	쁠라호이
나아지다, 향상되다, 개선되다	동 улучша́ться-улу́чшиться	울루차짜-울루치짜
나중에, 후에, 그 다음에	부 пото́м	빠톰
나타나다, 등장하다, 출현하다, 생겨나다	동 появля́ться-появи́ться	빠이블랴짜-빠이비짜
나타나다, 출현하다, ~이다	동 явля́ться-яви́ться	이블랴짜-이비짜
나팔꽃	명 вьюно́к, ипоме́я	비유뇩, 이빠몌야
낙지, 문어	명 осьмино́г, спрут	아시미녹, 스쁘룻
낙타	명 верблю́д	비르블률

낚시	몡 рыба́лка	리발까
낚싯대, 낚시 도구	몡 у́дочка	우다치까
난, 난초	몡 орхиде́я	아르히졔야
난간	몡 пери́ла, пору́чни 🔁	삐릴라, 뽀루치니
난자, 알세포, 난세포	몡 яйцо́, яйцекле́тка	이이쪼, 이이체끌롈까
날개	몡 крыло́	끄릴로
날다, 비행하다, 비상하다	동 лета́ть	리따치
날숨	몡 вы́дох	비다흐
날씨	몡 пого́да	빠고다
날씬한, 늘씬한, 정연한	혱 стро́йный	스트로인늬
날아가다, (비행기로) 떠나다	동 улета́ть-улете́ть	울리따치- 울리쪠치
날아가다, 비행하다, 비상하다	동 лете́ть-полете́ть	리쪠치-빨리쪠치
날아오다, (비행기로) 도착하다	동 прилета́ть- прилете́ть	쁘릴리따치- 쁘릴리쪠치
날아오르다, 이륙하다	동 взлета́ть- взлете́ть	브즐리따지- 브즐리쪠치
날짜, 일자	몡 да́та	다따

날카롭게, 격렬하게, 갑자기, 급격히, 날쌔게	부 ре́зко	레스까
낡은, 오래된	형 ста́рый	스따리
남/남쪽의	명 юг/ю́жный	육/유즈늬
남겨두다, 놔두다, 머물게 하다, 그만두다	동 оставля́ть-оста́вить	아스따블랴치-아스따비치
남극	명 Ю́жный по́люс	유즈늬 뽈류스
남다, 살아남다, 머무르다, 주재하다, 간직하다, 남아 있다	동 остава́ться-оста́ться	아스따바짜-아스따짜
남동생	명 мла́дший брат	믈랏싀이 브랕
남방, 셔츠, 와이셔츠	명 руба́шка	루바시까
남성복	명 мужска́я оде́жда	무시스까야 아졔즈다
남자 승무원, 스튜어드	명 стю́ард, бортпроводни́к	스쮸아를, 바르트쁘라받닠
남한, 대한민국	명 Ю́жная Коре́я, Респу́блика Коре́я	유즈나야 까레야, 리스뿌블리까 까레야
납품, 공급	명 поста́вка	빠스땊까

납품하다, 조달하다, 공급하다	통 поставля́ть- поста́вить	빠스따블랴치- 빠스따비치
낮, 주간, 일, 날, 오후	명 день Ⓜ	졘
낮게, 낮은 곳을 따라	부 ни́зом	니잠
낮에, 오후에	부 днём	드뇸
낮은	형 ни́зкий	니스끼
내과	명 терапевти́ческое отделе́ние	찌라뺍찌체스까예 앝질례니예
내면, 내부, 내장	명 вну́тренность Ⓕ	브누뜨린나스치
내복약	명 лека́рство для вну́треннего примене́ния	리까르스뜨바 들랴 브누뜨린니바 쁘리미녜니야
내부의, 안쪽의	형 вну́тренний	브누뜨린니이
내일	부 за́втра	잡뜨라
내주다, 발급하다, 드러내다	통 выдава́ть-вы́дать	비다바치-비다치
냄비	명 кастрю́ля	까스트률랴
냄새, 향	명 за́пах	자빠흐
냄새가 나다, 풍기다, 낌새가 있다	통 па́хнуть	빠흐누치

냅킨	명 салфе́тка	살폩까
냉동고, 냉동실	명 морози́льник	마라질닉
냉동식품	명 заморо́женные проду́кты	자마로쥔늬예 쁘라둗띠
냉장고, 냉장실	명 холоди́льник	할라질닉
냉정한, 냉담한	형 хладнокро́вный	흘라드나끄로브늬
너	대 ты	띄
너그러운, 관대한, 아량 있는	형 великоду́шный	빌리까두시늬
넓은	형 широ́кий	싀로끼
넘기다, 맡기다, 돌려주다, 거슬러 주다	동 сдава́ть-сдать	스다바치-스다치
넘김, 인계, 교부, 납부, 거스름돈	명 сда́ча	즈다차
넣다, 쌓아 올리다, 더하다, 보태다, 접다, 겹치다	동 скла́дывать-сложи́ть	스끌라디바치-슬라직치
넣다, 포함하다, 켜다, 연결하다, 발동시키다, 가동하다	동 включа́ть-включи́ть	프끌류차치-프끌류치치
넥타이	명 га́лстук	갈스뚝
노년	명 ста́рость ⨍	스따러스치
노동, 일	명 труд	뜨룯

노란	형 жёлтый	졸뜨
노래하다, 노래를 부르다, 지저귀다, 찬미하다	동 петь-спеть	뻬치-스뻬치
노무자, 노동자	명 рабо́чий	라보치
노인	명 стари́к (ⓕстару́ха)	스따릭 (스따루하)
노트북	명 ноутбу́к	노욷북
녹, 붉은 녹	명 ржа́вчина	르잡치나
녹슬다	동 ржаве́ть-заржаве́ть	르자볘치-자르자볘치
놀다, 게임하다, 연주하다	동 игра́ть	이그라치
놀라게 하다	동 удивля́ть-удиви́ть	우지블랴치-우지비치
놀라다, 감탄하다	동 удивля́ться-удиви́ться	우지블랴짜-우지비짜
놀라다, 두려워하다, 겁먹다, 놀라서 주춤하다	동 пуга́ться-испуга́ться	뿌가짜-이스뿌가짜
놀라운, 굉장한, 놀랄 만한	형 удиви́тельный	우지비쪨늬
놀이, 게임, 연기	명 игра́	이그라
놀이공원	명 парк с аттракцио́нами	빠르크 사뜨락찌오나미

놀이공원의 탈것, 놀이기구	명 аттракцио́ны	앝락찌오늬
놀이터	명 де́тская площа́дка	졔쯔까야 쁠라샽까
농구	명 баскетбо́л	바스낃볼
농담하다, 우스갯소리 하다, 장난하다	동 шути́ть-пошути́ть	슈찌치-빠슈찌치
농민, 소작농	명 крестья́нин	끄리스찌야닌
농부	명 фе́рмер, крестья́нин	폐르몌르, 끄리스찌야닌
농업	명 се́льское хозя́йство	셸스까예 하쟈이스뜨바
높은, 키가 큰, 고상한	형 высо́кий	븨소끼
높이	명 высота́	븨사따
놓다, 넣다, 자리에 두다	동 класть-положи́ть	끌라스치-빨라지치
뇌, 머리, 이해력	명 мозг (복мозги́)	모즈그 (마즈기)
뇌물	명 взя́тка	브쟡까
누구든, 누군가 (불특정)	대 кто-нибу́дь	크또-니부지
누구를 만나다	동 встреча́ть-встре́тить	프스뜨리차치-프스뜨례찌치
누구와 만나다	동 встреча́ться-встре́титься	프스뜨리차짜-프스뜨례찌짜

누군가, 누구든 (임의)	대 кто-ли́бо	크또-리바
누군가, 어떤 사람	대 кто-то	크또-따
누름단추, 스위치, 압정	명 кно́пка	끄높까
눈(目)	명 глаз (복глаза́)	글라스 (글라자)
눈(雪)	명 снег	스넥
눈동자, 동공	명 зрачо́к (복зрачки́)	즈러촉 (즈러치끼)
눈물	명 слёзы	슬료즤
눈빛, 눈초리, 시선	명 взгляд	브즈글럍
눈썹	명 бровь (복бро́ви)	브로피 (브로비)
눕다, 엎드리다	동 ложи́ться-лечь	라지짜-례치
느끼다, 감각하다, 깨닫다	동 чу́вствовать-почу́вствовать	추스뜨바바치-빠추스뜨바바치
느린	형 ме́дленный	몌들린늬
늑골	명 ребро́	리브로
늑대	명 волк	볼크
늘리다, 연장하다	동 продлева́ть-продли́ть	쁘라들리바치-쁘라들리치

늘어나다, 늘다, 증가하다, 증대하다, 확장되다	동 увели́чиваться-увели́читься	우빌리치바짜-우빌리치짜
늘어나다, 뻗다, 뻗치다, 퍼져 나가다	동 тяну́ться	찌누짜
늘어나다, 펴지다, 기지개를 켜다, 손발을 뻗다	동 вытя́гиваться-вы́тянуться	비쨔기바짜-비찌누짜
늙은 호박	명 ты́ква	띄바
능란한, 민첩한	형 ло́вкий	롶끼
늦다, 지각하다, 지연되다, 지체하다	동 опа́здывать-опозда́ть	아빠즈디바치-아빠즈다치
늦잠 자다, 늦잠 자서 놓치다	동 просыпа́ть-проспа́ть	쁘라싀빠치-쁘라스빠치

ㄱ
ㄴ
ㄷ
ㄹ
ㅁ
ㅂ
ㅅ
ㅇ
ㅈ
ㅊ
ㅋ
ㅌ
ㅍ
ㅎ

ㄷ

다가오다, 접근하다, 맞다, 어울리다, 적합하다	동 подходи́ть-подойти́	빠트하지치-빠다이찌
다갈색의	형 бу́рый	부리
다니다, 다녀오다, 갔다 오다, 걸어서 돌아다니다, 입고 다니다	동 ходи́ть-сходи́ть	하지찌-스하지찌
다락	명 черда́к	치르닥
다른 데로 돌리다, 전환하다	동 отвлека́ть-отвле́чь	앝블리까치-앝블레치
다리미	명 утю́г	우쭉
다림질하다, 다리다// 어루만지다, 쓰다듬다	동 гла́дить-вы́гладить, погла́дить	글라지치-비글라지치, 빠글라지치
다만, 오직, 뿐	부 лишь	리시
다시마	명 ламина́рия	라미나리야
다운로드	명 загру́зки, скача́ть	자그루스끼, 스까차치
다음 주	сле́дующая неде́ля	슬레두유샤야 니젤랴

다음의, 미래의	형 бу́дущий	부두시
다음의, 아래와 같은	형 сле́дующий	슬레두유시이
다이빙하다	동 пры́гать (пры́гнуть) в во́ду	쁘리가치 (쁘리그누치) 보두
다이아몬드	명 бриллиа́нт, алма́з	브릴리안뜨, 알마스
다이어리	명 ежедне́вник	이지드녜브닉
닦다, 청소하다, 껍질을 까다	동 чи́стить-почи́стить	치스찌치-빠치스찌치
닦아내다, 제거하다, 빨래하다, 세탁하다	동 стира́ть-стере́ть	스찌라치-스찌례치
단순한, 간단한, 소탈한	형 просто́й	쁘라스또이
단체 여행	명 группово́е путеше́ствие	그루빠보예 뿌찌세스뜨비예
단추	명 пу́говица	뿌가비짜
단축하다, 감소하다, 줄이다, 감축하다	동 сокраща́ть-сократи́ть	사끄라샤치-사끄라찌치
단풍, 단풍나무	명 клён	끌룐
단호한, 확고한	형 категори́чный	꺼찌가리치늬
닫다, 끝내다, 막다, 덮다, 가리다	동 закрыва́ть-закры́ть	자끄리바치-자끄리치

ㄱ ㄴ ㄷ ㄹ ㅁ ㅂ ㅅ ㅇ ㅈ ㅊ ㅋ ㅌ ㅍ ㅎ

닫히다, 잠기다, 덮이다, 씌우다	동 закрыва́ться-закры́ться	자끄릐바짜-자끄릐짜
달	명 луна́	루나
달걀, 계란	명 яйцо́	이이쪼
달달한, 달콤한	명 сла́дкий	슬랕끼
달래주다, 안심시키다, 진정하다, 가라앉히다	동 успока́ивать-успоко́ить	우스빠까이바치-우스빠꼬이치
달려서 통과하다, 빠져나가다, 달려서 다른 쪽으로 건너가다	동 перебега́ть-перебежа́ть	삐리비가치-삐리비자치
달력, 역법	명 календа́рь ⓜ	깔렌다르
달리, 다르게// 그렇지 않으면	부 접 ина́че	이나체
달리기 시작하다, 어떤 행동을 서둘러 시작하다, 흘러내리다	동 побежа́ть	빠비자치
달리다, 도망치다, 피난하다	동 бежа́ть	비자치
달리다, 뛰다, 이리저리 뛰어다니니다	동 бе́гать	볘가치
닭고기	명 ку́рица	꾸리짜

담당자, 기술자	명 специалист	스뻬찌알리스트
담배 피우다, 흡연하다, 연기 나는 물체에 불을 붙이다(향 등)	동 курить	꾸리치
담장, 울타리, 보호막	명 забор, ограда	자보르, 아그라다
당구	명 бильярд	빌야를
당근	명 морковь ∅	마르꼬피
당뇨병	명 диабет (сахарный)	지아볘뜨 (사하르늬)
당면, 잡채	명 фунчоза	푼초자
당분간, 잠깐동안// ~하는 사이에, ~하는 동안	부 접 пока	빠까
당신, 너희들, 여러분	대 вы	븨
당황, 망연자실	명 растерянность ∅	라스쪠린나스치
당황하게 하다, 난처하게 하다	동 смущать-смутить	스무샤치-스무찌치
대구(생선)	명 треска	뜨리스까
대기(對氣)	명 воздушный океан, атмосфера	바즈두시늬 아꼐안, 앝마스폐라
대기실	명 зал ожидания	잘 아찌다니야
대나무	명 бамбук	밤북

대담하다, 이야기를 나누다	통 бесе́довать- побесе́довать	비셰다바치- 빠비셰다바치
대답, 대응, 반응	명 отве́т	앝볕
대답하다, 답변하다, 반응하다, 응답하다	통 отвеча́ть- отве́тить	앝비차치- 앝볘찌치
대로, 큰 거리	명 проспе́кт, авеню́	쁘라스뼉트, 아볘뉴
대륙, 육지	명 контине́нт, матери́к	깐찌녠뜨, 마찌릭
대리자, 직위를 대신 할 수 있는 사람	명 замести́тель ⓜ	지미스찌꼘
대머리의, 대머리인 사람	형 명 лы́сый	리싀
대문, 외부 출입문	명 воро́та	바로따
대변, 배설물, 똥	명 кал	깔
대사(외교관)	명 посо́л	빠솔
대사관	명 посо́льство	빠솔스뜨바
대성당, 대사원	명 собо́р	사보르
대신에, ~을 대신하여, 답례로, 대가로 (в ответ на)	전 부 взаме́н	브자몐
대양(大洋)	명 океа́н	아꼐안

대장(大腸)	명 **то́лстая кишка́** (то́лстый кише́чник)	똘스따야 끼시까 (똘스띄 끼세치닉)
대책, 수단, 조치, 정책//행사	명 **мероприя́тие**	메라쁘리아찌예
대처하다, 감당해내다, 처리하다	동 **справля́ться- спра́виться**	스쁘라블랴짜- 스쁘라비짜
대추	명 **фи́ник**	피닉
대출, 대부, 융자	명 **креди́т, заём, ссу́да**	끄리짇, 자욤, 수다
대통령, 대표, 사장	명 **президе́нт**	쁘레지곈트
대표이사, CEO	명 **генера́льный дире́ктор, президе́нт**	계녜랄늬 지롁따르, 쁘레지곈트
대하다, 대우하다, 태도를 보이다, ~와 관련되다, 상관이 있다	동 **относи́ться- отнести́сь**	앗나시짜- 앗니스찌스
대하다, 처리하다, (부탁, 문의 등을 하러) 가다, 향하다, 전환되다	동 **обраща́ться- обрати́ться**	아브라샤짜- 아브라찌짜
대하다, 취급하다, 때우다, 대충 해결 하다, 만족하다 무난히 지나가다, 돈/비용이 들다	동 **обходи́ться- обойти́сь**	압하지짜- 아바이찌스

대학, 연구소	몡 институ́т	인스찌뚤
대학교	몡 университе́т	우니베르시쪹
대학생	몡 студе́нт	스뚜졘트
대화, 의논, 담화	몡 диало́г	지알록
대화, 이야기	몡 разгово́р	라즈가보르
댐, 방죽, 둑	몡 да́мба, плоти́на	담바, 쁠라찌나
댓글, 반응	몡 о́тклик	옽끌릭
더러운, 지저분한	혱 гря́зный	그랴즈늬
더러움, 얼룩 등을 제거하다, 완벽하게 청소하다	동 отчища́ть-отчи́стить	앝치샤치-앝치스찌치
더운, 뜨거운	혱 жа́ркий	자르끼
던지다, 버리다, 내버리다, 단념하다, 그만두다, 말을 내뱉다	동 броса́ть-бро́сить	브라사치-브로시치
덧셈	몡 сложе́ние	슬라제니예
데려가다, 끌고 가다, 유괴하다, 훔쳐가다	동 уводи́ть-увести́	우바지치-우비스찌

데려다주다, 나르다, 가지고 다니다, 지다, 버티다	동 нести́	니스찌
데려오다, 어떤 상태로 이끌다	동 приводи́ть- привести́	쁘리바지치- 쁘리비스찌
데리고 가다, 끌어들이다, 성취하다, 세우다, 놓다, 조직하다, 만들다, 꾸리다, 손에 넣다, 갖다	동 заводи́ть-завести́	자바지치- 자비스찌
데리고 가다, 운전하다, 몰다	동 води́ть	바지치
데리고 가다, 인도하다, 안내하다	동 вести́	비스찌
데리고 나감, 물러남, 철수, 해임, 결말, 결론, 추론	명 вы́вод	븨밭
데우다, 따뜻하게 하다	동 подогрева́ть- подогре́ть	뻐다그리바치- 뻐다그례치
도금	명 золоче́ние	잘라체니예
도끼	명 топо́р	따뽀르
도달하다, 미치다, 이르다, 달성하다, 성취하다	동 достига́ть- дости́гнуть, дости́чь	다스치가치- 다스찍누치, 다스치치

도둑질, 절도	명 воровство́	바랍스뜨보
도로 표지판	명 доро́жный знак, указа́тель	다로즈늬 즈낙, 우까자쪨
도마	명 ку́хонная доска́	꾸한나야 다스까
도망가다, 벗어나다, 서둘러 나가다	동 убега́ть-убежа́ть	우비가치-우비자치
도서관, 서재, 장서	명 библиоте́ка	비블리아쩨까
도시	명 го́род	고랕
도시민, 도시 거주민	명 горожа́нин	거라자닌
도약대, 도약판, 다이빙대	명 трампли́н	뜨람쁠린
도예	명 гонча́рное де́ло	간차르나예 졜라
도움, 원조, 구호	명 по́мощь⑰	뽀마시
도움말	명 спра́вка	스쁘랖까
도중에 들르다, 거치다(차로)	동 заезжа́ть-зае́хать	자이즈자치-자예하치
도착하다, 다다르다, 이르다	명 прибыва́ть-прибы́ть	쁘리비바치-쁘리븨치
도토리	명 жёлудь⑩	졸루치
독수리	명 орёл	아룔

돈	명 де́ньги	졘기
돈벌이를 하다, 돈을 벌다, 작동하기 시작하다	동 зараба́тывать- зарабо́тать	자라바띠바치- 자라보따치
돌다, 어지럽다 빙글빙글 돌아가다, 원을 그리다	동 кружи́ться	끄루직짜
돌려서 말다, 접다	동 свёртывать- сверну́ть	스뵤르띠바치- 스비르누치
돌려주다, 갚다, 넘겨주다, 내주다, 선사하다	동 отдава́ть-отда́ть	앝다바치-앝다치
돌려주다, 반송/반품하다, 되돌리다, 되찾다	동 верну́ть	베르누치
돌리다, 전향하다	동 верте́ть	비르쩨치
돌리다, 회전시키다, 빙글빙글 돌아가게 하다	동 крути́ть	끄루찌치
돌아가다, 돌려주다, 되돌아오다, 회복하다	동 возвраща́ться- возврати́ться	바즈브라샤짜- 바즈브라찌짜

돌아가다, 우회하다(교통수단을 타고), 피해가다, 추월하다, 여러 장소를 돌아다니다	동 объезжа́ть-объе́хать	압이즈자치-압예하치
돌아가다, 우회하다, 주위를 걷다, 돌아다니다	동 обходи́ть-обойти́	압하지치-아바이찌
돌아가다, 회복하다	동 верну́ться	볘르누짜
돕다, 거들다, 효과가 있다	동 помога́ть-помо́чь	빠마가치-빠모치
동/동쪽의	명 восто́к/восто́чный	바스똑/바스또츠늬
동굴	명 пеще́ра	삐셰라
동그라미, 원	명 круг	끄룩
동료	명 колле́га	깔례가
동물, 짐승	명 живо́тное	즤봍너예
동물원	명 зоопа́рк	자아빠릌
동물의, 동물적인, 야만스런	형 живо́тный	즤봍늬
동반하다, 함께 가다, 데려다주다, 배웅하다	동 провожа́ть-проводи́ть	쁘라바자치-쁘라바지치

동성(同性)	몡 свой пол	스보이 뽈
동의하다, 찬성하다, 합의하다, 승낙하다, ~하기로 하다	동 соглашáться- согласи́ться	사글라샤짜- 사글라시짜
동전	몡 монéта	마녜따
돼지	몡 свинья́	스비니야
돼지고기	몡 свини́на	스비니나
되다, 이루어지다	동 станови́ться- стать	스따나비짜- 스따치
두개골	몡 чéреп	체맆
두께	몡 толщина́	딸시나
두뇌, 머리, 지혜	몡 ум	움
두려움, 불안	몡 боя́знь ∅	바야즌
두려워하다, 걱정하다, 염려하다	동 боя́ться	바야짜
둥근, 동그란, 통통한, 살집이 있는	혱 кру́глый	끄루글리
둥지	몡 гнездо́	그니즈도
뒤로	뷔 взад	브쟡

뒤로 물러서다, 뒷걸음치다, 후퇴하다	동 пя́титься-попя́титься	빠찌쨔-빠빠찌쨔
뒤에, 이면에, 과거에	부 전 позади́	빠자지
뒤에서, 뒤로부터, 배후에서	부 сза́ди	즈자지
뒤집다, 전복하다, 타도하다	동 сверга́ть-све́ргнуть	스비르가치-스베르그누치
뒤처지다, 뒤떨어지다, 낙오하다	동 отстава́ть-отста́ть	아쯔따바치-아쯔따치
뒤통수, 머리의 뒷부분	명 заты́лок	자띨락
뒷면, 이면, 엉덩이	명 зад	잗
뒷면의, 배후의, 이면의	형 за́дний	잗니
드라마(장르)	명 дра́ма	드라마
드라마, 연속극	명 телесериа́л	찔리시리알
드라이버, 나사돌리개	명 отвёртка	앝뵤르뜨까
드러 누워 있다, 놓여 있다, 깔려 있다, 처해 있다	동 лежа́ть	리자치

드러머, 드럼 연주자	명 уда́рник, бараба́нщик	우다르닉, 바라반시익
드럼	명 бараба́н	바라반
드레스, 원피스	명 пла́тье	쁠라찌예
드론	명 беспило́тник	비스삘롵닉
드문, 흔하지 않은, 희귀한	형 ре́дкий	롇끼
드물게, 가끔	부 и́зредка, ре́дко	이즈롙까, 롙까
듣다, 청취하다, 감상하다, 따르다	동 слу́шать- послу́шать	슬루샤치- 빠슬루샤치
들다, 들어 올리다, 끌어올리다	동 поднима́ть- подня́ть	빤니마치-빤냐치
들르다, 거치다, 경유하다	동 заходи́ть-зайти́	자하지치-자이찌
들리다, 들어 보다	동 слы́шать- услы́шать	슬리샤치- 우슬리샤치
들숨, 흡입	명 вдох	브도흐
들어가는 곳, 입구, 입장,	명 вход	프홑
들어가다, 참가하다, 입회하다	동 входи́ть-войти́	프하지치-바이찌
들판, 들, 논, 밭, 경작지	명 по́ле	뽈례

(사람, 동물의) 등	명 спина́	스삐나
등, 등불, 램프	명 ла́мпа, ла́мпочка	람빠, 람빠치까
등기우편	명 заказно́е письмо́	자가즈노예 삐시모
등대	명 мая́к	마약
등산	명 альпини́зм, подъём в го́ру	알피니즘, 빠드욤 브 고루
등산화	명 боти́нки для треккинга	바찐끼 들랴 뜨리낑가
디저트	명 десе́рт	지세르뜨
따뜻한, 따스한	형 тёплый	쬬쁠리
딱정벌레	명 жук	죽
딸	명 дочь, до́чка	도치, 도치까
딸기	명 клубни́ка	끌룹니까
딸꾹질	명 ико́та	이꼬따
딸꾹질하다	동 ика́ть	이까치
땀	명 пот	뽈
땀을 흘리다, 땀이 나다	동 поте́ть-вспоте́ть,	빠쩨치- 프스빠쩨치
땅, 흙, 육지	명 земля́	지믈랴
땅콩	명 ара́хис культу́рный, земляно́й оре́х	아라히스 꿀뚜르늬, 지믈리노이 아례흐

때, 순간, 시기, 장면	명 моме́нт	마멘트
때때로, 이따금, 종종	부 иногда́, поро́й	이나그다, 빠로이
때리다, 치다, 깜짝 놀라게 하다, 아연실색하게 하다	동 поража́ть-порази́ть	빠라자치-빠라지치
~때문에, ~이유로	전 всле́дствие, попричи́не	프슬례츠뜨비예, 빠쁘리치네
떠나다, 출발하다(차를 타고)	동 уезжа́ть-уе́хать	우예즈자치-우예하치
떠오르는 것, 나오는 것	명 восхо́д	바스홀
떠올리다, 상기시키다, 기억을 불러내다, 회상시키다, 연상시키다	동 напомина́ть-напо́мнить	나빠미나치-나뽐니치
떨어뜨리다, 흘리다, 숙이다	동 роня́ть-урони́ть	라냐치-우라니치
떨어지다, 쓰러지다, 내리다, 하락하다	동 па́дать-упа́сть	빠다치-우빠스치
뚱뚱한, 두꺼운	형 то́лстый	똘스띠
뛰어 내려가다, 흘러내리다, 표면에서 사라지다	동 сбега́ть-сбежа́ть	즈비가치-즈비자치

뛰어서 들어가다	동 вбега́ть-вбежа́ть	브비가치- 브비자치
뛰어오르다, 점프하다, 도약하다, 뛰어들다, 튀다, 펄쩍 뛰다, 뛰며 돌아다니다	동 пры́гать-пры́гнуть	쁘리가치- 쁘릭누치
뜨개질	명 вяза́ние	비자니예
뜻밖의, 갑작스러운, 기대치 않은	형 неожи́данный	니아즤단늬

ㄹ

라디오	명 ра́дио	라지오
라우터, 공유기	명 маршрутиза́тор	마르시루찌자떠르
라켓	명 раке́тка	라꼍까
래프팅	명 ра́фтинг	라프찡
랜, 근거리 통신망	명 лока́льная сеть	라깔나야 세치
러닝머신	명 бегова́я доро́жка	비가바야 다로시까
러시아	명 Росси́я	라시야
러시아 음식	명 ру́сская ку́хня	루스까야 꾸흐냐
러시아 정교	명 ру́сское правосла́вие	루스까예 쁘라바슬라비예
러시아어로, 러시아식으로	부 по-ру́сски	빠루스끼
러시아워, 붐비는 시간	명 час пик	차스 삑
러시아의, 러시아 사람	형 명 ру́сский	루스끼
럼, 럼주	명 ром	롬
레몬	명 лимо́н	리몬
레스토랑	명 рестора́н	리스따란
레이스(lace)	명 кру́жево	끄루제바

레퍼토리, 상연 목록	명 репертуáр	례뻬르뚜아르
로션	명 лосьóн	라시온
롤러코스터	명 американские гóрки	아메리깐스끼예 고르끼
루비	명 рубúн	루빈
르포, 탐방 기사, 현장 보고	명 репортáж	리뽀르따시
~를 향해, 마중하러	부 навстрéчу	나프스트례추
리모컨	명 пульт	뿔트
리터(L)	명 литр	맅르
립글로스	명 блеск для губ	블레스크 들랴 굽
립밤	명 бальзáм для губ	발잠 들랴 굽
립스틱	명 помáда	빠마다

ㅁ

마늘	명 чеснóк	치스녹
마당, 앞마당, 안뜰	명 двор, двóрик	드보르, 드보릭
마루, 바닥	명 пол	뽈
마스카라, 먹	명 тушь для ресни́ц	뚜시 들랴 리스니쯔
마스크	명 мáска	마스까
마시다, 들이키다	동 пить	삐치
마시다, 술을 즐기다	동 выпивáть-вы́пить	비삐바치-비삐치
마우스	명 мышь ⨍	믜시
마우스로 클릭하다	동 щёлкнуть, кли́кнуть мы́шью	숄끄누치, 끌릭누치 믜시유
마을, 동네	명 селó	실로
마을, 취락	명 посёлок	빠숄락
마음(기분)을 상하게 하다, 화나게 하다, 심하게 대하다, 손해를 입히다	동 обижáть-оби́деть	아비자치-아비졔치
마음, 기분이 상하다, 삐치다, 화나다	동 обижáться-оби́деться	아비자짜-이비졔짜

마음, 정신, 영혼	몡 душа́	두샤
마음에 들다, 좋다	동 нра́виться- понра́виться	느라비짜- 빠느라비짜
마음을 정하다, 결심하다, 과감히 ~하려고 하다	동 реша́ться- реши́ться	리사짜-리싀짜
마일(1마일= 약 1.6km)	몡 ми́ля	밀랴
마지막 당부, 유언	몡 после́днее напу́тствие	빠슬레드녜예 나뿦스트비예
마지막의	혱 после́дний	빠슬롇니
마치다, 끝나다	동 ока́нчиваться- око́нчиться	아깐치바짜- 아꼰치짜
막다, 금하다, 금지하다	동 запреща́ть- запрети́ть	자쁘리샤치- 자쁘리찌치
막바지 특별 할인 여행 상품	몡 горя́щая путёвка, горя́щий тур	가랴샤야 뿌쫗까, 가랴시 투르
만(灣)	몡 зали́в	잘립
만남, 약속	몡 встре́ча	프스뜨레차
만들다, 생산하다, 제조하다, 생기게 하다, 자아내다, 유발하다	동 производи́ть- произвести́	쁘라이즈바지치- 쁘라이즈비스찌

만들어지다, 이루어지다, 창조되다, 조직되다, 형성되다	동 создава́ться- созда́ться	사즈다바짜- 사즈다짜
만족, 즐거움	명 удово́льствие	우다볼스뜨비예
만족스러운, 만족한, 실행된	형 удовлетворённый	우다블리뜨바룐늬
만족을 느끼다, 감탄하다, 감탄하여 바라보다	동 любова́ться- полюбова́ться	류바바짜- 빠류바바짜
만족한, 흡족한	형 дово́льный	다볼늬
만화	명 ко́микс	꼬믹스
만화 영화, 애니메이션	명 му́льтик, мультифи́льм, аниме́	물찍, 물찌필름, 아니메
많은	형 мно́гий	므노기
말(馬)	명 конь ⓜ, ло́шадь ⒡	꼰, 로샤치
말다, 감아서 싸다, 걷어 올리다	동 зака́тывать- заката́ть	자까띄바치- 자까따치
말리다, 건조하다	동 суши́ть-вы́сушить	수시치-븨수시치
말수가 많은, 이야기하기 좋아하는	형 разгово́рчивый	라즈가보르치븨

말싸움하다, 논쟁하다, 다투다, 대적하다	동 спóрить- поспóрить	스뽀리치- 빠스뽀리치
말썽, 논란, 파동	명 скандáл	스깐달
말을 듣다, 남의 충고/ 조언 등을 따르다, 복종하다	동 слýшаться- послýшаться	슬루샤짜- 빠슬루샤짜
말투, 말씨	명 манéра говори́ть, манéра общéния	마녜라 가바리치, 마녜라 압셰니야
말하다, 얘기하다	동 говори́ть-сказáть	가바리지- 스까자치
맑은, 햇살이 좋은	형 сóлнечный	솔니치늬
맛, 취향	명 вкус	프꾸스
맛있는, 맛나는	형 вкýсный	프꾸스늬
망고	명 мáнго	만고
망루, 탑, 도약대	명 вы́шка	븨시까
망치	명 молотóк	멀라똑
망치다, 실패하다, 결딴내다, 그르치다	동 провáливать- провали́ть	쁘라발리바치- 쁘라발리치
맞서다, 항의하다, 대항하다, 적대하다	동 противостоя́ть	쁘라찌바스따야치

맞은편에, 건너편에, 반대로, 거슬러, 대항하여	부 전 напро́тив	나쁘로찊
매(조류)	명 со́кол	소깔
매년	ка́ждый год	까즈드이 곹
매니큐어	명 лак для ногте́й	락 들랴 낙쩨이
매달리다, 걸리다, 늘어지다	동 висе́ть	비세치
매력, 매혹	명 обая́ние	아바야니예
매력적인, 매혹적인, 마음을 끄는	형 привлека́тельный	쁘리블리까쩰늬
매력적인, 호감형의	형 симпати́чный	심빠찌치늬
매우 아름다운, 숭고한	형 прекра́сный	쁘리끄라스늬
매월	ка́ждый ме́сяц	까즈드이 메시쯔
매일	ка́ждый день	까즈드이 졘
매주	ка́ждая неде́ля	까즈다야 니졜랴
매혹적인, 황홀케 하는	형 обая́тельный	아바야쩰늬
맥주	명 пи́во	삐바
맥주집, 호프집	명 пивна́я	삐브나야

맨 처음, 최초의	형 **пе́рвый**	뻬르비
맹장	명 **слепа́я кишка́**	슬리빠야 끼시까
머리 모양	명 **причёска**	쁘리쵸스까
머리, 선두, 지성	명 **голова́**	걸라바
머리끈	명 **рези́нка для волос**	리진까 들랴 발로스
머리띠	명 **о́бруч для волос**	옵루치 들랴 발로스
머리를 깎다, 자르다	동 **стри́чься**	스뜨리치샤
머리카락	명 **во́лос (복во́лосы)**	볼라스 (볼라싀)
머리카락/ 수염/ 털 등을 밀다, 깎다	동 **брить-побри́ть**	브리치-빠브리치
머리카락이 짧은, 짧은 머리의	형 **коротковоло́сый**	까랕까발로싀
머리핀	명 **зако́лка, шпи́лька для волос**	자꼴까, 스삘까 들랴 발로스
머핀	명 **кекс, маффин**	켁스, 마핀
먹다, 먹어치우다, 삼키다, 없애다	동 **есть-съесть**	예스치-스예스치
먹이다, 젖을 먹이다, 밥을 주다, 먹을 것을 주다	동 **корми́ть-накорми́ть**	까르미치-나까르미치

먼, 멀리 떨어진	형 далёкий	달료끼
멀지 않아, 곧, 얼마 후	부 вскоре	프스꼬례
멈추다, 세우다, 중지하다	동 остана́вливать-останови́ть	아스따나블리바치-아스따나비치
멈추다, 중단하다, 그만두다	동 перестава́ть-переста́ть	삐리스따바치-삐리스따치
멍청한, 어리석은	형 глу́пый	글루삐
멎다, 멈추다, 중지하다, 머물다, 체류하다	동 остана́вливаться-останови́ться	아스따나블리바짜-아스따나비짜
메뚜기	명 кузне́чик	꾸즈녜칙
메슥거리다, 구역질하다, 역겨워하다	동 тошни́ть	따시니치
메시지, 통지, 보도, 통보, 교통	명 сообще́ние	사압셰니예
멜빵바지	명 комбинезо́н	깜비니존
며느리	명 неве́стка/сноха́	니볘슷까/스나하
면도하다, (털을) 밀다, 깎다	동 бри́ться-побри́ться	브리짜-빠브리짜
면봉	명 ва́тные па́лочки	밭늬예 빨로치끼

ㄱ
ㄴ
ㄷ
ㄹ
ㅁ
ㅂ
ㅅ
ㅇ
ㅈ
ㅊ
ㅋ
ㅌ
ㅍ
ㅎ

면세점	명 магази́н беспо́шлинной торго́вли, дьюти-фри	마가진 비스뽈실린너이 따르고블리, 듀찌-프리
면허증	명 води́тельские права́	바지쩰스끼예 쁘라바
멸치	명 анчо́ус	안초우스
명령, 지휘 // 한팀, 단	명 кома́нда	까만다
명칭, 이름	명 назва́ние	나즈바니예
명태	명 минта́й	민따이
몇몇, 몇 개의// 어느 정도, 다소	수 부 не́сколько	녜스꼴까
모기	명 кома́р	까마르
모니터	명 монито́р	마니또르
모닥불, 불타는 장작더미	명 костёр	까스쬬르
모란	명 пио́н	삐온
모래	명 песо́к	삐속
모레, 내일모레	부 послеза́втра	뽀슬레잡트라
모르는, 낯선// 모르는 사람	형 незнако́мый	니즈나꼼미
모습, 형태, 형식, 종류	명 вид	빝

모욕, 분개, 노여움	명 оби́да	아비다
모욕하다, 모멸감을 주다, 난폭하게 대하다, 상처를 주다	동 оскорбля́ть- оскорби́ть	아스까르블랴치- 아스까르비치
모으다, 거두다, 집결하다	동 собира́ть- собра́ть	사비라치- 사브라치
모음집	명 сбо́рник	즈보르닉
모이다, 모여들다, 채비하다, ~하려고 하다	동 собира́ться- собра́ться	사비라짜- 사브라짜
모자(帽子)	명 шля́па, ша́пка	슬랴빠, 샤까
모조품, 가짜	명 подде́лка, имита́ция	빠곌까, 이미따쩨야
모형 제작	명 модели́рование	마델리라바니예
목	명 ше́я	세야
목 긴 구두, 부츠	명 боти́нки	바찐끼
목걸이	명 цепо́чки, бу́сы, ожере́лье, колье́	찍뽀치끼, 부식, 아즈렐리예, 깔리예
목격자, 증인	명 свиде́тель ⓜ	스비졔졜
목발	명 косты́ль ⓜ	까스띨
목사	명 па́стор	빠스따르

목소리	몡 го́лос	골라스
목요일	몡 четве́рг	치뜨볘륵
목욕 가운	몡 ба́нный хала́т	반늬 할랕
목욕탕, 사우나	몡 ба́ня	바냐
목적지	몡 пункт назначе́ния	뿐크트 나즈나체니야
목초지, 초원	몡 па́стбище, сеноко́сное уго́дье, луг	빠슫비셰, 시나꼬스나예 우고지예, 룩
몸, 신체	몡 те́ло	쪨라
몸짓, 동작, 손짓	몡 жест	제스트
몸통, 몸체, 몸	몡 ту́ловище	뚜가비셰
못	몡 гвоздь⒨	그보즈치
묘사하다, 설명이나 그림으로 표현하다, 보여주다, 형상화하다	통 изобража́ть-изобрази́ть	이자브라자치-이자브라지치
무(채소)	몡 ре́дька	레찌까
무거운, 힘든, 괴로운	혱 тяжёлый	찌쫄릐
무게, 몸무게	몡 вес	볘스
무게가 나가다, 무게를 달다, 재다	통 ве́сить	볘시치
무당벌레	몡 бо́жья коро́вка	보지야 까롭까

무대, 광경	명 сцéна	스쩨나
무덤	명 моги́ла	마길라
무딘, 뭉툭한, 둔한, 멍청한	형 тупо́й	뚜뽀이
무료의, 무상의, 무보수의	형 беспла́тный	베스쁠랕늬
무릎	명 коле́но (⑳коле́ни)	깔레나 (깔레니)
무리, 떼	명 ста́я	스따야
무익한, 소용없는, 공연한, 쓸데없는	형 напра́сный	나쁘라스늬
무죄로 인정하다, 변명하다, 구실을 대다, 정당화하다, (기대, 희망을) 충족시켜주다	동 опра́вдывать-оправда́ть	아쁘라브디바치-아쁘라브다치
무화과	명 фи́га, инжи́р	피가, 인즤리
문, 방문, 입구	명 дверь⑫	드베리
문구, 문방구	명 канцеля́рские това́ры, канцтова́ры	깐쩰랴르스끼예 따바리, 깐쯔따바리
문제, 해결 과제	명 пробле́ма	쁘라블레마

ㄱ
ㄴ
ㄷ
ㄹ
ㅁ
ㅂ
ㅅ
ㅇ
ㅈ
ㅊ
ㅋ
ㅌ
ㅍ
ㅎ

문제를 내다, 알아맞히다, 추측하다, 상상하다, 그리다	동 зага́дывать- загада́ть	자가디바치- 자가다치
문화	명 культу́ра	꿀투라
묻다, 질문하다	동 спра́шивать- спроси́ть	스쁘라시바치- 스쁘라시치
물	명 вода́	바다
물건, 물품	명 вещь ⨍	볘시
물고기, 생선	명 ры́ба	리바
물러나다, 물러서다, 비키다, 철수하다, 떠나다	동 отходи́ть-отойти́	앗하지치- 아따이찌
물리학	명 фи́зика	피지까
물약	명 миксту́ра, жи́дкое лека́рство	믹스뚜라, 쥩까예 리까르스뜨바
물질, 물체	명 вещество́	비셰스트보
물집	명 волды́рь ⓜ	발디리
물집, 기포, 거품, 공기주머니	명 пузы́рь ⓜ	뿌지리
물체, 주제, 항목, 주제, 과목, 분야	명 предме́т	쁘릳몔
물품 보관소	명 ка́мера хране́ния	까메라 흐라녜니야

묽게 하다, 희석하다	통 разбавля́ть-разба́вить	라즈바블랴치-라즈바비치
미끄럼틀	명 де́тская го́рка	졔쯔까아 고르까
미끼, 낚싯밥	명 наса́дка	나샅까
미래	명 бу́дущее	부두시예
미리 알려주다, 예고하다, 경고하다, 예방하다	통 предупрежда́ть-предупреди́ть	쁘리두쁘리즈다치-쁘리두쁘리지치
미사, 예배식	명 литурги́я, ме́сса	리뚜르기야, 메사
미소, 빙긋이 웃음	명 улы́бка	울맆까
미소 짓다, 소리 없이 웃다	통 улыба́ться-улыбну́ться	울리바짜-울립누짜
미술관, 갤러리	명 галере́я	갈례례야
미워하다, 증오하다, 아주 싫어하다	통 ненави́деть	니나비졔치
미터(m)	명 метр	메뜨르
믹서	명 ми́ксер	믹셰르
민들레	명 одува́нчик	아두반칙
믿고 맡기다, 신임하다, 위임하다	통 доверя́ть-дове́рить	다비랴치-다볘리치
믿다, 신뢰하다	통 ве́рить-пове́рить	볘리치-빠볘리치

믿음직한, 충실한	형 **надёжный**	나죠즈늬
밀가루, 곡물가루	명 **мука́**	무까
밀다, 밀치다, 떠밀다, 밀어 넣다, 밀듯이 앞으로 던 지다	동 **толка́ть-толкну́ть**	딸까치-딸끄누치
밀다, 밀치다, 앞으로 나아가게 하다, 퍼져나가다, 전진하게 하다, 높이 올라가게 하다, 추진하다	동 **продвига́ть- продви́нуть**	쁘라드비가치- 쁘라드비누치
밀리미터(mm)	명 **миллиме́тр**	밀리몌뜨르
밑에, 아래에, 하단에	부 **внизу́**	브니주
밑줄 긋다, 강조하다, 부각하다	동 **подчёркивать- подчеркну́ть**	빧초르끼바치- 빧칰릌누치

ㅂ

바, 술집	명 бар	바르
바꾸다, 교체하다, 교환하다	동 менять-поменять	미냐치-빠미냐치
바꾸다, 변경하다, 배신하다, 반역하다	동 изменять- изменить	이즈미냐치- 이즈미니치
바뀌다, 달라지다, 변화하다	동 изменяться- измениться	이즈미냐짜- 이즈미니짜
바나나	명 бана́н	바난
바늘	명 иго́лка	이골까
바다	명 мо́ре	모례
바닷가재, 랍스터	명 ома́р, ло́бстер	아마르, 롭스떼르
바둑	명 го	고
바라다, 희망하다, 기대하다	동 наде́яться	나졔야짜
바람	명 ве́тер	볘찌르

바람이 불다, 숨을 내쉬다, 입으로 불다	동 дуть	두치
바르다, 칠하다, 흐리게 하다	동 сма́зывать- сма́зать	스마즤바치- 스마자치
바비큐, 통구이	명 барбекю́	바르비큐
바쁜, 채워진, 차지된	형 за́нятый	자니띄
바이올리니스트	명 скрипа́ч	스끄리빠치
바이올린	명 скри́пка	스끄맆까
바지	명 штаны́	시따늬
바지, 정장 바지	명 брю́ки	브류끼
바치다, 쏟다, 헌정하다	동 посвяща́ть- посвяти́ть	빠스비샤치- 빠스비찌치
바퀴, 차바퀴	명 колесо́	깔리소
바퀴벌레	명 тарака́н	따라깐
박물관	명 музе́й	무졔이
박사, 박사 후보	명 кандида́т нау́к	깐지닫 나욱
박사, 의사	명 до́ктор	독떠르
박사과정생	명 аспира́нт	아스삐란트
박사학위 과정	명 аспиранту́ра	아스삐란뚜라
박식한, 해박한// 학자	형 명 учёный	우쵼늬

박쥐	몡 лету́чая мышь	리두차야 미시
반, 학년 (초, 중, 고)	몡 класс	끌라스
반값, 헐값	몡 полцены́ ⑦	빨쯰늬
반대로, 뒤집어, 거꾸로	뷔 наоборо́т	나아바롵
반대말, 반의어	몡 анто́ним	안또님
반대하다, 반대하고 나서다, 항의하다	동 выступа́ть/ вы́ступить про́тив	비스뚜빠치/ 비스뚜삐치 쁘로찦
반대하다, 반박하다, 이의를 제기하다, 항의하다	동 возража́ть- возрази́ть	바즈라자치- 바즈라지치
반대하여, 대항하여, 마주 대하여, 맞은편의	전 про́тив	쁘로찦
반도(半島)	몡 полуо́стров	빨루오스뜨롭
반바지	몡 шо́рты	쇼르띠
반복하다, 되풀이하다, 다시 말하다	동 повторя́ть- повтори́ть	빠프따랴치- 빠프따리치
반품하다	몡 верну́ть това́р	비르누치 따바르

반환하다, 갚다, 되돌려주다, 회복하다	동 возвраща́ть-возврати́ть	바즈브라샤치-바즈브라찌치
받다, 얻다, 손에 넣다	동 получа́ть-получи́ть	빨루차치-빨루치치
받아들이다, 수락하다, 응하다	동 принима́ть-приня́ть	쁘리니마치-쁘리냐치
받은 편지함	명 входя́щие пи́сьма	프하쟈시예 삐사마
받치다, 지탱하다, 저지하다	동 уде́рживать-удержа́ть	우졔르쥐바치-우졔르자치
받침대, 판매대, 코너 선반	명 сто́йка	스또이까
발 매트, 깔개	명 полови́к, ко́врик	빨라빅, 꼬브릭
발, 다리	명 нога́ (복 но́ги)	나가 (노기)
발, 발바닥	명 стопа́	스따빠
발가락	명 па́лец на ноге́	빨례츠 나 나계
발달하다, 발전하다, 전개하다, 진전하다	동 развива́ться-разви́ться	라즈비바짜-라즈비짜
발뒤꿈치	명 пя́тка	뺱까
발레	명 бале́т	발롓
발목, 복사뼈	명 лоды́жка (щи́колотка)	라디시까 (시깔롯까)

발바닥	명 подо́шва стопы́, ступня́	빠도시바 스따삐, 스뚭냐
발바닥, 구두 밑창	명 подо́шва	빠도시바
발생하다, 생기다, 일어나다, 진행되다	동 происходи́ть-произойти́	쁘라이스하지치-쁘라이자이찌
발송하다, 보내다, 출발시키다, 파견하다	동 отправля́ть-отпра́вить	앝쁘라블랴치-앝쁘라비치
발송하다, 보내다, 파견하다	동 отсыла́ть-отосла́ть	아쬘라치-아따슬라치
발음하다, 소리 내다, 발언하다, 입 밖에 내다	동 произноси́ть-произнести́	쁘라이즈나시치-쁘라이즈니스찌
발주자	명 зака́зчик	자까식
발코니, 극장의 2층 좌석	명 балко́н	발꼰
발톱	명 ко́готь (복ко́гти)	꼬가치 (꼭찌)
발화, 격발, 분출// 카메라 플래시	명 вспы́шка	프스삐시까
밝은, 유쾌한, 즐거움을 주는	형 весёлый	비숄리

밝은, 환한, 연한	형 све́тлый	스베틀리
밝히다, 표명하다, 발표하다, 선언하다, 공고하다, 널리 알리다	동 объявля́ть- объяви́ть	압이블랴치- 압이비치
밟다, 공격하다, 들이대다, 닥쳐오다, 몰려오다, 임박하다, 시작되다, 도래하다	동 наступа́ть- наступи́ть	나스뚜빠치- 나스뚜삐치
밤 12시, 밤중	명 по́лночь⑦	뽈나치
밤(栗), 밤나무	명 кашта́н	까시딴
밤(夜), 야간	명 ночь⑦	노치
밤늦게까지, 늦도록	부 допоздна́	다빠즈나
밤에, 야간에	부 но́чью	노치유
밥, 쌀	명 рис	리스
밥 먹다, 점심을 먹다	동 обе́дать- пообе́дать	아볘다치- 뻐아볘다치
방, 실	명 ко́мната	꼼나따
방광	명 мочево́й пузы́рь	머치보이 뿌즤리
방귀 뀌다	동 пука́ть	뿌까치

방금, 금방, 갓	부 то́лько что	똘까 시또
방문 기록, 검색 이력	명 исто́рия	이스또리야
방문하다, 돌아다니다, 들르다	동 побыва́ть	빠븨바치
방문하다, 들여다보다, 찾아가다, 찾아오다	동 посеща́ть-посети́ть	빠시샤치-빠시찌치
방울, 소량, 점안액	명 ка́пля	까쁠랴
방울이 떨어지다, 흘러내리다, 떨어뜨리다, 떨어지게 하다	동 ка́пать-ка́пнуть	까빠치-까쁘누치
방위(方位)	명 сторона́ све́та	스떠라나 스베따
방파제	명 волноло́м	발날롬
방해하다, 폐를 끼치다	동 меша́ть-помеша́ть	미샤치-빠미샤치
방향, 향방, 경향, 조류	명 направле́ние	나쁘라블레니예
방화벽	명 брандма́уэр	브란드마우에르
배(腹), 복부	명 живо́т	즤봍
배(梨), 서양 배	명 гру́ша	그루샤

배(船), 선박	명 су́дно (⑫суда́)	수드나 (수다)
배, 선박, 기선	명 кора́бль⑩	까라블
배구	명 волейбо́л	발레이볼
배꼽	명 пупо́к	뿌뽁
배낭여행	명 путеше́ствие с рюкзако́м	뿌찌셰스뜨비예 스 륙자꼼
배부른, 풍부한	형 сы́тый	싀띄
배수관	명 водосто́чная труба́	바다스또치나야 뜨루바
배수구	명 сливно́е отве́рстие	슬립노예 앝뼤르스찌예
배신, 배반, 반역	명 изме́на	이즈메나
배신자, 반역자	명 изме́нник	이즈멘닉
배우 (여배우)	명 актёр (⑫актри́са)	악쬬르 (악뜨리사)
배우다, 공부하다, 습득하다	동 учи́ться-вы́учиться/ научи́ться	우치짜-븨우치차/ 나우치짜
배우다, 연구하다	동 изуча́ть-изучи́ть	이주차치-이주치치
배우자	명 супру́г (⑫супру́га)	수쁘룩 (수쁘루가)
배추	명 пеки́нская капу́ста	뻬낀스까야 까뿌스따
배터리, 전지, 축전지	명 батаре́йка, батаре́я	바따레이까, 바따레야

백금	명 платина	쁠라찌나
백사장	명 песчаный пляж	삐샨늬 쁠랴시
백신	명 вакцина	박찌나
백신, 백신주사	명 вакцинация	박찌나찌야
백조	명 лебедь ⓜ	레비치
백합	명 лилия	릴리야
백화점, 쇼핑센터	명 торговый центр, универмаг	따르고비 쩬트르, 우니비르막
뱀	명 змея	즈미야
버드나무, 버들	명 ива	이바
버섯	명 грибы	그리비
버스	명 автобус	압토부스
버클, 고정장치	명 пряжка	쁘랴시까
버터	명 сливочное масло	슬리보츠나예 마슬라
버티다, 지탱하다, 참고 견디다	동 удерживаться-удержаться	우졔르쥐바짜-우졔르자짜
번데기, 작은 인형	명 куколка	꾸깔까
번호, 호수, 호실, 객실	명 номер	노몌르

번화가, 중심가	명 центр го́рода, гла́вная у́лица го́рода	쩬트르 고라다, 글랍나야 울리짜 고라다
벌(蜂)	명 пчела́	쁘칠라
범인, 죄인	명 престу́пник	쁘리스뚭닉
법, 권리, 자격, 허가, 면허(증)	명 пра́во	쁘라바
법률가, 율사, 변호사	명 юри́ст	유리스트
법정 변호사	명 адвока́т	앋바깥
벗기다, 떼다, 제거하다, 면직하다, 철회하다, 촬영하다, 세를 얻다	동 снима́ть-снять	스니마치-스냐치
벗어나다, 빠져나오다, 면하다	동 избавля́ться-изба́виться	이즈바블랴짜-이즈바비짜
벚꽃	명 вишнёвый цвето́к	비시뇨븨 쯔비똑
베란다	명 вера́нда	베란다
베이글	명 бейгл	베이글
베이지색의	형 бе́жевый	베즤븨
벼룩시장, 플리마켓	명 барахо́лка	바라홀까

벽, 담벼락	몡 стена́	스찌나
벽난로, 실내용 난로	몡 ками́н, пе́чка	까민, 뻬치까
벽보, 포스터	몡 афи́ша	아피사
벽시계	몡 насте́нные часы́	나스쪤니예 치싀
변기	몡 унита́з	우니따스
변두리, 외진 곳	몡 окра́ина	아끄라이나
변비	몡 запо́р	자뽀르
별	몡 звезда́	즈비즈다
별관, 별채	몡 обосо́бленное подразделе́ние	아바소블린너예 빠드라즈질레니예
병(瓶), 술병	몡 буты́лка	부띨까
병(病), 질환	몡 боле́знь🄵	발례즌
병, 통	몡 ба́нка	반까
병원	몡 больни́ца, поликли́ника	발니짜, 빨리끌리니까
병원 (주로 군 병원)	몡 го́спиталь🄼	고스삐딸
병원 (주로 대학 부속)	몡 кли́ника	끌리니까

병을 앓다, 병약하다, (~병에) 걸리다, (어떤 부분이) 아프다, 통증이 있다	동 боле́ть	발례치
보관하다, 유지하다, 저장하다, 지키다	동 сохраня́ть-сохрани́ть	사흐라냐치-사흐라니치
보내다, 발송하다	동 посыла́ть-посла́ть	빠실라치-빠슬라치
보내오다, 보내다, 발송하다	동 присыла́ть-присла́ть	쁘리실라치-쁘리슬라치
보낸 편지함	명 отпра́вленные пи́сьма	앝쁘라블린늬예 삐시마
보너스	명 пре́мия	쁘레미야
보다, 바라보다, 대하다, 간주하다	동 смотре́ть-посмотре́ть	스맡례치-빠스맡례치
보다, 체험하다	동 ви́деть-уви́деть	비졔치-우비졔치
보드카	명 во́дка	봍까
보라색의	형 фиоле́товый	피알례따비
보러 오다, 찾아가다, 방문하다	동 навеща́ть-навести́ть	니비샤치-나비스찌치

보르시(양배추 수프)	명 борщ	보르시
보살피다, 돌보다, 챙기다, 염려하다, 신경 쓰다	동 забо́титься-позабо́титься	자보찌짜-빠자보찌짜
보석	명 драгоце́нный ка́мень	드라가쩬늬 까민
보석, 보석으로 만든 장신구	명 ювели́рное изде́лие	유빌리르나예 이즈젤리예
보수를 주다, 상을 주다, 수여하다, 보답하다, 선사하다	동 награжда́ть-награди́ть	나그라즈다치-나그라지치
보수주의, 보수성	명 консервати́зм	깐세르바찌즘
보습 크림	명 увлажня́ющий крем	우블라즈냐유시이 끄롐
보여주다, 제시하다, 나타내다	동 пока́зывать-показа́ть	빠까즤바치-빠까자치
보이다, 나타나다, 생각되다, 여겨지다, 느껴지다	동 каза́ться-показа́ться	까자짜-빠까자짜

보이다, 서로 만나다, 관찰되다	동 ви́деться-уви́деться	비졔짜-우비졔짜
보조개	명 я́мочка (на щеке́)	야머치카 (나 시꼐)
보조금, 수당, 교과서	명 посо́бие	빠소비예
보존, 보호, 저축, 절약	명 сбереже́ние	스비리졔니예
보증, 담보	명 зало́г	잘록
보충의, 추가의, 여분의	형 дополни́тельный	다빨니쩰늬
보태다, 추가하다, 첨가하다, 보충하다, 덧붙여 말하다, 덧붙이다	동 добавля́ть-доба́вить	다바블랴치- 다바비치
보통, 일반적으로	부 обы́чно	아븨치나
보통의, 상례의, 흔히 보는	형 обыкнове́нный	아븨끄나벤늬
보트, 조각배	명 ло́дка	롤까
보행기	명 ходунки́	하둔끼
복도, 통로, 회랑	명 коридо́р	까리도르
복무, 직무	명 слу́жба	슬루즈바

복무하다, 종사하다	동 служи́ть	슬루즈치치
복사기	명 ксерокс, копирова́льный аппара́т	크세락스, 까비라발늬 아빠랕
복숭아	명 пе́рсик	뻬르식
복용량, 1회분	명 до́за	도자
복잡한, 합성의, 복합적인	형 сло́жный	슬로즈니
복종시키다, 당하게 하다, 받게 하다	동 подверга́ть-подве́ргнуть	빠드비르가치-빠드볘르구누치
복종적인, 순종적인, 고분고분한	형 поко́рный	빠꼬르니
복종하다, 따르다	동 подчиня́ться-подчини́ться	빹치냐짜-빹치니짜
본관	명 гла́вный ко́рпус	글라브늬 꼬르뿌스
본드, 접착제	명 супе́рклей	수뻬르끌레이
볼 터치	명 румя́на	루먄나
볼, 뺨	명 щека́ (복щёки)	시까 (쇼끼)
볼링	명 бо́улинг	보울링
볼펜	명 автору́чка, (ша́риковая) ру́чка	압따루치까, (샤리까바야) 루치까

봄 (봄에)	명 весна́ (весно́й)	비스나 (비스노이)
부끄러워하다	동 стыди́ться	스띄지짜
부단한, 변치 않는, 일정한	형 постоя́нный	빠스따얀늬
부동산	명 недви́жимость ⨍	니드비즈마스치
부두, 정박소	명 прича́л, при́стань ⨍	쁘리찰, 쁘리스딴
부러워하다, 질투하다	명 зави́довать- позави́довать	자비다바치- 빠자비다바치
부르다, 불러내다, 소집하다, 호출하다, 불러일으키다	동 вызыва́ть- вы́звать	븨즤바치- 븨즈바치
부르다, 칭하다, 불러내다, 초대하다	동 звать-позва́ть	즈바치-빠즈바치
부르다, 호출하다, 소환하다, 소집하다, 초청하다, 호소하다, 설득하다	동 призыва́ть- призва́ть	쁘리즤바치- 쁘리즈바치
부름, 호소, 초청, 초대, 요청, 외침	명 призы́в	쁘리집

부부 생활, 결혼 생활	명 супру́жество	수프루즈스뜨바
부서지다, 붕괴하다, 주저앉다	동 разва́ливаться-развали́ться	라즈발리바짜-라즈발리짜
부스럼, 종기	명 фуру́нкул	푸룬꿀
부엉이, 올빼미	명 сова́	사바
부엌, 요리	명 ку́хня	꾸흐냐
부유한, 풍요로운, 풍부한	형 бога́тый	바가띄
부인과(婦人科)	명 гинекологи́ческое отделе́ние	기니깔라기치스꺼예 앗질례니예
부작용	명 побо́чный эффе́кт	빠보치늬 이펙트
부정하다, 부인하다, 이의를 제기하다, 반박하다	동 отрица́ть	앝리짜치
부족, 결핍, 단점, 결함, 흠	명 недоста́ток	니다스따딱
부족한, 모자란	형 недостаю́щий	니다스따유시
부지런한, 근면한	형 трудолюби́вый	뜨루다류비븨
부처, 석가모니	명 Бу́дда	부다
부츠	명 сапоги́	사빠기

ㄱ ㄴ ㄷ ㄹ ㅁ ㅂ ㅅ ㅇ ㅈ ㅊ ㅋ ㅌ ㅍ ㅎ

부탁, 요청, 의뢰	명 про́сьба	쁘로지바
부피, 용량	명 объём	압욤
부하, 지휘하의, 종속적인	명 형 подчинённый	빧치뇬늬
부활, 소생	명 воскресе́ние	바스끄리세니예
북/북쪽의	명 се́вер/се́верный	셰베르/셰비르늬
북극	명 Се́верный по́люс	셰비르늬 뽈류스
북마크	명 закла́дки	자끌랕끼
북한, 조선민주주의 인민공화국	명 Се́верная Коре́я, КНДР	셰베르나야 까례야, 까엔데에르
분, 1분	명 мину́та	미누따
분산된, 산만한, 부주의한	형 рассе́янный	라셰얀늬
분석, 해석	명 ана́лиз	아날리스
분석하다, 해석하다	동 анализи́ровать-проанализи́ровать	아날리지라바치-쁘라아날리지라바치
분수, 소수	명 дровь ⓕ, дро́бное число́	드룐, 드롭나예 치슬로
분실물센터	명 бюро́ нахо́док	뷰로 나호닥
분홍색의	형 ро́зовый	로자븨
불	명 ого́нь ⓜ	아곤

불경, 법장	명 трипи́така	뜨리삐따까
불교/불교 신자	명 будди́зм/будди́ст	부지즘/부지스트
불길, 불꽃, 화염	명 пла́мя	쁠라먀
불리다, 명명되다	동 называ́ться- назва́ться	나즤바짜- 나즈바짜
불상	명 ста́туя Бу́дды	스따뚜야 부듸
불안해하다, 신경과민이 되다, 걱정을 많이 하다, 과도하게 긴장하다	동 не́рвничать	녜르브니차치
불운한, 불행한// 불쌍한 사람	형 명 несча́стный	니샤스늬
붓꽃, 꽃창포	명 и́рис	이리스
붕괴, 와해, 무너짐	명 разва́л	라즈발
붕대	명 бинт, повя́зка	빈트, 빠뱌스까
붙들어 놓다, 지체하다, 기다리게 하다, 붙잡다, 체포하다	동 заде́рживать- задержа́ть	자졔르즤바치- 자지르자치
붙잡다, 잡고 지탱하다, 붙어 있다, 유지하다// 침착하게 대처하다	동 держа́ться	지르쟈짜

붙잡다, 잡다(타동사)// 충분하다, 넉넉하다 (자동사)	동 хвата́ть-хвати́ть	흐바따치-흐바찌치
브래지어	명 ли́фчик, бюстга́льтер	맆칙, 뷰스드갈찌르
브레이크	명 то́рмоз	또르마스
브로치	명 брошь ⨍	브로시
블라우스	명 блу́за, блу́зка	블루자, 블루스까
블라인드	명 жалюзи́	잘류지
블록버스터	명 блокба́стер	블락바스떼르
비	명 дождь ⓜ	도시치
비가 오는	형 дождли́вый	다즈들리비
비교하다, 비하다, 견주다	동 сра́внивать-сравни́ть	스라브니바치-스라브니치
비극, 불행	명 траге́дия	뜨라계지야
비뇨기과	명 урологи́ческое отделе́ние	우랄라기치스꺼예 앋질레니예
비누	명 мы́ло	믤라
비닐봉지	명 паке́т	빠꼍
비둘기	명 го́лубь ⓜ	골룹
비만증	명 ожире́ние	아쥐례니예

비명을 지르다, 날카로운 소리를 지르다	통 вскри́кивать-вскри́кнуть	프스끄리끼바치-프스끄리끄누치
비밀, 비결	명 секре́т	시끄렡
비밀번호	명 паро́ль ⓜ, пин-код	빠롤, 삔꼳
비비 크림	명 BB крем	비비 끄렘
비상구	명 авари́йный вы́ход	아바리이늬 븨핱
비상등	명 авари́йный фона́рь	아바린늬 파나리
비서	명 секрета́рь ⓜ	시크리따르
비스킷	명 гале́та, сухо́е пече́нье	갈례따, 수호예 삐체니예
비슷한 말, 동의어	명 сино́ним	시노님
비어 있는, 텅 빈, 공허한, 보람 없는	형 пусто́й	뿌스또이
비올라	명 вио́ла	비올라
비옷	명 дождеви́к	다즈지빅
비용, 소비, 지출	명 расхо́д	라스홑
비자, 사증	명 ви́за	비자
비즈니스석	명 би́знес-класс	비즈니스 끌라스
비치파라솔	명 пля́жный зонт	쁠랴즈늬 존트

비치볼	몡 надувно́й пля́жный мяч	나둡노이 쁠랴즈늬 먀치
비키니	몡 бики́ни	비끼니
비트, 근대(채소)	몡 свёкла	스뵤꼴라
비판하다, 비평하다	동 критикова́ть	끄리찌까바치
비포장도로	몡 грунтова́я доро́га, немощёная доро́га	그룬따바야 다로가, 니마숀냐 다로가
비행	몡 полёт	빨룓
비행기	몡 самолёт	사말룓
비행기 착륙	몡 поса́дка самолёта	빠샅까 사말료따
빈번한, 자주 일어나는	형 ча́стый	차스띄
빈혈	몡 анеми́я, малокро́вие	아니미야, 말라끄로비예
빌다, 간청하다	동 умоля́ть-умоли́ть	우말랴치-우말리치
빌다, 바라다, 희망하다	동 жела́ть-пожела́ть	질라치-빠질라치
빌라	몡 ча́стный многокварти́рный дом	차스늬 므노가고바르 찌르늬 돔
빌려주다, 부탁을 들어주다	동 ода́лживать-одолжи́ть	아달즈바치-아달즈치

빗다, 빗질하다 (머리 등을)	동 расчёсывать- расчеса́ть	라쇼싀바치- 라시이사치
빗자루	명 ве́ник	베닉
빛, 광명, 불, 등불	명 свет	스볱
빛이 비치다, 빛나다, 반짝거리다, 환하게 비치다	동 свети́ться	스비찌짜
빠르게	부 бы́стро	비스뜨라
빠른, 신속한, 기민한	형 бы́стрый	비스뜨릐
빠지다, 끼이다, 틈새에 박히다, 걸리다, 지체하다	동 застрева́ть- застря́ть	자스뜨리바치- 자스뜨랴치
빨간, 붉은	형 кра́сный	끄라스늬
빨다, 빨아서 녹이다	동 расса́сывать- рассоса́ть	라사싀바치- 라사사치
빨대	명 тру́бочка	뜨루바치까
빵 껍질, 딱딱한 외피, 나무껍질, 대뇌피질	명 кора́	까라
빻다, 잘게 만들다	동 измельча́ть- измельчи́ть	이즈멜차치- 이즈멜치치
빼앗다, 잃다, 상실하다	동 лиша́ть-лиши́ть	리샤치-리싀치

뺄셈	명 вычита́ние	비치따니예
뺏다, 앗아가다, 강탈하다, 탈취하다, 빼다, 절단하다	동 отнима́ть-отня́ть	앝니마치-앝냐치
뼈, 골질	명 кость ⨍	꼬스치
뽀로통하다, 못마땅해서 불만을 나타내다, 삐치다, 토라지다	동 ду́ться	두짜
뽀족한, 날카로운, 격렬한, 격한, 단호한, 신랄한	형 ре́зкий	레스끼
뿌리, 기원	명 ко́рень ⓜ	꼬롄
뿔	명 рог	록
쁠롭(볶음밥)	명 плов	쁠룦
삘메니(만두)	명 пельме́ни, манты	삘메니, 만띄

ㅅ

ㄱ
ㄴ
ㄷ
ㄹ
ㅁ
ㅂ
ㅅ
ㅇ
ㅈ
ㅊ
ㅋ
ㅌ
ㅍ
ㅎ

사건, 사고, 돌발 사건	명 инциде́нт	인찌젠트
사계절	명 четы́ре вре́мени го́да	치띠리 브례미니 고다
사고로 죽다, 쇠락하다, 멸망하다, 소멸하다, 죽어가다	동 погиба́ть- поги́бнуть	빠기바치- 빠깁누치
사고하다, 궁리하다, 논하다, 토론하다, 의견을 말하다	동 рассужда́ть	라수즈다치
사과(과일)	명 я́блоко	야블라까
사교적인, 붙임성 있는	형 общи́тельный	압시쳴늬
사귀다, 친하다	동 дружи́ть, дружи́ться	드루지치, 드루지짜
사귐, 교제, 연락	명 обще́ние	압셰니예
사다, 구매하다	동 покупа́ть-купи́ть	빠꾸빠치-꾸삐치

사라지다, 없어지다, 희미해지다, 자취를 감추다	동 исчеза́ть- исче́знуть	이시이자치- 이시에즈누치
사라지다, 자취를 감추다, 소멸되다	동 пропада́ть- пропа́сть	쁘라빠다치- 쁘라빠스치
사람, 인간	명 челове́к (⑪лю́ди)	칠라벡 (류지)
사랑, 애정	명 любо́вь ⓕ	류봎
사랑하다	동 люби́ть	류비치
사러, 데리러 뛰어 서 가다(돌아올 목 적으로)	동 сбе́гать	즈베가치
사막, 황야	명 пусты́ня	뿌스띠냐
사무실	명 о́фис	오피스
사무실, 집무실, 서재	명 кабине́т	까비녣
사슴벌레	명 жук-оле́нь ⑪	죽-알렌
사용자 계정	명 учётная за́пись по́льзователя	우쵿나야 자삐시 뽈자바꼘랴
사용자, 이용자	명 по́льзователь ⑪	뽈자바꼘
사용하다, 소비하다, 이용하다	동 употребля́ть- употреби́ть	우빠뜨리블랴치- 우빠뜨리비치

사용하다, 활용하다, 이용하다, 쓰다	동 испо́льзовать	이스뽈자바치
사위	명 зять ⓜ	쟈치
사이버 공격	명 кибератáка	끼베라따까
사이에, 중간에, 사이의	전 мéжду	몌즈두
사이클론	명 тренажёр-велосипéд	뜨리나조르-벨라시뼫
사이클링	명 велоспóрт	벨라스포릍
사인펜, 마커	명 мáркер	마르끼리
사자(동물)	명 лев	롚
사전(事典)	명 словáрь ⓜ	슬라바리
사진	명 фотогрáфия	파따그라피야
사진 찍다, 촬영하다	동 фотографи́ровать-сфотографи́ровать	파따그라피라바치-스파따그라피라바치
사진기, 카메라	명 фотоаппарáт	파따아빠랕
사치스러운, 화려한, 호사스러운	형 роскóшный	라스꼬시늬
사탕, 초콜릿 사탕	명 конфéта	깐폐따
사투리, 방언	명 диалéкт	지알롁트
사파이어	명 сапфи́р	삽피르

사회, 공동체	명 **общество**	옵셰스뜨바
사회학	명 **социоло́гия**	싸찌알로기야
산, 산악, 더미	명 **гора́**	가라
산과(産科)	명 **акуше́рское отделе́ние**	아꾸셰르스꺼예 앝질례니예
산소(酸素)	명 **кислоро́д**	끼슬라롵
산소통	명 **кислоро́дный балло́нчик**	끼슬라롣늬 발론칙
산수, 산술	명 **арифме́тика**	아리프몌찌까
산책하다, 거닐다, 놀다	동 **гуля́ть**	굴랴치
산타클로스	명 **Дед Моро́з**	곋 마로스
산호	명 **кора́лл**	까랄
살구	명 **абрико́с**	아브리꼬스
살균하다, 멸균하다	동 **стерилизова́ть**	스찌릴리자바치
살균하다, 멸균하다, 소독하다	동 **дезинфици́ровать**	지진피찌라바치
살다, 생활하다, 거주하다	동 **жить**	즤치
살코기, 살(동물의)	명 **мя́коть** ⨍	먀코치
삶, 인생	명 **жизнь** ⨍	즤즌

삼각관계	명 треуго́льные отноше́ния	뜨리우골늬예 알나셰니야
삼각형	명 треуго́льник	뜨리우골닉
삼촌, 아저씨	명 дя́дя	쟈쟈
삽	명 лопа́тка	라빹까
상당히, 꽤, 필요한 만큼	부 дово́льно	다볼나
상사, 책임자	명 нача́льник	나찰닉
상수도, 수도관	명 водопрово́д	버다쁘라볻
상어	명 аку́ла	아꿀라
상업, 교역, 무역	명 торго́вля	따르고블랴
상의하다, 조언을 얻다	동 сове́товаться-посове́товаться	사볘따바짜-빠사볘따바짜
상징, 부호	명 си́мвол	심발
상처	명 ра́на, ране́ние	라나, 라녜니예
상처 내다, 다치게 하다, 상처를 입히다	동 ра́нить	라니치
상추	명 сала́т-лату́к	살랕-라뚝
상표, 브랜드	명 торго́вая ма́рка, бренд, торго́вый знак	따르고바야 마르까, 브렌드, 따르고븨 즈낙
상품	명 това́р	따바르

상황, 상태, 형편 // 재산	명 состояние	사스따야니예
상황, 형세	명 ситуация	시뚜아찌야
새, 조류	명 птица	쁘찌짜
새로운, 새	형 новый	노비
새벽, 여명	명 рассвет	라스볫
새우	명 креветка	끄리볟까
새의 부리	명 клюв	끌류프
새해, 설날	명 Новый год, Корейский новый год	노비 곧, 까례이스끼 노비 곧
색깔, 색상, 꽃	명 цвет	쯔볫
색연필	명 цветной карандаш	쯔빝노이 까란다시
색조, 색채	명 оттенок	아쩨녁
색조, 어조, 음조	명 тон	톤
샌드위치 (러시아식)	명 бутерброд	부떼르브롣
샌들	명 босоножки	바사노시끼
샐러드	명 салат	살랄
샐러드 그릇	명 салатник	살랄닉
샐러리맨, 봉급생활자	명 служащий	슬루자시

생각하다, 여기다, 예상하다	통 ду́мать-поду́мать	두마치-빠두마치
생강	명 имби́рь ⓜ	임비르
생기다, 발생하다, 일어나다	통 случа́ться-случи́ться	슬루차짜-슬루치짜
생리식염수	명 физиологи́ческий раство́р	피지알라기체스끼 라스뜨보르
생리대	명 прокла́дка (гигиени́ческая)	쁘라끌랕까 (기기예니체스까야)
생물학	명 биоло́гия	비알로기야
생방송	명 прямо́й эфи́р	쁘리모이 이피르
생일, 탄생일	명 день рожде́ния	졘 라지제니야
생중계, 라이브	명 пряма́я трансля́ция	쁘리마야 뜨란슬라찌야
샤워기	명 душ	두시
샤프펜슬	명 автокаранда́ш	압따까란다시
샴페인	명 шампа́нское	샴빤스까예
샴푸	명 шампу́нь ⓜ	샴뿐
샹들리에	명 лю́стра	류스뜨라
서 있다, 정차하다, 멎다	통 стоя́ть	스따야치
서/서쪽의	명 за́пад/за́падный	자빹/자빤늬

서늘한, 쌀쌀한, 냉랭한	혱 прохла́дный	쁘라흘랃늬
서두르다, 서둘다, 바삐 하다	동 спеши́ть	스삐시치
서랍	명 я́щик	야식
서랍장, 수납장	명 комо́д	까몯
서로 뽀뽀하다, 입 맞추다, 키스하다	동 целова́ться- поцелова́ться	찔라바짜- 빠찔라바짜
서로 사진 찍다, 서로 촬영하다	동 фотографи́роваться- сфотографи́роваться	파따그라피라바짜- 스파따그라피라바짜
서류 가방, 책가방	명 портфе́ль ⓜ	빠룻펠
서리, 영하	명 моро́з	마로스
서명, 사인	명 по́дпись ⓕ	뽇삐시
서명하다, 사인하다	동 распи́сываться- расписа́ться	라스삐스바짜- 라스삐사짜
서명하다, 이름을 적다, 조인하다	동 подпи́сывать- подписа́ть	빧삐싀바치- 빧삐사치
서비스	명 се́рвис	세르비스
서비스, 봉사, 접대	명 обслу́живание	압슬루직바니예

서비스하다, 봉사하다, 일하다	동 обслу́живать-обслужи́ть	압슬루지바치-압슬루지치
서수(序數)	명 поря́дковое числи́тельное	빠럍꼬버예 치슬리찔나예
서술하다, 묘사하다, 기술하다, 목록을 만들다	동 опи́сывать-описа́ть	아삐싀바치-아삐사치
서양 자두, 말린 자두	명 черносли́в	치르나슬맆
서점	명 кни́жный магази́н	끄니즈늬 마가진
서커스	명 цирк	쯰르크
서핑	명 сёрфинг	쇼르핑
석고, 깁스, 석고붕대	명 гипс	깊스
석사	명 маги́стр	마기스뜨르
석사 과정생	명 магистра́нт	마기스뜨란트
석사 학위 과정	명 магистрату́ра	마기스뜨라뚜라
석양	명 зака́т	자깥
석유, 원유	명 нефть ⨍	녭치
석탄	명 у́голь ⓜ	우갈
섞다, 혼합하다, 혼동하다	동 сме́шивать-смеша́ть	스메싀바치-스미사치

섞다, 혼합하다, 휘젓다	동 меша́ть	미사치
선, 선행, 좋은 것	명 добро́	다브로
선거	명 вы́боры	븨바릐
선글라스	명 солнцезащи́тные очки́	산쯰자시꿭늬예 아치끼
선두의, 우두머리의, 선도하는	형 головно́й	걸라브노이
선물	명 пода́рок	빠다럭
선물하다, 선사하다	동 дари́ть-подари́ть	다리치-빠다리치
선반, 책꽂이	명 по́лка	뽈까
선사품, 선물, 재능	명 дар	다르
선생님, 교사	명 учи́тель (🚺учи́тельница)	우치쩰 (우치쪨늬짜)
선원, 수병	명 матро́с	마뜨로스
선인장	명 ка́ктус	깍뚜스
선출되다, 당선되다	동 избира́ться-избра́ться	이즈비라짜-이즈브라짜
선택, 선정, 선발	명 вы́бор	븨바르
선탠, 햇볕에 그을음	명 зага́р	자가르

선탠 크림, 일광욕 크림	명 крем для загара	끄렘 들랴 자가라
선풍기	명 вентилятор	벤찔랴떠르
선한, 선량한, 호의적인, 착한	형 добрый	도브리
선호, 더 좋아하는 것	명 предпочтение	쁘릳빠츠쩨니예
선호하다, 더 좋아하다	동 предпочитать-предпочесть	쁘릳빠치따치-쁘릳빠체스치
설득하다, 확신시키다, 이해시키다	동 убеждать-убедить	우비즈다치-우비지치
설립, 창립, 토대, 기반	명 основание	아스나바니예
설명, 해명	명 объяснение	압이스녜니예
설명하다, 밝히다, 해명하다	동 объяснять-объяснить	압이스냐치-압이스니치
설문조사, 여론조사	명 опрос	아쁘로스
설사	명 понос	빠노스
설사약, 지사제	명 антидиарейное средство	안찌지아례인나예 스롣스뜨바
설정	명 настройки	나스뜨로이끼
설탕	명 сахар	사하르

섬, 도서	명 óстров	오스뜨롭
섬세한, 우아한, 예민한	형 делика́тный	질리깥늬
성, 성곽	명 за́мок	자막
성격, 성질	명 хара́ктер	하락쩨르
성경	명 би́блия	비블리야
성공, 성과	명 успе́х	우스뻬흐
성공적으로 마무리되다, 잘 치러지다, 무사히 끝나다, 할 수 있다(무인칭)	동 удава́ться-уда́ться	우다바짜-우다짜
성공적인, 좋은 결과의	형 успе́шный	우스뻬시늬
성긴, 엉성한	형 непло́тный	니쁠롵늬
성인// 성인의, 성숙한	명 형 взро́слый	브즈로슬리
성장하다, 자라다, 발전하다, 강화되다, 전진하다, 늘어나다	동 расти́-вы́расти	라스찌-븨라스찌
성형외과	명 отделе́ние пласти́ческой хирурги́и	앋질례니예 쁠라스찌치스꺼이 히루르기이

세게 흔들다, 흔들어서 뒤섞다	동 взба́лтывать-взболта́ть	브즈발띄바치-브즈발따치
세계, 세상	명 мир	미르
세계의, 세계적인	형 мирово́й	미라보이
세관	명 тамо́жня	따모즈냐
세기, 100년, 시대	명 век	볙
세다, 계산하다, 여기다, 생각하다, 간주하다	동 счита́ть	시이따치
세로 방향의, 세로의, 날줄의	형 продо́льный	쁘라돌늬
세로, 길이	명 длина́	들리나
세면대	명 ра́ковина для ва́нной	라까비나 들랴 반녀이
세상, 사회, 상류사회	명 свет	스볱
세수하다	동 умыва́ться-умы́ться	우믜바짜-우믜짜
세숫비누, 화장비누	명 туале́тное мы́ло	뚜알롙나예 밀라
세우다, 놓다	동 ста́вить-поста́вить	스따비치-빠스따비치

세제	명 стира́льный порошо́к	스찌날늬 빠라솤
세차장	명 автомо́йка	앞따모이까
세탁기	명 стира́льная маши́на	스찌랄나야 마시나
세탁물, 빨래	명 бельё (для сти́рки)	빌리요 (들랴 스찌르끼)
세포	명 кле́тка	끌렛까
섹시한, 성적인	형 сексуа́льный	섹수알늬
센티미터(cm)	명 сантиме́тр	산찌몌뜨르
셈하다, 계산하다, 고려하다, 계산에 넣다	동 рассчи́тывать-рассчита́ть	라시띄바치-라시따치
소개하다, 인사시키다, 알게 하다	동 знако́мить-познако́мить	즈나꼬미치-빠즈나꼬미치
소고기	명 говя́дина	가뱌지나
소금	명 соль ⨍	솔
소금을 치다, 소금을 뿌리다	명 соли́ть-посоли́ть	살리치-빠살리치
소나기, 호우, 폭우	명 ли́вень ⓜ	리벤
소나무	명 сосна́	사스나
소녀	명 де́вочка	졔바치까

소년	명 мáльчик	말칙
소독하다	동 обеззарáживать-обеззарáзить	이비자라즤바치-아비자라지치
소름, 작은 개미	명 мурáшка	무라시까
소리 내어 웃다, 비웃다, 조롱하다, 농담하다	동 смея́ться	스미야짜
소리 지르다, 고함치기 시작하다	동 закричáть	자끄리차치
소리, 음향	명 звук	즈북
소리가 나다, 울리다// 갈라지다, 넓어지다, 커지다	동 раздавáться-раздáться	라즈다바짜-라즈다짜
소리치다, 소리 지르다, 고함치다, 큰 소리로 부르다	동 кричáть-кри́кнуть	끄리차치-끄릭누치
소매	명 рукáв	루깝
소변, 오줌	명 мочá	마차
소비자, 수요자	명 потреби́тель ⓜ	빠뜨리비쪨
소식, 기별	명 весть ⓕ	베스치
소아과	명 педиатри́ческое отделéние	삐지아뜨리치스까예 앋질레니예

소염제	명 противовоспали́тельное сре́дство	쁘라찌바바스빨리 젤나예 스롇스뜨바
소유하다, 가지고 있다, 지배하다, 사로잡다	동 владе́ть	블라졔치
소유하다, 갖다, (성격, 성질)을 띠다	동 облада́ть	아블라다치
소유하다, 이루어지게 하다, 결과를 불러일으 키다, 처리하다, 다스리다, 취급하다, 맞는 자리에 두다, 배치하다, 해결하다	동 располага́ть- расположи́ть	라스빨라가치- 라스빨라쥐치
소장(小腸)	명 то́нкая кишка́ (то́нкий кише́чник)	똔까야 끼시까 (똔끼 끼셰치닉)
소중한, 친애하는// 비싼, 고가의	형 дорого́й	다라고이
소켓, 연결기	명 разъём	라즈욤
소파	명 дива́н	지반
소포	명 посы́лка	빠실까
소풍, 야유회	명 пикни́к	삐크닉

소화불량	명 расстро́йство пищеваре́ния, несваре́ние	라스뜨로이스뜨바 삐시바레니야, 니스바레니예
속눈썹	명 ресни́ца (복ресни́цы)	리스니짜 (리스니찔)
속달우편	명 сро́чное письмо́	스로치나예 삐시모
속도	명 ско́рость 여	스꼬라스치
속옷	명 ни́жнее бельё	니즈니예 빌리요
속이다, 기만하다, 거짓말하다, 배반하다	동 обма́нывать-обману́ть	압마늬바치-압마누치
속치마	명 ни́жняя ю́бка	니즈냐야 윱까
손, 팔	명 рука́ (복ру́ки)	루카 (루끼)
손가락	명 па́лец (на руке́)	빨레쯔 (나 루꼐)
손금	명 ко́жный рельéф ладо́ней	꼬즈늬 릴옝 라도녜이
손금 보기	명 хирома́нтия	히라만찌야
손님	명 гость 남	고스치
손등	명 ты́льная сторона́ ладо́ни	띨나야 스터라나 라도니
손목, 팔목	명 запя́стье	자뺘스치예
손바닥	명 ладо́нь 여	라돈
손수건	명 носово́й плато́к	나사보이 쁠라똑

손수레, 쇼핑 카트	명 теле́жка	찔례시까
손으로 옮기다, 넘기다, 이관하다, 미루다, 날짜, 장소 등을 바꾸다, 변경하다	동 переноси́ть-перенести́	삐리나시치-삐리니스찌
손잡이, 펜대, 볼펜	명 ру́чка	루치까
손톱	명 но́готь (복но́гти)	노거치 (녹찌)
솔직한, 진솔한	형 открове́нный	앝끄라벤늬
솜사탕	명 са́харная ва́та	사하르나야 바따
송어	명 форе́ль∅	파렐
쇼핑몰	명 торго́вый центр	따르고븨 쩬트르
수, 수량, 날짜	명 число́	치슬로
수건	명 полоте́нце	빨라쪤쩨
수경, 물안경	명 очки́ для пла́вания	아치끼 들랴 쁠라바니야
수공예	명 ремесло́	리미슬로
수녀	명 мона́хиня	마나히냐
수다스러운, 입이 가벼운	형 болтли́вый	발뜰리븨
수도(首都), 서울	명 столи́ца	스딸리짜

수도꼭지	명 кран	끄란
수락, 받아들임, 응접, 수용, 리셉션	명 приём	쁘리욤
수리부엉이	명 фи́лин	필린
수면 등, 야간 등	명 ночни́к	나치닉
수면제	명 снотво́рное сре́дство	스나쯔보르너예 스롓스뜨바
수박	명 арбу́з	아르부스
수세미	명 ку́хонная гу́бка	꾸한나야 굽까
수송하다, 운반하다, 옮기다	동 перевози́ть-перевезти́	삐리바지치-삐리비스찌
수술하다	동 де́лать-сде́лать опера́цию	젤라지-즈젤라치 아삐라쯰유
수업, 수업 시간, 숙제	명 уро́к	우록
수영 모자	명 ша́почка для бассе́йна	샤뽀치까 들랴 바셰이나
수영 튜브	명 круг для пла́вания	끄룩 들랴 쁠라바니야
수영 팬츠	명 пла́вки	쁠랖끼
수영, 운항, 항해	명 пла́вание	쁠라바니예
수영복	명 купа́льник	꾸빨닉

수영장, 유역, 탄전	명 бассе́йн	바쎄인
수요일	명 среда́	스례다
수정/잘라내기/복사/붙여넣기	동 измени́ть/вы́реза́ть/копи́ровать/вста́вить	이즈미니치/비리자치/까삐라바치/프스따비치
수정액, 수정테이프	명 зама́зка	자마스까
수줍어하다, 불편해하다, 어려워하다, 거북해하다	동 стесня́ться-стесни́ться	스찌스냐짜-스찌스니짜
수줍음 많은, 부끄럼을 타는	형 засте́нчивый	자스쪤치비
수집, 컬렉션	명 колле́кция	깔롁찌야
수캐	명 пёс	뾰스
수탉, 암탉	명 пету́х, ку́рица	삐두흐, 꾸리짜
수표	명 ба́нковский чек	반꼽스끼 첵
수프, 국	명 суп	숲
수학	명 матема́тика	마쪠마찌까
수행하다, 이행하다, 완수하다	동 выполня́ть-вы́полнить	븨빨냐치-븨빨니치
수화물 찾는 곳	명 зо́на вы́дачи багажа́	조나 븨다치 바가자

수확, 소출, 수확량	명 урожáй	우라자이
숙제	명 домáшнее задáние	다마시니예 자다니예
순록, 사슴	명 олéнь ⓜ	알롄
순종하다, 굴복하다, 받아들이다	동 смирáться-смирúться	스미랴짜-스미리짜
순진한, 순박한	형 нáивный	나이브늬
술잔, 샴페인 잔, 포도주 잔	명 бокáл	바깔
숨 쉬다, 호흡하다	동 дышáть	듸샤치
숨, 호흡, 한숨, 탄식	명 вздох	브즈도흐
숨을 내쉬다, 숨을 불다	동 выдыхáть-вы́дохнуть	븨듸하치-븨다흐누치
숫자, 수	명 цúфра	쯰프라
숲, 삼림	명 лес	례스
쉬다, 휴식하다, 여가를 보내다	동 отдыхáть-отдохнýть	아드듸하치-아닿누치
스노보딩	명 сноубóрдинг	스노우보르징
스릴러(장르)	명 трúллер	뜨릴례르
스메따나 (떠먹는 유제품)	명 сметáна	스미따나

스웨터	명 свитер	스비테르
스카이다이빙	명 затяжны́е прыжки́ с парашю́том	자찌즈니예 쁘리시끼 스 빠라수땀
스카프, 목도리, 숄	명 шарф	샤르프
스캐너	명 ска́нер	스까녜르
스케이트	명 коньки́	깐끼
스쿠버다이빙	명 пла́вание с аквала́нгом	쁠라바니예 사끄발란감
스쿠터	명 ску́тер	스꾸떼르
스키, 스키술(術)	명 лы́жи	리즤
스키복	명 лы́жный костю́м	리즈늬 까스쯈
스킨	명 то́ник, то́нер	또닉, 또녜르
스킨케어, 피부 관리	명 ухо́д за ко́жей	우홑 자 꼬즤이
스타킹	명 чулки́	출끼
스탠드	명 насто́льная ла́мпа	나스똘나야 람빠
스테이크	명 бифште́кс, стейк	빚시떽스, 스떼익
스테이플러, 찍개	명 сте́плер	스떼쁠리르
스테인리스(강)	명 нержаве́ющая сталь	니르자볘유사야 스탈

스톱워치, 초시계	명 секундоме́р	시꾼다메르
스트레칭	명 растя́гивание	라스쨔기바니예
스펀지	명 спонж	스폰시
스포츠, 운동	명 спорт	스포르트
슬리퍼	명 та́почки	따빠츠끼
슬립(여성용 속옷)// 결합, 연합	명 комбина́ция	깜비나찌야
슬픔, 괴로움	명 го́ре	고례
슬픔, 비애	명 печа́ль 🕖	삐찰
습격하다, 공격하다, 달려들다, 사로잡다	동 напада́ть- напа́сть	나빠다치- 나빠스치
습기 있는, 축축한, 생것의, 날것의	형 сыро́й	싀로이
습도, 습기	명 вла́жность 🕖	블라즈너스치
습득하다, 소화하다, 자기 것으로 만들다	동 усва́ивать- усво́ить	우스바이바치- 우스보이치
습한	형 вла́жный	블라즈늬
승려, 수도사	명 мона́х	마나흐
승마	명 ко́нный спорт	꼰늬 스뽀를

승선, 탑승, 심는 것	명 поса́дка	빠삳까
승차권 발매기	명 автома́т по прода́же биле́тов	앞따맡 빠 쁘라다제 빌례톺
시, 시각	명 час	차스
시간, 시각, 시절, 때	명 вре́мя	브례먀
시간표, 일정표	명 расписа́ние	러스삐사니예
시계추, 추, 아령	명 ги́ря	기랴
시골, 촌락	명 дере́вня	지례브냐
시골집, 시골 별장	명 да́ча	다차
시금치	명 шпина́т	시삐낱
시대	명 эпо́ха, э́ра, пери́од, вре́мя	에포하, 에라, 삐리옽, 브례먀
시도하다, 꾀하다, 애쓰다	동 пыта́ться-попыта́ться	쁴따짜-빠쁴따짜
시도하다, 시험해 보다, 맛을 보다	동 про́бовать-попро́бовать	쁘로바바치-빠쁘로바바치
시설, 시설물	명 заведе́ние	자비졔니예
시아버지	명 свёкор	스뵤꺼르
시야, 시계, 식견	명 кругозо́р	끄루가조르
시어머니	명 свекро́вь⑦	스비끄로피

시작되다, 개시되다	동 начина́ться-нача́ться	나치나짜-나차짜
시작하다, ~하려고 하다, 기도하다, 도모하다	동 затева́ть-зате́ять	자찌바치-자쪠이치
시작하다, 착수하다	동 начина́ть-нача́ть	나치나치-나차치
시작하다, 착수하다, 개시하다	동 принима́ться-приня́ться	쁘리니마짜-쁘리냐짜
시장, 장터	명 база́р, ры́нок	바자르, 릐넉
시차	명 ра́зница во вре́мени	라즈니짜 바 브레미니
시청자	명 телезри́тель ⓜ	찔리즈리쪨
시합, 경주, 경쟁, 겨루기	명 соревнова́ние	사리브나바니예
시험, 고사	명 экза́мен	익자몐
시험에 붙다, 시험을 통과하다	동 сдать экза́мен	스다치 익자몐
시험을 치다, 응시하다	동 сдава́ть экза́мен	즈다바치 익자몐
식기세척기	명 посудомо́йка	빠수다모이까
식기, 그릇	명 посу́да	빠수다

식다, 차가워지다, 감기에 걸리다	통 простыва́ть- просты́ть	쁘라스띄바치- 쁘라스띄치
식물	명 расте́ние	라스쩨니예
식물원	명 ботани́ческий сад	빠따니체스끼 쌑
식용유	명 пищево́е ма́сло, расти́тельное ма́сло	삐시보예 마슬라, 라스찌쪨나예 마슬라
식중독	명 пищево́е отравле́ние	삐시보예 알라블레니예
식초	명 у́ксус	욱수스
식칼	명 ку́хонный нож	꾸한늬 노시
식품	명 проду́кт пита́ния	쁘라둑뜨 삐따니야
신, 하느님	명 бог	보흐
신경, 감각	명 нерв (복 не́рвы)	녜릅 (녜르븨)
신경의, 예민한, 신경과민인	형 не́рвный	녜르브늬
신뢰, 신임, 믿고 맡김	명 дове́рие	다볘리예
신문	명 газе́та	가졔따
신발, 신	명 о́бувь 여	오부피
신부(神父), 사제	명 свяще́нник, ба́тюшка	스비셴닉, 바쮸시까
신용카드	명 креди́тная ка́рта	끄리짇나야 까르따

신장(腎臟)	명 по́чка	뽀치까
신제도, 신체제, 신발명	명 но́вшество	높스스뜨바
신체기관	명 о́рганы челове́ка	오르가늬 칠라볘까
신호등	명 светофо́р	스비따포르
신혼부부	명 новобра́чные	너바브라치늬예
신혼여행	명 сва́дебное путеше́ствие	스바졔브너예 뿌찌셰스트비예
신혼여행, 신혼	명 медо́вый ме́сяц	미도븨 메사쯔
실	명 ни́тка	닡까
실망하게 하다, 기대를 저버리다	동 разочаро́вывать-разочарова́ть	라자치로븨바치-라자치라바치
실망하다, 아쉬워하다, 낙담하다, 손실을 보다, 혼란스럽게 되다, 뒤죽박죽되다	동 расстра́иваться-расстро́иться	라스뜨라이바짜-라스뜨로이짜
실망하다, 절망하다	동 разочаро́вываться-разочарова́ться	라자치로븨바짜-라자치라바짜
실명하다, 눈이 멀다, 보지 못하다	동 сле́пнуть-осле́пнуть	슬롑누치-아슬롑누치
실수, 과오, 잘못, 실책	명 оши́бка	아싑까

실수하다, 틀리다, 그르치다	동 ошибáться- ошибѝться	아싀바짜- 아싀비짜
실어 나르다, 운송하다.	동 везтѝ	비스찌
실어 오다, 운반해 오다, 배달하다	동 привозѝть- привезтѝ	쁘리바지치- 쁘리비스찌
실용적인, 능률적인	형 практѝчный	쁘락찌치늬
실행하다, 저지르다, 범하다	동 совершáть- совершѝть	사비르사치- 사비르싀치
싫증 나게 하다, 질리게 하다, 질리다, 싫증이 나다	동 надоедáть- надоéсть	나다이다치- 나다예스치
심근경색	명 инфáркт (миокáрда)	인파르트 (미아까르다)
심리학	명 психолóгия	프씨할로기야
심리학자	명 психóлог	프시홀록
심장, 마음	명 сéрдце	셰르쩨
심장마비	명 сердéчный прѝступ	시르졔치늬 쁘리스뚭
심포니, 교향곡	명 симфóния	심포니야

심히 당황하다, 공황 상태에 빠지다	동 паникова́ть	빠니까바치
십자가	명 крест	끄레스트
싱크대	명 ку́хонная ра́ковина	꾸한나야 라까비나
싸우다, 다투다	동 ссо́риться-поссо́риться	쏘리짜-빠쏘리짜
싸우다, 투쟁하다	동 боро́ться	바로짜
싸움, 말다툼	명 ссо́ра	쏘라
싹, 싹수	명 побе́г, росто́к	빠벡, 라스똑
싹이 트다, 시작되다, 발생하다, 생겨나다, 일다	동 возника́ть-возни́кнуть	바즈니까치-바즈닉누치
쓰다, 소비하다, 낭비하다	동 тра́тить-потра́тить	뜨라찌치-빠뜨라찌치
쓰레기장	명 помо́йка	빠모이까
쓰레기통	명 му́сорное ведро́	무소르나예 비드로
쓰레받기, 꼬마삽	명 сово́к	사복
쓴, 쓰디쓴, 괴로운, 비참한	형 го́рький	고르끼
쓸다, 청소하다, 털다, 눈보라 치다	동 мести́	미스찌

ㄱ ㄴ ㄷ ㄹ ㅁ ㅂ ㅅ ㅇ ㅈ ㅊ ㅋ ㅌ ㅍ ㅎ

쓸쓸한, 울적한, 침울한	혱 гру́стный	그루스늬
쓸쓸해 하다, 침울해하다, 우울해하다	동 грусти́ть	그루스찌치
쓸어내다, 청소하다, 쓸다, 털다	동 вымета́ть-вы́мести	비미따치-비미스찌
씨앗, 씨, 종자	명 се́мя(⑳семена́)	셰먀(시미나)
씹다, 깨물어 부수다	동 жева́ть	즤바치
씻다, 목욕하다	동 мы́ться-вы́мыться/помы́ться	믜짜-비믜짜/빠믜짜
씻다, 씻겨주다	동 мыть	믜치
씻다, 씻어내다, 씻어서 비우다	동 вымыва́ть-вы́мыть	비미바치-비믜치

아기, 아가	명 малы́ш	말리시
아끼다, 소중히 하다, 보살피다	동 бере́чь	비례치
아는, 낯이 익은// 아는 사람	형 명 знако́мый	즈나꼼믜
아들	명 сын (⑫сыновья́)	쉰 (싀나비야)
아래, 하부, 아래쪽	명 низ	니스
아래로, 하류로, 밑으로	부 вниз	브니스
아래로부터, 밑에서부터	부 сни́зу	스니주
아령, 덤벨	명 гантель ⑦	간뗄
아메리카 대륙/ 미국	명 Аме́рика	아몌리까
아몬드	명 минда́ль ⑩	민달
아물다, 낫다	동 зажива́ть-зажи́ть	자즤바치-자즤치
아물게 하다, 낫게 하다	동 заживля́ть-заживи́ть	자즤블랴치-자즤비치
아버지, 부친	명 оте́ц	아쪠쯔

아빠	몡 па́па	빠빠
아시아	몡 А́зия	아지야
아이 방	몡 де́тская	졔쯔까야
아이, 어린이, 자녀	몡 ребёнок (복 де́ти)	리뵤넉(졔찌)
아이디/비밀번호	몡 ло́гин/паро́ль 몡	로긴/빠롤
아이를 낳다, 출산하다	동 рожа́ть-роди́ть	라자치-라지치
아이섀도	몡 те́ни для век	쪠니 들랴 볙
아이스크림	몡 моро́женое	마로즤나예
아이콘	몡 ико́нка	이꼰까
아주 아름다운, 훌륭한, 뛰어난	형 прекра́сный	쁘리끄라스늬
아주, 매우	부 о́чень	오친
아주, 완전히, 전혀	부 совсе́м	삽솀
아첨하다, 아부하다, 치켜세우다	동 льсти́ть-польсти́ть	리스찌치-빨스찌치
아침, 오전	몡 у́тро	우뜨라
아침밥, 조반	몡 за́втрак	잡뜨락
아침에, 오전에	부 у́тром	우뜨람

아침을 먹다, 오전에 식사하다	동 за́втракать- поза́втракать	잡뜨라까치- 빠잡뜨라까치
아파트	명 кварти́ра	끄바르찌라
아파트 단지	명 кварти́рный ко́мплекс	끄바르찌르늬 꼼쁠렉스
아파트 동	명 ко́рпус	꼬르뿌스
아프기 시작하다, 발병하다, 열중하다, 빠지다	동 заболева́ть- заболе́ть	자발리바치- 자발레치
아프리카	명 А́фрика	아프리까
아픈, 병에 걸린	형 больно́й	발노이
악귀, 귀신	명 бес	베스
악어	명 крокоди́л	끄라까질
안 된다, 불가능하다	술 нельзя́	닐쟈
안감	명 подкла́дка	빹끌랕까
안개	명 тума́н	뚜만
안개 낀, 뿌연	형 тума́нный	뚜만늬
안개꽃	명 гипсофи́ла	깊사필라
안경	명 очки́	아츠끼
안과	명 офтальмологи́ческое отделе́ние	앞딸말라기치스꺼예 앝질레니예

안내, 정보	명 информа́ция	인파르마쯰야
안내소	명 спра́вочное бюро́	스쁘라바치나예 뷰로
안녕, 안부	명 приве́т	쁘리볱
안녕하세요? (만났을 때 인사)	술 здра́вствуйте!	즈드라스뜨뷔쩨
안락의자	명 кре́сло	끄레슬라
안심하다, 마음을 놓다, 안정되다	동 успока́иваться- успоко́иться	우스빠까이바짜- 우스빠꼬이짜
안전, 보안, 안보	명 безопа́сность ☑	비자빠스나스치
안전띠, 안전벨트	명 реме́нь безопа́сности	리멘 비자빠스나스찌
안타까워하다, 아쉬워하다, 애석하게 여기다, 가여워하다, 불쌍히 여기다, 후회하다	동 жале́ть-пожале́ть	잘례치-빠잘례치
앉다, ~을 하려고 앉다	동 сади́ться-сесть	사지짜-세스치
앉아 있다, 머물러 있다(일 정한 시간 동안)	동 сиде́ть-посиде́ть	시졔치-빠시졔치
알게 되다, 인사하다, 사귀다	동 знако́миться- познако́миться	즈나꼬미짜- 빠즈나꼬미짜

알다, 이해하다	통 знать	즈나치
알라, 이슬람교의 유일신	명 алла́х	알라흐
알람시계	명 буди́льник	부질닉
알레르기 반응	명 аллерги́ческая реа́кция	알리르기치스까야 리악쯰야
알리다, 전하다, 통보하다	통 сообща́ть-сообщи́ть	사압샤치-사압시치
알아듣다, 알아차리다, 이해하다, 생각해내다	통 сообража́ть-сообрази́ть	사아브라자치-사아브라지치
알아보다, 밝혀내다	통 узнава́ть-узна́ть	우즈나바치-우즈나치
알아보다, 지식을 얻다(사실, 정보 등을)	통 ознакомля́ться-ознако́миться	아즈나까믈랴짜-아즈나꼬미짜
알아채다, 눈치채다, 발견하다, 포착하다, 지적하다, 주의를 시키다	통 замеча́ть-заме́тить	자미차치-자몌찌치
암, 악성종양	명 рак	락
암벽등반	명 скалола́зание	스깔라라자니예
암석, 바위, 암반	명 скала́, валу́н, большо́й ка́мень	스깔라, 발룬, 발쇼이 까민

앞면	명 перёд	삐롣
앞면의, 전면부의, 앞의	형 передний	삐렏니
앞에, 전면에	전 부 впереди	프삐리지
앞에, 전에, 면전에	전 перед	삐롇
앞으로 나가다, 표면으로 나서다, 공연하다, 무대에 나가다, 연설하다, 발표하다	동 выступать- выступить	비스뚜빠치- 비스뚜삐치
앞으로, 앞에, 앞쪽으로	부 вперёд	프삐롣
앞쪽에, 전면에	부 спереди	스뻬레지
애벌레, 유충	명 гусеница	구시니짜
애쓰다, 노력하다	동 стараться- постараться	스따라짜- 빠스따라짜
애호박, 서양 호박	명 кабачок, цуккини	까바촉, 쭈끼니
액션 영화	명 боевик	바이빅
액체	명 жидкость ⓕ, жидкое тело	즽까스치, 즽까예 쩰라
앵무새	명 попугай	빠뿌가이
야간 관광	명 ночное путешествие	나츠노예 뿌찌세스뜨비예

야구	명 бейсбо́л	베이즈볼
야구 모자	명 ке́пка	꼡까
야구 방망이	명 бейсбо́льная бита́	베이즈볼나야 비따
야단치다, 꾸짖다, 호통치다	동 руга́ть	루가치
야자수	명 па́льма	빨마
약간, 좀, 조금	부 немно́го	니므노가
약국, 약방	명 апте́ка	앞쩨까
약사	명 фармаце́вт	파르마쩹트
약속하다, 기약하다	동 обеща́ть-пообеща́ть	아비샤치-빠아비샤치
약한, 힘 없는, 순한	형 сла́бый	슬라븨
약해지다, 쇠약해지다, 느슨해지다	동 ослабева́ть-ослабе́ть	아슬라비바치-아슬라베치
약혼	명 обруче́ние, помо́лвка	압루체니예, 빠몰프까
약혼녀, 신붓감, 며느리, 신부	명 неве́ста	니베스타
약혼자, 신랑감, 구혼자, 신랑	명 жени́х	즤니흐
얌전한, 소박한, 겸손한	형 скро́мный	스끄롬늬

양(量), 수량	명 коли́чество	깔리체스뜨바
양고기	명 бара́нина	바라니나
양념, 조미료	명 припра́ва	쁘리쁘라바
양동이	명 ведро́	비드로
양말	명 носки́	나스끼
양보하다, 복종하다, 뒤떨어지다	동 уступа́ть-уступи́ть	우스뚜빠치-우스뚜삐치
양복 재킷, 윗옷	명 пиджа́к	삗작
양상추	명 ка́чанный сала́т	까찬늬 살랕
양식, 서식 용지	명 бланк	블란크
양심	명 со́весть ⑦	소비스치
양육하다, 키우다, 재배하다, 기르다	동 расти́ть-вы́растить	라스찌치-븨라스찌치
양탄자	명 ковёр	까뵤르
양파	명 лук (ре́пчатый)	룩 (렙차띠)
어깨, 상박	명 плечо́	쁠리초
어두운, 컴컴한	형 тёмный	쫌늬
어디에, 어디, 어디서	부 관 где	그졔

어떤 사람, 누군가	대 кóе-кто	꼬예크또
어려운, 힘든	형 трýдный	트룬늬
어린 시절	명 дéтство	졔쯔뜨바
어린이날	명 День детéй	졘 지쩨이
어릿광대, 피에로	명 клóун	끌로운
어머니, 모친	명 мать *f*	마치
어버이날	명 День родúтелей	졘 라지쩰레이
어색한, 서투른, 거북한	형 нелóвкий	니롶끼
어업	명 рыболóвство	리바롭스뜨바
어제	부 вчерá	프체라
억새	명 камы́ш	까믜시
언니, 누나	명 стáршая сестрá	스따르사야 시스뜨라
언덕, 구릉	명 холм, сóпка	홀름, 숲까
언덕, 구릉, 미끄럼틀	명 гóрка	고르까
언론, 언론 기관	명 СМИ, срéдства мáссовой информáции	스미, 스렡스뜨바 마사바이 인포르마찌이
얻다, 손에 넣다, 이루어내다, 성취하다	동 добивáться-добúться	다비바짜-다비짜

얼다, 얼어붙다, 얼음으로 덮이다, 동결하다, 추위로 죽다	동 замерза́ть- замёрзнуть	자미르자치- 자묘르즈누치
얼룩말	명 зе́бра	제브라
얼마나, 몇, 얼마나 많은	수 부 ско́лько	스꼴까
얼음	명 лёд	룥
엄마	명 ма́ма	마마
없어지다, 잃어버리다, 망연자실하다, 당황하다, 어쩔 줄 모르다	동 расте́риваться- растеря́ться	라스쩨리바짜- 라스찌랴짜
엉덩이	명 я́годица	야가지짜
엉키게 하다, 교란하다, 혼동하게 하다, 뒤섞다, 혼동하다	동 пу́тать-запу́тать/ перепу́тать	뿌따치-자뿌따치/ 뻬리뿌따치
에메랄드	명 изумру́д	이줌룥
에센스, 세럼	명 сы́воротка, се́рум, эссе́нция	싀바롵까, 세룸, 에센찌야
에스컬레이터	명 эскала́тор	에스깔라떠르
에어로빅	명 аэро́бика	아이로비까

에어백	명 поду́шка безопа́сности	빠두시까 비자빠스나스찌
에어컨	명 кондиционе́р	깐지찌아녜르
에워싸다, 둘러싸다, 휩싸다, 엄습하다, 얼싸안다, 붙잡다, 움켜잡다, 파악하다	동 охва́тывать-охвати́ть	아흐바띄바치-아흐바찌치
엔진, 모터, 동력	명 дви́гатель *m*	드비가쪌
엔진오일	명 маши́нное ма́сло	마신나예 마슬라
엘리베이터	명 лифт	리프트
여객, 승객	명 пассажи́р	빠사지르
여권, 신분증명서	명 па́спорт	빠스빠르트
여기, 이곳에, 이 지점에	부 здесь	즈졔시
여기, 저기, 그곳	소 вот	볻
여기에, 이때, 이 경우에	부 тут	뚣
여동생	명 мла́дшая сестра́	믈랏샤야 시스뜨라
여드름, 뾰루지, 농포	명 пры́щик, прыщ	쁘리싴, 쁘리시

여러 곳으로 데려다주다, 배달하다(교통수단으로)	동 развози́ть-развезти́	라즈바지치-라즈비스찌
여러 곳으로 데려다주다, 배달하다, 양식하다, 재배하다, 이혼시키다, 가르다, 좌우로 나누다 희석하다, 묽게 하다	동 разводи́ть-развести́	라즈바지치-라즈비스찌
여론, 공공성, 사회단체	명 обще́ственность ⓕ	압셰스뜨빈나스지
여름 (여름에)	명 ле́то (ле́том)	례따 (례땀)
여보세요	술 алло́	알로
여성복	명 же́нская оде́жда	젠스까야 아졔즈다
여성용 짧은 상의, 스웨터, 니트류	명 ко́фта	꼽따
여성의 결혼생활, 시집살이	명 заму́жество	자무제스뜨바
여성의 날(3월 8일)	명 Междунаро́дный же́нский день, 8 ма́рта	메즈두나롤늬 젠스끼 젠, 바시모예 마르따
여승무원, 스튜어디스	명 стюарде́сса, бортпроводни́ца	스쮸아르데싸, 바르트쁘라받니짜

여우	명 лиса́	리사
여위다, 살이 빠지다	동 худе́ть-похуде́ть	후졔치-빠후졔치
여윈, 마른	형 худо́й	후도이
여자 친구	명 подру́га	빠드루가
여행, 유람, 여정	명 пое́здка, путеше́ствие	빠예즐까, 뿌찌세스뜨비예
여행사	명 тураге́нтство	뚜라겐스뜨바
여행 증명서, 관광 패키지, 바우처	명 путёвка	뿌죨까
여행하다, 유람하다	동 путеше́ствовать	뿌찌스에스뜨바바치
역기	명 шта́нга	스딴가
역사, 이야기, 실화	명 исто́рия	이스또리야
역할, 배역	명 роль ⓕ	롤
연고(의약품)	명 мазь ⓕ	마시
연구자, 탐구자	명 иссле́дователь ⓜ	이슬레다바꼘
연극, 공연	명 спекта́кль ⓜ	스뼉따끌
연근(채소)	명 ко́рень ло́тоса	꼬린 로따사
연금(年金)	명 пе́нсия	뻰시야
연기(煙氣)	명 дым	딤

연기하다, 상연하다, 연주하다, 장난치다, 장난으로 속이다	통 разы́грывать- разыгра́ть	라즤그리바치- 라즤그라치
연꽃	명 ло́тос	로따스
연못, 못	명 пруд	쁘룯
연민, 불쌍하고 가련하게 여김	명 жа́лость ⨍	잘라스치
연배가 있는, 나이가 지긋한	형 пожило́й	빠질로이
연상의, 상급자의	형 ста́рший	스따르시
연속적인, 끊임없는	형 непреры́вный	니쁘립늬
연속하는, 순차적인, 일관된	형 после́довательны й	빠슬레다바찔늬
연습, 연습문제	명 упражне́ние	우쁘라즈녜니예
연애, 로맨스, 장편소설	명 рома́н	라만
연어	명 лосо́сь ⓜ, сёмга	라소스, 숌가
연어알	명 кра́сная икра́	끄라스나야 이끄라
연예인	명 звезда́ шоу би́знеса	즈비즈다 쇼우 비즈니사

연주회, 음악회, 콘서트	명 концерт	깐쩨르트
연차/ 월차 휴가	동 отгул	앋굴
연체동물, 조개	명 моллюски	말류스끼
연충, 구더기	명 червь ⓜ	체르피
연필	명 карандаш	꺼란다시
연하의, 더 어린, 하급자의	형 младший	믈랃시
열, 따스함	명 тепло	찌쁠로
열기구	명 воздушный шар	바즈두시늬 샤르
열다, 개장하다, 시작하다, 개시하다, 펴다	동 открывать- открыть	앋끄리바치- 앋끄리치
열리다, 시작되다, 드러나다, 나타나다	동 открываться- открыться	앋끄리바짜- 앋끄리짜
열매, 과실	명 плод	쁠롣
열쇠, 해법, 해답, 해설서	명 ключ	끌류치
열중하다, 몰두하다, 빠지다, 취미로 두다.	동 увлекаться- увлечься	우블리까짜- 우블례치샤
열차 차량, 객실	명 вагон	바곤

염원하다, 꿈꾸다, 공상하다	동 мечта́ть	미치따치
엽서, 사진 엽서	명 откры́тка	알끄릍까
영사(외교관)	명 ко́нсул	꼰술
영사관	명 ко́нсульство	꼰술스트바
영수증	명 чек	쳭
영양 크림	명 пита́тельный крем	삐따쩰늬 끄렘
영어로	부 по-англи́йски	빠안글리이스끼
영역, 범위, 구면, 구체	명 сфе́ра	스폐라
영화, 영화관	명 кино́	끼노
영화관	명 кинотеа́тр	끼노찌아트르
옆구리, 측면	명 бок	봌
예금 통장	명 сберкни́жка	즈비르끄니시까
예금, 보증금, 공탁금	명 депози́т	지빠짙
예리한, 날카로운, 매운	형 о́стрый	오스뜨리
예방접종 하다	동 прививать, сде́лать приви́вку	쁘리비바치, 즈젤라치 쁘리빕꾸
예배, 예배식	명 богослуже́ние	보가슬루제니예

예배식(러시아 정교)	몡 литурги́я (у́треня, обе́дня, вече́рня)	리뚜르기야 (우뜨린냐, 아볣냐, 비체르냐)
예비의, 사전의, 앞서는, 대략적인	혱 предвари́тельный	쁘리드바리쪨늬
예쁜, 아름다운, 고운	혱 краси́вый	끄라시븨
예수 그리스도	몡 Иису́с Христо́с	이이수스 흐리스또스
예술가, 배우, 예능 종사자	몡 арти́ст	아르찌스트
예약	몡 брони́рование	브라니라바니예
예약 카운터	몡 сто́йка для бро́ни	스또이까 들랴 브로니
예약하다	됭 брони́ровать- заброни́ровать	브라니라바치- 자브라니라바치
예의 바른, 정중한	혱 ве́жливый	볘즐리븨
예전에, 이전에, ~보다 먼저	붂 ра́ньше	란셰
예절 바른, 교양 있는	혱 воспи́танный	바스삐딴늬
예측할 수 없는, 믿음을 못 주는, 제멋대로의	혱 непредсказу́емый	니쁘례쯔까주옘믜
예컨대, 예를 들어	붂 наприме́р	나쁘리몌르

ㄱ
ㄴ
ㄷ
ㄹ
ㅁ
ㅂ
ㅅ
ㅇ
ㅈ
ㅊ
ㅋ
ㅌ
ㅍ
ㅎ

오각형	명 пятиугóльник	삐찌우골닉
오늘	부 сегóдня	시볻냐
오다, 도착하다, ~한 상태에 이르다, 도래하다, 다가오다	동 приходи́ть- прийти́	쁘리하지치- 쁘리찌
오래, 오랫동안	부 дóлго	돌가
오래전에, 오래전부터	부 давнó	다브노
오렌지	명 апельси́н	아삘신
오르다, 올라가다, 높아지다, 솟다	동 поднима́ться- подня́ться	빧니마짜-빧냐짜
오르다, 올라가다, 뜨다, 싹트다	동 восходи́ть (всходи́ть) -взойти́	바스하지치 (프스하지치)- 브자이찌
오리	명 у́тка	욷까
오리털 재킷, 점퍼	명 пухови́к	뿌하빅
오보에	명 гобóй	가보이
오븐	명 духóвка	두홉까
오세아니아	명 Океáния	아끼아니야
오이	명 огурéц	아구례쯔
오일, 기름	명 мáсло	마슬라

오직, 뿐, 만, 다만	분 то́лько	똘까
오징어	명 кальма́р	깔마르
오케스트라, 관현악단	명 орке́стр	아르꼐스뜨르
오크, 떡갈나무, 참나무	명 дуб	둪
오토바이	명 мотоци́кл	머따찌끌
오페라	명 о́пера	오뻬라
오후에, 낮에	분 по́сле полудня, днём	뽀슬레 빨루드냐, 드뇸
옥(玉)	명 жаде́йт	자데잍
옥수수	명 кукуру́за	꾸꾸루자
온갖, 별의별, 별별, 갖가지	형 вся́кий	프쌰끼
온라인	명 онла́йн	온라인
올리브유	명 оли́вковое ма́сло	알맆까바예 마슬라
옮기다, 이동하다, 건너다, 통번역하다	동 переводи́ть- перевести́	삐리바지치- 삐리비스찌
옷, 의류	명 оде́жда	아졔즈다
옷걸이, 걸이	명 ве́шалка	볘샬까
옷깃, 칼라	명 воротни́к	바랕닠

옷을 갈아입다, 변장하다	동 переодева́ться-переоде́ться	삐리아지바짜-삐리아졔짜
옷을 갈아입히다, 갈아 신다	동 переодева́ть-переоде́ть	삐리아지바치-삐리아졔치
옷을 입다	동 одева́ться-оде́ться	아지바짜-아졔짜
옷을 입다, 쓰다, 착용하다	동 надева́ть-наде́ть	나지바치-나졔치
옷을 입히다, 씌우다, 싸다	동 одева́ть-оде́ть	아지바치-아졔치
옷장	명 платяно́й шкаф	쁠라찐노이 시깎
옹호자, 변호사, 변호인	명 защи́тник	자싵닉
~와 같은, 유사한// ~인 것 같다	전 소 вро́де	브로졔
와이파이, 무선 인터넷	명 беспроводна́я связь, Wi-Fi	베스쁘라받나야 스뱌시
완두콩	명 горо́х, горо́шек	가로흐, 가로섹
왕복 승차권	명 биле́т туда́ и обра́тно	빌롓 뚜다 이 아브랃나
왜, 뭐하러, 무슨 목적으로	의 부 заче́м	자쳄
왜, 어떤 이유로	의 부 почему́	빠체무
외과	명 хирурги́ческое отделе́ние	히루르기치스까예 앋질레니예

외관, 외형, 외모, 겉모습	명 вне́шность ☑	브녜시너스치
외국의, 외국산의	형 иностра́нный	이나스뜨란늬
외국인	명 иностра́нец (☑иностра́нка)	이나스뜨라녜츠 (이나스뜨란까)
외래 환자 진료소	명 амбулато́рия	암불라또리야
외로운, 고독한, 혼자의// 독신	형 명 одино́кий	아진노끼
외부의, 표면상의	형 вне́шний	브녜시니
외음부 (여성의 생식기)	명 ву́льва	불바
외침, 고함	명 крик	끄릭
외투, 코트	명 пальто́	빨또
외화, 통화	명 валю́та	발류따
왼손잡이	명 левша́	롑샤
요구, 청구, 수요	명 спрос	슾로스
요구하다, ~하게 하다	동 тре́бовать-потре́бовать	뜨례바바치-빠뜨례바바치
요동치다, 흔들리다, 흥분하다, 긴장하다, 걱정하다, 떨리다	동 волнова́ться-взволнова́ться	발나바짜-브즈발나바짜

요리	명 блю́до	블류다
요리법, 요리	명 кулинари́я	꿀리나리야
요리사, 셰프	명 по́вар	뽀바르
요소, 인자, 요인	명 фа́ктор	팍터르
요약하다, 요점을 간추리다	동 конспекти́ровать-законспекти́ровать	깐스삑찌라바치-자깐스삑찌라바치
요청하다, 부탁하다, 바라다	동 проси́ть-попроси́ть	쁘라시치-빠쁘라시치
요트	명 я́хта	야흐따
욕실	명 ва́нная	반나야
욕조	명 ва́нна	반나
용감한, 대담한	형 отва́жный	앝바즈늬
용돈	명 карма́нные де́ньги	까르만늬예 졘기
용맹, 용기, 늠름함	명 му́жество	무지스트바
용맹한, 늠름한, 용감한	형 му́жественный	무지스트빈늬
용서하다, 너그러이 봐주다	동 извиня́ть-извини́ть	이즈비냐치-이즈비니치
용서하다, 면제하다, 감면하다	동 проща́ть-прости́ть	쁘라샤치-쁘라스치치

용어집	명 глосса́рий	글라사리
용케 ~하다, 고안하다	동 умудря́ться-умудри́ться	우무드랴짜-우무드리짜
우두머리, 선두, 장(長)	명 глава́	글라바
우리	대 мы	믜
우박	명 град	그랕
우수한, 특출한, 차이가 있는, 다른	형 отли́чный	아뜰리치늬
우울, 울적함, 쓸쓸함	명 грусть ⨏	그루스치
우울한, 쓸쓸한	형 тоскли́вый	따스끌리븨
우유, 젖	명 молоко́	멀라꼬
우주 비행사	명 космона́вт	까스마낲뜨
우주, 세계	명 ко́смос	꼬스머스
우주선	명 косми́ческий кора́бль	까스미체스끼 까라블
우체국, 우체통, 우편물	명 по́чта	뽀치따
우편함	명 почто́вый я́щик	빠치또븨 야식
우회도로	명 объездна́я доро́га	압이즈나야 다로가
우회전	명 пра́вый поворо́т, поворо́т напра́во	쁘라븨 빠바롣, 빠바롣 나쁘라바

운동 기구	명 спорти́вное оборýдование, спортинвента́рь ⓜ	스빠르찝나예 아바루다바니예, 스빠르찐비따르
운동복	명 спорти́вная одéжда	스빠르찝냐야 아졔즈다
운동선수	명 спортсмéн	스빠르쯔몐
운동장, 경기장	명 стадиóн	스따지온
운동화	명 кроссóвки	끄라숖끼
운석	명 метеори́т	몌쩨아릳
운송, 수송	명 перевóзка	삐리보스까
운송하다, 실어 나르다	동 вози́ть	바지치
운전사, 운전자	명 води́тель ⓜ	바지곌
운하, 수로, 물길	명 кана́л	꺼날
울다, 눈물을 흘리다	동 пла́кать	쁠라까치
울리는 소리, 뎅그렁 소리	명 звон	즈본
울부짖다, 통곡하다, 포효하다	동 ревéть	리볘치
움직이다, 자리를 바꾸다, 옮겨 가다, 나아가다	동 дви́гаться	드비가짜

움직이다, 출발하다, 떠나가다	통 тро́гаться-тро́нуться	트로가짜-트로누짜
원거리의, 원격의	형 удалённый	우달룐늬
원기둥	명 цили́ндр	찔린드르
원뿔, 원뿔꼴	명 ко́нус	꼬누스
원숭이	명 обезья́на	아비즈야나
원하다, 바라다, ~하려고 하다	통 хоте́ть	하쩨치
월, 달	명 ме́сяц	메시쯔
월요일	명 понеде́льник	빠니곌닉
웨이터, 급사	명 официа́нт	아피쯰안트
웹툰	명 веб-ко́микс, онла́йн-ко́микс	볩꼬믹스, 온라인꼬믹스
위, 정상, 절정, 상반부	명 верх	볘르흐
위도(緯度)	명 широта́	싀라따
위로, 위쪽으로	부 наве́рх	나볘르흐
위성(衛星)	명 спу́тник	스뿌닉
위스키	명 ви́ски	비스끼
위에 놓다, 쌓다, 넣어서 채우다	통 накла́дывать-наложи́ть	나끌라듸바치-날라지치
위에, 위쪽에	부 наверху́	나비르후

위에서, 위로부터	🔒 све́рху	스베르후
위장(胃腸), 위	몡 желу́док	질루닥
위조문서	몡 фальши́вка	팔싚까
위쪽에 앉아, 올라타고, 걸터앉아, 높이, 높은 곳을 따라	🔒 верхо́м	비로홈
위치한 곳, 소재지	몡 местонахожде́ние	메스따나하즈졔니예
위험, 두려움	몡 опа́сность🄵	아빠스나스치
위험한, 미심쩍은	혱 опа́сный	아빠스늬
위협, 협박, 위험, 위급 상황	몡 угро́за	우그로자
윗옷, 점퍼, 외투	몡 ку́ртка	꾸르뜨까
유괴, 납치	몡 похище́ние	빠히셰니예
유대교	몡 иудаи́зм	이우다이즘
유람선	몡 прогу́лочное су́дно	쁘라굴라치나예 수드나
유럽	몡 Евро́па	이브로빠
유료의, 유급의	혱 пла́тный	쁠랕늬
유모차	몡 коля́ска	깔랴스까
유성(流星)	몡 метео́р, па́дающая звезда́	몌쪠오르, 빠다유사야 즈비즈다

유아용 변기	명 горшо́к для ребёнка	가르숔 들랴 리본까
유언(장), 유서	명 завеща́ние	자비샤니예
유적지, 명승지, 관광지	명 достопримеча́тельность ⓕ	다스따쁘리미차쩰나스치
유치원	명 де́тский сад	졔쯔끼 샅
유통기한	명 срок го́дности, срок хране́ния	스록 곤나스찌, 스록 흐라녜니야
유행성 감기, 독감	명 грипп	그맆
유혹	명 собла́зн	사블라즌
유효기간	명 срок де́йствия	스록 졔이스뜨비야
육교	명 виаду́к, путепрово́д	비아둒, 뿌찌쁘라봍
육지	명 су́ша	수샤
윤리, 도덕	명 э́тика	에찌까
은(銀)	명 серебро́	시리브로
은색의	형 сере́бряный	시례브린늬
은행(銀行)	명 банк	반크
은행 수수료	명 ба́нковская коми́ссия	반꼽스까야 까미시야
은행나무	명 ги́нкго	긴가
음경, 남근, 남경	명 пе́нис, мужско́й член	뻬니스, 무스꼬이 칠롄
음료수	명 напи́ток	나삐딱

음모, 공모, 책략	몡 за́говор	자가버르
음악, 곡(曲)	몡 му́зыка	무지까
음악가, 뮤지션	몡 музыка́нт	무지깐트
응하다, 호응하다, 공감하다	통 отклика́ться- откли́кнуться	앝끌리까짜- 앝끌리끄누짜
의견	몡 мне́ние	므녜니예
의견, 견해, 평가, 논평, 응답	몡 о́тзыв	옽칩
의류 보관소, 옷장	몡 гардеро́б	가르지롶
의무적인, 강제적인, 반드시 해야 하는// 친절한, 도움을 주는	혱 обяза́тельный	아비자쪨늬
의미하다, 뜻하다, ~라는 뜻이다	통 зна́чить	즈나치치
의사	몡 врач	브라치
의심, 주저함, 망설임	몡 сомне́ние	삼녜니예
의심하다, 안 믿다, 주저하다, 망설이다	통 сомнева́ться	삼니바짜
의자	몡 стул	스뚤

의장, 회장	명 председа́тель ⓜ	쁘리찌다쪨
의존하다, 종속되다, 달려 있다	동 зави́сеть	자비시치
의지, 의사, 자유 의지	명 во́ля	볼랴
이, 치아	명 зуб (⑳зу́бы)	줍 (주븨)
이기다, 무찌르다, 승리하다, 정복하다, 극복하다	동 побежда́ть- победи́ть	빠비즈다치- 빠비지치
이기다, 승리하다, 이겨서 얻다, 이익을 얻다	동 выи́грывать- вы́играть	비이그릐바치- 비이그라치
이기적인	형 эгоисти́чный	이가이스찌치늬
이끌다, 인도하다, 행하다, 실행하다, 치르다, 처리하다, ~를 하도록 돕다/ 강제하다	동 проводи́ть- провести́	쁘라바지치- 쁘라비스찌
이다, 되다, 있다, 존재하다, 자리하다	동 быть	븨치
이다, 있다	동 есть	예스치

이루어지다, (나이에) 이르다, 되다	통 исполня́ться- испо́лниться	이스빨냐짜- 이스뽈니짜
이륙	명 взлёт	브즐료트
이름, 성명, 명성	명 и́мя	이먀
이리저리 움직이다, 돌아다니다, 허둥대다, 시간을 헛되이 쓰다	통 мота́ться	마따짜
이마	명 лоб	롭
이메일	명 электро́нная по́чта	일릭뜨론나야 뽀치따
이미 사용한	형 поде́ржанный	빠졔르잔늬
이미, 벌써	부 уже́	우제
이번 주	э́та неде́ля	에따 니졜랴
이별, 헤어짐, 별거	명 разлу́ка	라즐루까
이비인후과	명 ЛОР-отделе́ние, отоларингологи́чес кое отделе́ние	로르-앗질례니예, 아딸라린갈라기 치스꺼예 앗질례니예
이사하다, 이주하다, 옮겨 가다	통 переселя́ться- пересели́ться	삐리실랴짜- 삐리실리짜
이상적인, 완벽한	형 идеа́льный	이졔알늬

이성	명 противополо́жный пол	쁘러찌바빨로즈니 뽈
이성을 잃다, 신경질을 내다, 화를 내다	동 психова́ть-психану́ть	프시하바치-프시아누치
이슬람교/ 이슬람교도	명 мусульма́нство, исла́м/ мусульма́нин	무술만스뜨바, 이슬람/무술마닌
이야기, 단편소설	명 расска́з	라스까스
이야기를 나누다, 대화하다	동 разгова́ривать	러즈가바리바치
이야기하다, 말해 주다.	동 расска́зывать-рассказа́ть	라스까즤바치-라스까자치
이용하다, 사용하다, 행사하다, 누리다, 향유하다	동 по́льзоваться	뽈자바짜
이웃	명 сосе́д (Ⓕ сосе́дка)	사셋 (사셋까)
이익, 이해관계	명 интере́сы	인찌례싀
이체, 송금	명 перечисле́ние де́нег, перево́д де́нег	삐리치슬례니예 졔녝, 삐리봍 졔녝
이코노미석, 일반석	명 эконо́м-класс	이까놈 끌라스
이해하다, 알다, 납득하다	동 понима́ть-поня́ть	빠니마치-빠냐치

이혼, 별거	명 развóд	라즈봍
이혼하다	동 разводи́ться- развести́сь	라즈바지짜- 라즈비스찌스
익명으로, 익명	부 명 инкóгнито	인꼬그니따
익숙해지다, 습관이 되다	동 привыка́ть- привы́кнуть	쁘리비까치- 쁘리빅누치
인공지능, AI	명 иску́сственный интелле́кт, ИИ	이스꾸스트벤늬 인쪨렉트, 이이
인구, 주민	명 населе́ние	나셀레니예
인도, 보도	명 тротуа́р	뜨라뚜아르
인라인스케이트	명 рóликовые коньки́	롤리까븨예 깐끼
인류, 인간	명 челове́чество	칠라볘치스트바
인사하다, 인사를 나누다	동 здорóваться- поздорóваться	즈다로바짜- 빠즈다로바짜
인상(人相)	명 черты́ лица́	치르띄 리짜
인상(印象), 감상, 감흥, 감동	명 впечатле́ние	프뼤치뜰레니예
인쇄	명 печа́ть	삐차치
인원수, 개수, 수량	명 чи́сленность ⨍	치슬렌너스치
인터넷	명 интерне́т	인떼르녵
인터넷뱅킹	명 интерне́т-ба́нкинг	인떼르녵-반킨
인터뷰, 면접	명 интервью́, собесе́дование	인테르비유, 사비셰다바니예

인형	명 ку́кла	꾸끌라
일, 공부, 학습	명 заня́тие	자냐찌예
일, 업무, 작업	명 рабо́та	라보따
일광욕	명 со́лнечная ва́нна	솔녜치나야 반나
일기, 일기장	명 дневни́к	드니브닉
일등석	명 пе́рвый класс	뻬르븨 끌라스
일몰, 저물녘, 월몰(月沒)	명 захо́д	자홋
일반의, 공통적인, 총괄적인	형 о́бщий	옵시
일방통행로	명 у́лица с односторо́нним движе́нием	울리짜 사드나스따론님 드비제니옘
일상적인, 매일의	형 повседне́вный	빠프시드녜브늬
일어나다, 기상하다	동 встава́ть-встать	프스따바치-프스따치
일요일	명 воскресе́нье	바스끄리세니예
일컫다, 부르다, 이름을 짓다	동 называ́ть-назва́ть	나즤바치-나즈바치
일하다, 수고하다, 노동하다	동 труди́ться	뜨루지짜

ㄱ
ㄴ
ㄷ
ㄹ
ㅁ
ㅂ
ㅅ
ㅇ
ㅈ
ㅊ
ㅋ
ㅌ
ㅍ
ㅎ

일하다, 작업하다, 근무하다	동 рабо́тать	라뽀따치
일회용 밴드, 반창고	명 лейкопла́стырь ⓜ	리이까쁠라스띠리
읽다, 독서하다	동 чита́ть-прочита́ть	치따치- 쁘라치따치
잃다, 상실하다	동 теря́ть-потеря́ть	찌랴치-빠찌랴치
잃다, 지다, 패하다	동 прои́грывать- проигра́ть	쁘라이그리바치- 쁘라이그라치
임금, 노임, 급여	명 зарпла́та	자르쁠라따
임대인	명 арендода́тель	아렌다다쪨
임대차, 임대료	명 аре́нда	아렌다
임대하다, 세놓다, 빌려주다	동 сдава́ть(сдать) в аре́нду	즈다바치(즈다치) 바렌두
임신	명 бере́менность ⓕ	베레몐너스치
임신하다	동 бере́менеть- забере́менеть	베레몌니치- 자베레몌니치
임의의, 모든, 어떤// 누구라도, 아무든지, 임의의 사람	형 любо́й	류보이
임차인, 세입자	명 аренда́тор	아렌다떠르
임차하다, 세를 얻다	동 арендова́ть	아렌다바치

임차하다, 세를 얻다, 빌리다	동 брать(взять) в аре́нду	브라치(브쟈치) 바롄두
입	명 рот, уста́	롵, 우스따
입 맞추다, 뽀뽀하다, 키스하다	동 целова́ть- поцелова́ть	찔라바치- 빠찔라바치
입구, 현관	명 вестибю́ль m	볘스찌뷸
입술	명 губа́ (pl гу́бы)	구바 (구븨)
입원실, 상설기관	명 стациона́р	스따찌아나르
있다, 때때로 일어 나다, 드나들다, 생기다	동 быва́ть	븨바치
있다, 존재하다, 생활하다	동 существова́ть	수셰스뜨바바치
있다, 존재하다, 자리 잡다, 발견되다, 찾아지다	동 находи́ться- найти́сь	나하지짜- 나이찌스
잉어	명 карп	까릎
잊다, 잊어버리다, 망각하다	동 забыва́ть-забы́ть	자븨바치-자븨치
잎, 나뭇잎	명 лист, листва́	리스트, 리스뜨바

ㅈ

자, 잣대	몡 линейка	리녜이까
자격, 자격 부여, 숙련도, 직무 역량	몡 квалифика́ция	끄발리피까찌야
자동차 수리센터	몡 автомастерска́я	앞따마스찌르스까야
자동차, 기계, 기관	몡 маши́на	마시나
자동차, 승용차	몡 автомоби́ль	압따마빌
자두	몡 сли́ва	슬리바
자라다, 성장하다	동 выраста́ть-вы́расти	비라스따치-비라스찌
자랑스러워하다, 자랑으로 여기다, 뽐내다, 긍지를 갖다	동 горди́ться	가르지짜
자랑하다, 뽐내다, 뻐기다	동 хва́стать, хва́статься-похва́статься	흐바스따치, 흐바스따짜-빠흐바스따짜
자루, 주머니, 파우치	몡 мешо́к	미속
자르다, 끊다, 썰다, 절개하다, 베다, 깎다	동 ре́зать-разре́зать/наре́зать/сре́зать	레자치-라즈레자치/나레자치/스레자치

자막	몡 субти́тр	숩찌트르
자매	몡 сестра́ (옝сёстры)	시스트라 (쇼스트리)
자물쇠, 걸쇠	몡 замо́к	자목
자수, 수놓기	몡 вы́шивка	븨싶까
자수정	몡 амети́ст	아미찌스트
자연, 자연계, 천연, 본성, 천성	몡 приро́да	쁘리로다
자외선 차단 크림	몡 солнцезащи́тный крем	산쯰자시잍늬 끄롐
자유	몡 свобо́да	스바보다
자유로운, 빈	혱 свобо́дный	스바볻늬
자유로워지다, 해방되다, 벗어나다, 풀려나다, 비워지다, 여유가 생기다	동 освобожда́ться- освободи́ться	아스바바즈다짜- 아스바바지짜
자작나무	몡 берёза	비료자
자전거	몡 велосипе́д	벨라시뼫
자전거 전용도로	몡 велосипе́дная доро́жка	빌라시뼫나야 다로시까
자주, 빈번히	붕 ча́сто	차스따
자주, 흔히	붕 зачасту́ю	자치스뚜유

ㄱ
ㄴ
ㄷ
ㄹ
ㅁ
ㅂ
ㅅ
ㅇ
ㅈ
ㅊ
ㅋ
ㅌ
ㅍ
ㅎ

자판	명 клавиату́ра	끌라비아뚜라
작문, 글쓰기	명 сочине́ние	사치녜니예
작별인사, 환송사	명 напу́тствие	나뿌쯔트비예
작별인사를 하다, 작별을 고하다// 용서를 구하다	동 проща́ться- прости́ться	쁘라샤짜- 쁘라스찌짜
작업, 과제, 해야할 일	명 зада́ние	자다니예
작은	형 ма́ленький	말롄끼
작은 병, 약병	명 флако́н	플라꼰
작은 빵, 롤빵	명 бу́лочка	불라츠까
작은 소포, 수입 증지	명 бандеро́ль ⑦	반데롤
작은 술잔 (독주용)	명 рю́мка	륨까
작은 파이	명 пирожо́к	삐라족
잔디	명 газо́н	가존
잘, 좋게, 훌륭하게// 좋다	부 술 хорошо́	하라쇼
잘난 체하다, 뻐기다	동 выпе́ндриваться- вы́пендриться	븨뻰드리바짜- 븨뻰드리짜
잠그다, 고정하다	동 застёгивать- застегну́ть	자스쬬기바치- 자스치그누치

잠그다, 닫아걸다, 가두다	동 запира́ть- запере́ть	자삐라치- 자삐례치
잠들다	동 засыпа́ть-засну́ть	자싀빠치- 자스누치
잠들다, 영면하다	동 усну́ть	우스누치
잠수복	명 водола́зный костю́м	바다라즈늬 까스쯈
잠에서 깨다, 일어나다	동 просыпа́ться- просну́ться	쁘라싀빠짜- 쁘라스누짜
잠옷, 파자마	명 ночно́е бельё, пижа́мы	나치노예 빌리요, 삐자믜
잠을 자다, 비활동 상태에 있다	동 спать	스빠치
잠자리(곤충)	명 стрекоза́	스뜨리까자
잠자코 있다. 침묵하다, 말 없이 있다, 작동하지 않다	동 молча́ть	말차치
잡다, 붙들다, 붙잡다, 포획하다, 붙들어 손에 넣다	동 лови́ть-пойма́ть	라비치-빠이마치
잡다, 쥐다, 가져오다, 가져가다, 빌리다	동 брать-взять	브라치-브쟈치

잡아당기다, 끌어당기다, 졸라매다, 시간을 끌다	동 затя́гивать-затяну́ть	자쨔기바치-자치누치
잡아당기다, 늘이다, 뽑아내다, 뻗다	동 вытя́гивать-вы́тянуть	븨쨔기바치-븨찌누치
잡지, 일지, 출석부	명 журна́л	주르날
잡초	명 со́рная трава́, сорня́к	소르나야 뜨라바, 사르냑
잡화, 액세서리, 부속물	명 аксессуа́р	악셰수아르
잣	명 кедро́вый оре́х	끼드로븨 아례흐
장(腸), 창자	명 кише́чник, кишка́	끼셰치닉, 끼시까
장갑	명 перча́тки	삐르촽끼
장난, 허튼소리, 농담	명 прико́л	쁘리꼴
장난감, 완구	명 игру́шка	이그루시까
장례를 치르다, 매장하다	동 хорони́ть-похорони́ть	하라니치-뻐하라니치
장례식, 매장, 장의	명 по́хороны	뽀하란늬
장모	명 тёща	쬬샤
장미	명 ро́за	로자

장소, 자리, 지역	명 ме́сто	메스따
장신구, 액세서리	명 украше́ние	우그라세니예
장어	명 у́горь ⓜ	우가리
장인	명 тесть ⓜ	쩨스치
장터, 전시회	명 я́рмарка	야르마르까
재건하다, 재조직하다, 고쳐 짓다, 재정비하다	동 перестра́ивать- перестро́ить	뻬리스트라이바치- 뻬리스뜨로이치
재능, 재주	명 тала́нт	딸란뜨
재다, 측정하다, 계측하다	동 измеря́ть- изме́рить	이즈미랴치- 이즈몌리치
재다, 치수, 크기를 재다	동 ме́рить	몌리치
재료, 자료	명 материа́л	마찌리알
재미있는, 흥미로운	형 интере́сный	인찌례스늬
재산이 있는, 부유한	형 состоя́тельный	사스따야찔늬
재채기하다	동 чиха́ть	치하치
재촉하다, 독촉하다, 촉구하다	동 торопи́ть- поторопи́ть	따라삐치- 뻐따라삐치
쟁반, 트레이	명 подно́с	빳노스

쟁취하다, 획득하다, 고지를 차지하다, 이기다, 승리하다	동 оде́рживать-одержа́ть	아졔르즤바치-아지르자치
저기로, 밖으로, 멀리	부 вон	본
저녁, 저물녘// 파티, 사교 모임	명 ве́чер	베치르
저녁밥, 석식	명 у́жин	우진
저녁밥을 먹다	동 у́жинать-поу́жинать	우즤나치-빠우즤나치
저녁에	부 ве́чером	베치람
저수지, 못	명 водоём, водохрани́лище	바다욤, 바다흐라닐리셰
저울	명 весы́	비싀
저울질하다, 저울로 무게를 재다, 숙고하다, 짚어 보다	동 взве́шивать-взве́сить	브즈베싀바치-브즈베시치
저축	명 сбереже́ния	즈비리제니야
저축하다, 아끼다, 절약하다, 보존하다, 지키다	동 сберега́ть-сбере́чь	즈비리가치-즈비례치
저택	명 особня́к	아삽냑

적다, 메모하다, 기록하다, 녹음하다, 녹화하다	통 запи́сывать-записа́ть	자삐싀바치-자삐사치
적도(赤道)	명 эква́тор	익바떠르
적시다, 젖게 하다, 스며들다, 스며 나오다, 젖다, 축해지다, 담가 두다	통 промока́ть-промо́кнуть	쁘라마까치-쁘라목누치
적은	형 ма́лый	말릐
적합하다, 쓸모 있다, 어울리다	통 годи́ться	가지짜
전광판, 알림판	명 табло́	따블로
전기(電氣)	명 электри́чество	일렉뜨리체스뜨바
전기밥솥	명 рисова́рка	리사바르까
전기톱	명 мотопила́	마따삘라
전나무	명 ёлка, ель⒡	욜까, 옐
전날 밤에, 전날에, 직전에	전 부 накану́не	너까누녜
전달, 양도, 전파, 방송 프로그램	명 переда́ча	삐리다차
전당, 사원	명 храм	흐람
전망대	명 обсервато́рия	압시르바또리야

ㄱ
ㄴ
ㄷ
ㄹ
ㅁ
ㅂ
ㅅ
ㅇ
ㅈ
ㅊ
ㅋ
ㅌ
ㅍ
ㅎ

전문가	몡 профессиона́л	쁘라폐시아날
전복	몡 абало́н	아발론
전송	몡 трансля́ция	뜨란슬랴찌야
전승 기념일	몡 День побе́ды	졘 빠베디
전시, 진열, 전시회, 박람회	몡 вы́ставка	븨스땁까
전에, 도로, 이전으로	분 наза́д	나잩
전염병, 유행병	몡 эпиде́мия	에삐졔미야
전자레인지	몡 микроволно́вка	미끄라발높까
전자상가	몡 ры́нок электро́ники	릐낙 일릭뜨로니끼
전자제품, 전자공학	몡 электро́ника	일릭뜨로니까
전진, 승격, 증진	몡 продвиже́ние	쁘라드비제니예
전차, 전기 열차	몡 электри́чка	일릭뜨리치까
전채, 애피타이저	몡 пе́рвое блю́до, заку́ска	뻬르바예 블류다, 자꾸스까
전체적인 어울림, 앙상블	몡 анса́мбль ⓜ	안삼블
전하다, 전달하다, 넘겨주다	동 передава́ть-переда́ть	삐리다바치-삐리다치
전화기	몡 телефо́н	찔리폰

전화를 걸다, 초인종을 누르다	동 звони́ть-позвони́ть	즈바니치-빠즈바니치
절, 불교 사원	명 будди́йский храм	부지이스키 흐람
절도, 절취	명 кра́жа	끄라자
절망, 낙담	명 отча́яние	앝차이니예
절망하다, 낙담하다	동 отча́иваться-отча́яться	앝차이바짜-앝차이짜
절벽, 벼랑, 심연	명 про́пасть⒡, круто́й склон	쁘로빠스치, 끄루또이 스끌론
젊은	형 ю́ный	윤늬
젊은, 새로운, 얼마 전 생겨난	형 молодо́й	말라도이
점, 작은 반점	명 ро́динка	로진까
점검하다, 확인하다, 조사하다, 검사하다	동 проверя́ть-прове́рить	쁘라비랴치-쁘라베리치
점심밥, 점심	명 обе́д	아볱
접시	명 таре́лка	따렐까
접촉하다, 건드리다, 관련되다	동 каса́ться-косну́ться	까사짜-까스누짜
젓가락, 작은 막대기	명 па́лочка (па́лочки)	빨라치까 (빨라치끼)
정강이, 종아리	명 го́лень⒡	골렌

ㅈ

정기선, 여객기, 대형 여객선	명 ла́йнер	라이네르
정기적인, 규칙적인	형 регуля́рный	리굴랴르늬
정기 회의, 시험 기간	명 се́ссия	세시야
정류장, 정거장, 정지, 정차	명 остано́вка	아스따높까
정리되다, 조직되다, 자리를 잡다, 취직하다	동 устра́иваться- устро́иться	우스뜨라이바짜- 우스뜨로이짜
정면, 전면	명 фаса́д	파샅
정보통신기술, ICT	명 информацио́нно- коммуникацио́нн ые техноло́гии, ИКТ	인파르마찌온나- 까무니까찌온늬예 쩨흐날로기이, 이까떼
정복하다, 세력 아래에 두다, 복종시키다, 지배하다	동 подчиня́ть- подчини́ть	빠치냐치- 빠치니치
정부, 내각	명 прави́тельство	쁘라비쩰스뜨바
정비하다, 조정하다, 형성하다, 잘 조직하다	동 нала́живать- нала́дить	날라즤바치- 날라지치
정사각형	명 квадра́т	끄바드랕

정상, 꼭대기, 절정	명 верши́на	비르시나
정신과의, 정신병의	형 психиатри́ческий	프시히아뜨리체스끼
정액	명 спе́рма	스뻬르마
정어리	명 сарди́на	사르지나
정오, 한낮	명 по́лдень ⓜ	뽈졘
정원(庭園)	명 сад	삩
정육면체	명 куб	꿉
정의, 공정, 공평, 공명정대, 정당	명 справедли́вость ⓕ	스쁘라비들리바스치
정자(精子)	명 сперматозо́ид	스뻬르마따조잍
정장, 의상, 복장	명 костю́м	까스쯈
정제, 알약	명 табле́тка	따블롓까
정직한, 올바른	형 че́стный	체스늬
정하다, 계획하다, 예정하다, 지명하다, 임명하다	동 намеча́ть-наме́тить	나미차치-나몌찌치
정형외과	명 ортопеди́ческое отделе́ние	아르따뼤지치스꺼예 앋질레니예
정확한, 정밀한	형 то́чный	또치늬
젖먹이, 아기	명 младе́нец	믈라졔니쯔

젖은, 물기 있는	형 **мо́крый**	모끄릐
제곱미터	명 **квадра́тный метр**	끄바드라뜨늬 몌뜨르
제과, 밀가루로 구운 식품	명 **вы́печка**	븨뼤치까
제과점, 빵집	명 **пека́рня, бу́лочная**	뼤까르냐, 불라치나야
제목, 표제, 기사 제목	명 **ру́брика, заголо́вок**	루브리까, 자갈로박
제비	명 **ла́сточка**	라스따치까
제비꽃	명 **фиа́лка**	삐알까
제비족, 여자에게 기생하는 남자	명 **альфо́нс**	알폰스
제빵사	명 **пе́карь** ⓜ	뼤까르
제시간에 ~하다, 때에 맞춰 ~하다, ~할 시간이 있다// 공부를 잘 따라가다	동 **успева́ть-успе́ть**	우스뼤바치- 우스뼤치
제시하다, 제기하다, 제출하다, 내놓다, 대표하다, 소개하다	동 **представля́ть- предста́вить**	쁘릿스따블랴치- 쁘릿스따비치
제안, 공급, 프러포즈	명 **предложе́ние**	쁘리들라제니예

제외하다, 배제하다, 제명하다	동 исключа́ть- исключи́ть	이스끌류차치- 이스끌류치치
제품	명 проду́кция	쁘라둑찌야
제품, 식품	명 проду́кт	쁘라둑트
제한속도	명 разрешённая ско́рость, ограниче́ние ско́рости	라즈리손나야 스꼬라스치, 아그라니체니예 스꼬라스치
조가비, 소라, 조개	명 ра́ковина, раку́шка	라까비나, 라꾸시까
조각, 토막	명 кусо́к, ломо́ть⒨	꾸속, 라모치
조각 케이크, 달콤한 디저트 종류	명 пиро́жное	삐로즈나예
조깅, 건강 달리기	명 джо́ггинг, бег трусцо́й	조깅, 벡 뜨루스쪼이
조끼	명 жиле́т	질롓
조난, 재난, 불의의 사고	명 ава́рия	아바리야
조명, 조명 장치, 해석	명 освеще́ние	아스비셰니예
조사, 검사, 점검	명 обсле́дование	압슬례다바니예

조사하다, 연구하다, 탐험하다, 탐구하다	동 иссле́довать	이슬례다바치
조심성 있는, 신중한	형 осторо́жный	아스따로즈늬
조심하다, 주의하다, 경계하다	동 бере́чься	비례치샤
조언, 권고	명 сове́т	사볠
조직, 구성, 결성, 기관	명 организа́ция	아르가니자쯰야
조직하다, 짜다, 만들다, 구성하다	동 организова́ть	아르가니자바치
조카	명 племя́нник (⊘племя́нница)	쁠리먄닉 (쁠리먄니짜)
존엄, 위엄, 가치, 장점, 유용성	명 досто́инство	다스또인스트바
존중하다, 존경하다, 귀히 여기다	동 уважа́ть	우바자치
졸다, 선잠을 자다, 잠재하다, 빈둥거리다	동 дрема́ть	드리마치
졸리는	형 со́нливый	산리비

졸업 증서, 학위 인증서, 면허장, 졸업 논문	몡 диплóм	지쁠롬
좁은	혱 ýзкий	우즈끼
종교	몡 релúгия	릴리기야
종달새	몡 жáворонок	자바라낙
종아리	몡 икрá гóлени	이크라 골레니
종양	몡 óпухоль ⨍	오뿌할
종이접기	몡 оригáми	아리가미
종합병원	몡 многопрóфильная больнúца	므나가쁘로필나야 발니짜
종합병원 외래 진료소	몡 поликлúника	빨리클리니까
좋은, 훌륭한	혱 хорóший	하로시
좌약	몡 суппозитóрий	수빠지또리
좌회전	몡 лéвый поворóт, поворóт налéво	레비 빠바롣, 빠바롣 날레바
죄, 범죄	몡 преступлéние	쁘리스뚜쁠레니예
주(州), 지방, 영역, 부분, 영역	몡 óбласть ⨍	오블라스치
주다, 제공하다, 베풀다, 허용하다	동 давáть-дать	다바치-다치
주름	몡 морщúна	마르시나

주말	명 уик-энд, конец недели	우이켄드, 까녜츠 니젤리
주먹	명 кулак	꿀락
주문하다, 예약하다	동 заказывать-заказать	자까즤바치-자까자치
주방용품	명 кухонная утварь	꾸한나야 우뜨바르
주변에, 주위에 // 대략, 약	전 부 около	오꼴라
주사, 주사액	명 укол, инъекция	우꼴, 인엨찌야
주소	명 адрес	아드례스
주스	명 сок	속
주유소	명 автозаправочная станция	앞따자쁘라바치나야 스딴찌야
주의 깊은, 세심한, 용의주도한	형 осмотрительный	아스마뜨리쪨늬
주의 깊은, 조심스러운, 배려하는, 자상한	형 внимательный	브니마쪨늬
주의, 관심, 주목, 호의	명 внимание	브니마니예
주인	명 хозяин (⊘хозяйка)	하쟈인 (하쟈이까)
주인공	명 герой (⊘героиня)	계로이 (기라이냐)

주전자	명 ча́йник	차이닉
주차장, 주차	명 автостоя́нка, стоя́нка	앞따스따얀까, 스따얀까
주차하다	동 паркова́ть, паркова́ться	빠르까바치, 빠르까바짜
주택, 가옥	명 жили́ще	칠리셰
주황색의	형 ора́нжевый	아란직비
죽다	동 умира́ть-умере́ть	우미라치-우미례치
죽음	명 смерть⌀	스메르치
죽이다, 없애다, 박멸하다	동 убива́ть-уби́ть	우비바치-우비치
준비하다, 대비하다, 마련하다	동 гото́виться	가또비짜
준비하다, 대비하다, 채비하다	동 подгота́вливаться-подгото́виться	빠가따블리바짜-빠가또비짜
준비하다, 마련하다, 요리하다, ~을 사용 가능한 상태로 만들다	동 приготовля́ть/гото́вить-приготовля́ть	쁘리가따블랴치/가또비치-쁘리가또비치
준비하다, 채비하다, 요리하다, 훈련하다, 양성하다	동 гото́вить-подгото́вить	가또비치-빠가또비치

ㄱ
ㄴ
ㄷ
ㄹ
ㅁ
ㅂ
ㅅ
ㅇ
ㅈ
ㅊ
ㅋ
ㅌ
ㅍ
ㅎ

줄, 열	명 ряд	럍
줄, 줄칼, 실톱	명 пилка	삘까
줄기, 대	명 стебель _m_	스쩨빌
줄기, 몸통	명 ствол	스뜨볼
줄다, 줄어들다, 약해지다, 감소하다, 축소하다	동 уменьша́ться- уме́ньшиться	우민샤짜- 우몐싀짜
줄무늬, 지대	명 полоса́	빨라사
줄이다, 축소하다, 감소하다, 완화하다	동 уменьша́ть- уме́ньшить	우민샤치- 우몐싀치
줄자, 룰렛	명 руле́тка	룰롙까
중간, 간격, 사이, 틈	명 промежу́ток	쁘라미주딱
중간, 한복판, 중도	명 середи́на	시리지나
중간의, 가운데의	형 сре́дний	스롇니
중고물품	명 бы́вшие в употребле́нии ве́щи, б/у ве́щи, секонд-хе́нд	븹씨예 부빠뜨리블례니이 볘시, 베/우 볘시, 세컨드헨드
중심, 중심부, 중앙	명 центр	쩬트르

중심의, 중심부의, 주요한	형 центра́льный	쩬트랄늬
중앙분리대, 분할선	명 раздели́тельная полоса́, раздели́тель	라즈질리쪨나야 빨라사, 라즈질리쪨
중앙처리장치, CPU	명 центра́льный проце́ссор, ЦП	쩬뜨랄늬 쁘라쩨사르, 쩨뻬
중요한, 주된	형 гла́вный	글라브늬
중편소설	명 по́весть ⨍	뽀비스치
쥐, 생쥐	명 крыс, мышь ⨍	끄리스, 믜시
쥐다, 잡다, 붙잡고 있다, 유지하다, 두다	동 держа́ть- подержа́ть	지르자치- 빠지르자치
증기, 김, 수증기	명 пар	빠르
증대하다, 늘이다, 늘리다, 확장하다, 높이다, 향상하다	동 увели́чивать- увели́чить	우빌리치바치- 우빌리치치
증명서, 증거, 증거물	명 свиде́тельство	스비졔쪨스트바
증명하다, 입증하다, 증언하다	동 дока́зывать- доказа́ть	다까즤바치- 다까자치
증오, 혐오, 미움	명 не́нависть ⨍	녜나비스치
지갑	명 кошелёк	까실룍

지구	몡 Земля́	지믈랴
지구본, 구(球)	몡 гло́бус	글로부스
지금껏, 이제까지	뷔 до сих пор	다 시흐 뽀르
지급하다, 내다, 값을 치르다, 갚다, 보답하다	동 плати́ть- заплати́ть	쁠라찌치- 자쁠라찌치
지나다, 지나가다, 통과하다, 경과하다, 통행하다	동 проходи́ть- пройти́	쁘라하지치- 쁘라이찌
지나서, 후에, 통해서	전 че́рез	체리스
지난, 지나간, 과거의	혱 про́шлый	쁘로실리
지난주	про́шлая неде́ля	쁘로실라야 니젤랴
지도자, 장, 지도 담당	몡 руководи́тель ⓜ	루까바지쪨
지도하다, 주관하다, 감독하다, 인도하다	동 руководи́ть	루까바지치
지렁이	몡 земляно́й червь	지믈랸노이 체르피
지루한, 따분한	혱 ску́чный	스꾸시늬
지리, 지리학	몡 геогра́фия	기오그라피야

지문(指紋)	명 отпеча́ток па́льца	앗뻬차턱 빨차
지방, 지역, 도(道), 성(省)	명 прови́нция	쁘라빈찌야
지붕, 덮개	명 кры́ша	끄리샤
지속, 계속, 존속	명 продолжи́тельность ⨍	쁘라달지쪨너스치
지속하다, 계속되다, 진행되다	동 продолжа́ться- продо́лжиться	쁘라달자짜- 쁘라돌지짜
지시하다, 명령하다, 요구하다	동 прика́зывать- приказа́ть	쁘리까즤바치- 쁘리까자치
지식, 학식	명 зна́ние	즈나니예
지옥	명 ад	앝
지우개	명 стира́льная рези́нка	스찌랄나야 리진까
지우다, 삭제하다	동 вычёркивать- вы́черкнуть	비쵸르끼바치- 븨치릌누치
지원자, 대회 참가자	명 соиска́тель ⓜ	사이스까쪨
지정된 장소까지 도착하다, 도달하다	동 доезжа́ть- дое́хать	다이즈자치- 다예하치
지진	명 землетрясе́ние	지믈리뜨리세니예

지체되다, 늦어지다, 늘어지다, 더 오래 머무르다	동 заде́рживаться-задержа́ться	자지르지바짜-자지르자짜
지치다, 피곤하다, 기운이 빠지다, 피로하다	동 устава́ть-уста́ть	우스따바치-우스따치
지켜내다, 지키다, 막아주다, 보호하다	동 отста́ивать-отстоя́ть	아쯔따이바치-아쯔따야치
지키다, 보관하다, 보존하다	동 храни́ть	흐라니치
지키다, 보호하다, 변호하다	동 защища́ть-защити́ть	자시샤치-자시찌치
지퍼	명 застёжка, мо́лния	자스쬬시까, 몰니야
지평선, 수평선	명 горизо́нт	가리존뜨
지폐 지갑, 서류철	명 бума́жник	부마즈닉
지폐, 은행권	명 банкно́та, банкно́т	반크노따, 반크놑
지하도	명 подзе́мный перехо́д	빧졤늬 뻬리홑
지하실, 지하	명 подва́л, подпо́лье	빧발, 빧뽈리예

지하철 노선도	몡 схéма метрó	스헤마 미뜨로
지하철역, 기지국, 정거장	몡 стáнция	스딴찌야
지혜로운, 현명한	혱 мýдрый	무드리
지휘자	몡 дирижёр	지리죠르
직불카드	몡 дебетóвая кáрта	지비또바야 까르따
직사각형	몡 прямоугóльник	쁘리마우골닉
직업, 생업	몡 профéссия	쁘라페시야
직원, 근로자, 노동자	몡 рабóтник	라봇닉
직원, 인원, 총원	몡 персонáл	삐르사날
직위, 직(織)	몡 дóлжность ⓕ	돌즈노스치
직장 동료, 직원	몡 сотрýдник	싸뜨룬닉
진(증류酒)	몡 джин	진
진공청소기	몡 пылесóс	삘리소스
진눈깨비	몡 снег с дождём	스넥 즈 다즈죰
진달래, 철쭉	몡 азáлия	아잘리야
진리, 참, 진상	몡 úстина	이스찌나
진실, 진상, 정의, 공정	몡 прáвда	쁘라브다
진실한, 성실한, 정확한	혱 вéрный	베르늬

진열장, 쇼윈도	명 витри́на	비뜨리나
진정제	명 успока́ивающее сре́дство	우스빠까이바유 시예 스롇스뜨바
진주	명 жéмчуг	젬축
진지한, 신중한, 심각한	형 серьёзный	시르요즈늬
진찰하다	동 осма́тривать- осмотре́ть больно́го	아스마뜨리바치- 아스마뜨례치 발노바
진토닉	명 джин-то́ник	진또닉
진통제	명 болеутоля́ющее сре́дство	발리우딸랴유시예 스롇스뜨바
진품, 원본	명 по́длинник, оригина́л	뽀들리닉, 아리기날
진한 파란색의	형 тёмно-си́ний	쫌나-시니
진흙, 오물, 더러운 것	명 грязь ⨍	그랴시
질(여성 생식기의)	명 влага́лище	블라갈리셰
질문, 문제	명 вопро́с	바쁘로스
질서, 규칙, 순서, 서열	명 поря́док	빠랴덕
짐승, 야수	명 зверь ⓜ	즈베리
집, 주택	명 дом	돔
집게	명 щипцы́	싶찌

집들이, 새로 이사한 집	몡 новосе́лье	나바셸리예
집배원	몡 почтальо́н	빠치딸리온
집어넣다, 넣다, 찔러 넣다	동 сова́ть-су́нуть	사바치-수누치
집에서, 자기 근거지에서	閉 до́ма	도마
집으로	閉 домо́й	다모이
집의, 집안의, 가족의	톙 дома́шний	다마시니
짓다, 만들다, 건설하다, 세우다, 구축하다	동 стро́ить-постро́ить	스뜨로이치-빠스뜨로이치
짓다, 만들다, 세우다, 조직하다, 꾸리다	동 устра́ивать-устро́ить	우스뜨라이바치-우스뜨로이치
징조, 징후, 전조	몡 приме́та	쁘리몌따
짜내다, 짜다(즙 등을)	동 отжима́ть-отжа́ть	앝즤마치-앝자치
짝사랑	몡 безотве́тная любо́вь	볘자뜨볱나야 류봎
짝수	몡 чётное число́	쵸트나예 치슬로
찌르다, 주사 놓다, 꽂다, 쑤시다, 따다	동 ука́лывать-уколо́ть	우깔리바치-우깔로치

ㅊ

차 트렁크	명 багáжник	바가즈닉
차, 차나무, 찻잎	명 чай	차이
차고	명 гарáж	가라시
차로 다가가다, 접근하다, 도착하다	동 подъезжáть-подъéхать	빧이즈자치-빧예하치
차선, 주행선	명 полосá движéния	빨라사 드비제니야
차지하다, 점령하다	동 занимáть-заня́ть	자니마치-자냐치
착륙하다, 상륙하다	동 приземля́ться-приземли́ться	쁘리졔믈랴짜-쁘리졔믈리짜
찬성하다, 찬성하고 나서다, 지지하다	동 выступáть/вы́ступить за	비스뚜빠치/비스뚜삐치 자
찬송가, 찬미가	명 гимн, хвалá, акáфист	김느, 흐발라, 아까피스뜨
찬장	명 кýхонный шкаф	꾸한늬 시깦
참사, 파국, 불상사	명 катастрóфа	까따스뜨로파
참새	명 воробéй	바라볘이
참석, 참여, 참가, 관여	명 учáстие	우차스찌예

참석하다, 참가하다, 참여하다	동 уча́ствовать	우차스뜨바바치
참을성 있는, 인내심 있는	형 терпели́вый	찌르삘리비
참치	명 туне́ц	뚜녜쯔
찻잔, 커피잔	명 ча́шка	차시까
창고	명 кладова́я	끌라다바야
창구(은행, 우체국 등)	명 око́шко	아꼬시까
창립, 창설하다, 근거하다, 기반을 두다	동 осно́вывать- основа́ть	아스노븨바치- 아스나바치
창조하다, 창작하다, 만들다, 제작하다, 창설하다, 조직하다	동 создава́ть- созда́ть	사즈다바치- 사즈다치
찾기	명 найти́	나이찌
찾다, 뒤지다, 수색하다	동 иска́ть	이스까치
찾다, 발견하다, 찾아내다	동 находи́ть-найти́	나하지치-나이찌
채소, 남새	명 о́вощ (복о́вощи)	오바시 (오바시이)

채우다, 메우다, 써넣다, 작성하다	통 заполня́ть-запо́лнить	자빨냐치-자뽈니치
채칼, 강판	명 тёрка	쬬르까
책	명 кни́га	끄니가
책상	명 стол	스똘
책임자, 관리자, 장(長)	명 заве́дующий	자볘두유시
책장	명 кни́жный шкаф	끄니즈늬 시까프
처남	명 шу́рин	수린
처방전, 비책, 비법, 조리법, 레시피	명 реце́пт	리쩨프트
처하다, ~할 처지에 있다, ~해야 하다	통 подлежа́ть	빠들리자치
척추, 등뼈	명 позвоно́чник	뻐즈바노치닉
천국, 낙원	명 рай	라이
천둥, 우레	명 гром	그롬
천연가스	명 приро́дный газ	쁘리롣늬 가스
천장	명 потоло́к	빠딸록
천체 관측	명 астрономи́ческие наблюде́ния	아스뜨라나미체스끼 예나블류졔니야
철(鐵)	명 желе́зо	질례자

철갑상어알	명 чёрная икра́	초르나야 이끄라
철도	명 желе́зная доро́га	질례즈나야 다로가
철사, 철조망	명 про́волока	쁘로발라까
철새	명 перелётная пти́ца	삐리룥나야 쁘찌짜
철없는, 어리석은 짓을 하다, 황당한 행동을 하다, 고집부리다	동 дури́ть	두리치
철학	명 филосо́фия	필라소피야
첫사랑	명 пе́рвая любо́вь	뻬르버여 류뵤ㅍ
청결하게 하다, 청소하다, 싹쓸이하다	동 вычища́ть- вы́чистить	비치샤치- 비치스찌치
청년	명 молодо́й челове́к	멀라도이 칠라벡
청년, 젊은 사람들	명 молодёжь ⓕ	말라죠시
청년, 젊은이	명 ю́ноша ⓜ	유나샤
청년기, 젊은이들	명 ю́ность ⓕ	유나스치
청바지	명 джи́нсы	진싀
청소, 정돈, 수확, 수확기	명 убо́рка	우보르까
청소년기	명 о́трочество	오트라체스트바
청어	명 сельдь ⓕ, селёдка	셸치, 실룥까

청춘, 청년 시절	명 мо́лодость ⨍	몰라더스치
체스, 장기	명 ша́хматы	사흐마띠
체온계	명 гра́дусник	그라두스닉
체육	명 физкульту́ра	피스꿀뚜라
체육관	명 спортза́л	스뽀르뜨잘
체조	명 гимна́стика	김나스찌까
체포, 압류, 압수	명 аре́ст	아레스트
체험하다, 견뎌내다, 고민하다, ~보다 오래 살다	동 пережива́ть- пережи́ть	삐리즤바치- 삐리즤치
체험학습, 답사, 견학, 소풍	명 экску́рсия	엑스꾸르시야
첼로	명 виолонче́ль ⨍	비알란첼
초(秒), 1초	명 секу́нда	시꾼다
초, 양초	명 свеча́	스비차
초대, 초청	명 приглаше́ние	쁘리글라셰니예
초대하다, 초청하다	동 приглаша́ть- пригласи́ть	쁘리글라샤치- 쁘리글라시치
초등, 중등, 고등학생	명 шко́льник	시꼴닉
초록의	형 зелёный	질룐늬
초콜릿	명 шокола́д	사깔랃

최근에, 얼마 전에, 요사이	부 неда́вно	니다브나
최면	명 гипно́з	깊노스
최면술을 걸다, 매혹하다	동 гипнотизи́ровать	깊나찌지라바치
추구하다, 지향하다, 노력하다	동 стреми́ться	스뜨리미짜
추석	명 День урожа́я, Чусок	젠 우라자야, 추석
추운, 차가운	형 холо́дный	할론늬
추천, 소개, 권고	명 рекоменда́ция	리까멘다찌야
추천하다, 권하다, 조언하다	동 рекомендова́ть-порекомендова́ть	리까멘다바찌-빠리까멘다바찌
추측하다, 헤아리다, 예상하다, 짐작하다, 계획하다, 의도하다	동 предполага́ть-предположи́ть	쁘릳빨라가치-쁘릳빨라지치
추한, 흉한, 못생긴	형 безобра́зный	비자브라즈늬
축구	명 футбо́л	풋볼
축배, 건배	명 тост	또스트
축제, 명절, 축일	명 пра́здник	쁘라즈닉

축하, 축사	명 поздравле́ние	빠즈드라블례니예
축하하다, 경축하다	동 поздравля́ть-поздра́вить	빠즈드라블랴치-빠즈드라비치
출발하다, 떠나다 (교통편으로 ~를 떠나다, ~로 출발하다, ~에 나타나다)	동 выезжа́ть-вы́ехать	비이즈자치-븨예하치
출산, 분만	명 ро́ды	로디
출입국 심사대	명 па́спортный контро́ль	빠스빠릍늬 깐뜨롤
출장	명 командиро́вка	까만지롶까
출현, 등장, 연설, 발표, 공연	명 выступле́ние	븨스뚜쁠례니예
출혈	명 кровотече́ние	끄라바쩨체니예
춤추다	동 танцева́ть-станцева́ть	딴쯰바치-스딴쯰바치
충고하다, 조언하다, 추천하다	동 сове́товать-посове́товать	사볘따바치-빠사볘따바치
충만한, 온전한, 가득 찬	형 по́лный	뽈늬
충전, 충전기// 체조	명 заря́дка	자럍까
충전하다, 채우다	동 заряжа́ть-заряди́ть	자리자치-자리지치
충치	명 ка́риес	까리이스

취미, 마음이 끌리는 일	몡 хóбби	호비
취하다(술에)	통 пьянéть	삐이녜치
측면의, 옆면의	혱 боковóй	버까보이
층, 층위	몡 этáж	에따시
치과	몡 стоматологи́ческое отделéние	스따마딸라기치스꼐예 앝질례니예
치다, 두드리다, 때리다, 싸우다	통 бить	비치
치다, 때리다, 타격을 주다	통 ударя́ть-уда́рить	우다랴치-우다리치
치료받다	통 проходи́ть-пройти́ курс лечéния	쁘라하지치-쁘라이찌 꾸르스 리체니야
치료하다	통 лечи́ть-вы́лечить больнóго	리치치-빌리치치 발노바
치마, 스커트	몡 ю́бка	윱까
치수, 값, 분량	몡 величина́	빌리치나
치수가 맞는지 입어 보다, 신어 보다, 써보다, 맞춰 보다	통 примеря́ть-приме́рить	쁘리미랴치-쁘리메리치
치약	몡 зубна́я па́ста	쥽나야 빠스따

치우다, 제거하다, 거두다, 수확하다	통 убира́ть-убра́ть	우비라치-우브라치
치즈	명 сыр	식르
친구(여자 친구, 친구들)	명 друг (⌀подру́га, ⌐друзья́)	드룩 (빠드루가, 드루지야)
친밀한, 내밀한	형 инти́мный	인찜느이
친절한, 상냥한	형 любе́зный	류베즈느이
침, 타액	명 слюна́	슬류나
침구류	명 посте́льное бельё	빠스쩰너예 빌리요
침대	명 крова́ть⌀	끄라바치
침대차, 침대칸	명 спа́льный ваго́н	스빨늬 바곤
침묵, 무언	명 молча́ние	말차니예
침실	명 спа́льня	스빨냐
침엽수	명 хво́йное де́рево	흐보인나예 졔리바
침울한, 쓸쓸한	형 уны́лый	우늴리
침착한, 고요한, 태연한	형 невозмути́мый	니바즈무찜믜
칫솔	명 зубна́я щётка	줍나야 숕까

ㅋ

카리스마	몡 харизма	허리즈마
카스텔라	몡 бисквит, кастелла	비스크빗, 까스쩰라
카페, 커피숍	몡 кафе́	까페
캐러멜	몡 караме́ль⨍	까라멜
캠코더	몡 видеока́мера	비지아까미라
캠페인, 유세, 운동	몡 кампа́ния	깜빠니야
캡슐	몡 ка́псула	깝술라
커서(컴퓨터)	몡 курсо́р	꾸르소르
커튼	몡 занаве́ска, што́ра	자나볘스까, 시또라
커피	몡 ко́фе⨍	꼬폐
컴퓨터	몡 компью́тер	깜비유테르
컵, 물컵	몡 стака́н	스따깐
케이블카	몡 кана́тная доро́га, фуникулёр	까낱나야 다로가, 푸니꿀료르
케이크	몡 торт	또를
케첩	몡 ке́тчуп	켙춥
케피르(마시는 요구르트)	몡 кефи́р	끼피르

코	명 нос	노스
코감기	명 на́сморк	나스마르크
코끼리	명 слон	슬론
코르셋	명 корсе́т	까르셸
코를 풀다	동 сморка́ться-вы́сморкаться	스마르까짜-비스마르까짜
코미디(장르)	명 коме́дия	까메지야
코코넛오일, 야자유	명 коко́совое ма́сло	까꼬사바예 마슬라
코트, 외투, 망토	명 плащ	쁠라시
콘센트	명 розе́тка	라졜까
콘트라베이스	명 контраба́с	깐뜨라바스
콧수염	명 усы́	우싀
콩	명 со́я	소야
콩나물	명 ростки́ со́и	라스뜨끼 소이
쿠션 파운데이션	명 тона́льный крем-кушон	따날늬 끄렘-꾸숀
쿠키 파일	명 куки	꾸끼
크기, 치수	명 разме́р	라즈몌르
크래커	명 кре́кер	끄례꼐르
크리스마스트리	명 нового́дняя ёлка	너바곧냐야 욜까
크리스털, 수정	명 хруста́ль ⓜ	흐루스딸

크바스(전통 곡물 발효 음료)	명 квас	끄바스
큰, 커다란, 규모 있는	형 большо́й	발쇼이
클렌징 크림	명 сре́дство для сня́тия макия́жа	스롇스뜨바 들랴 스냐찌야 마끼야자
클립	명 скре́пка	스끄롑까
키, 신장// 성장, 증가, 발달	명 рост	로스트
키위	명 киви	키비
킬로미터(km)	명 киломе́тр	낄라몌뜨르

ㄱ
ㄴ
ㄷ
ㄹ
ㅁ
ㅂ
ㅅ
ㅇ
ㅈ
ㅊ
ㅋ
ㅌ
ㅍ
ㅎ

Е

타고 다녀오다, 다니곤 하다, 여행하다	동 **éздить**	예즈지치
타고 오다, 도착하다, 도달하다	동 **приезжáть-приéхать**	쁘리이즈자치-쁘리예하치
타고 통과하다, 빠져나가다, 지나가다, 지나치다	동 **проезжáть-проéхать**	쁘라이즈자치-쁘라예하치
타다, 불타다, 켜지다, 켜져 있다, 빛나다, 번쩍이다	동 **горéть-сгорéть**	가례치-즈가례치
타원형, 타원	명 **овáл**	아발
타이어	명 **шúна**	싀나
타조	명 **стрáус**	스뜨라우스
탁구	명 **настóльный тéннис**	나스똘늬 떼니스
탄산음료, 탄산수	명 **сóдовый напúток**	소다븨 나삐딱
탄산수	명 **газирóванная водá**	가지로반나야 바다

탄산이 들어간 물, 음료	명 газиро́вка	가지롭까
탄생, 태어남	명 рожде́ние	라즈졔니예
탐정, 형사, 추리소설, 추리 영화	명 детекти́в	데뗵찦
탑, 타워	명 ба́шня	바시냐
탑승 수속 카운터	명 сто́йка регистра́ции на рейс	스또이까 리기스뜨라찌이 나 레이스
탑승구	명 вы́ход на поса́дку	븨핟 나 빠샅꾸
탑승권	명 поса́дочный тало́н	빠사다츠늬 딸론
탕제, 달인 물, 끓인 약제	명 отва́р	앝바르
태만한, 나태한, 방만한	형 небре́жный	니브레즈늬
태블릿	명 планше́т	쁠란셑
태어나다, 일어나다, 발생하다	동 рожда́ться-роди́ться	라즈다짜-라지짜
태풍, 폭풍	명 урага́н, тайфу́н	우라간, 타이푼
택배	명 доста́вка това́ра	다스땁까 따바라
택배 기사	명 доста́вщик, курье́р	다스땁식, 꾸르예르

ㄱ
ㄴ
ㄷ
ㄹ
ㅁ
ㅂ
ㅅ
ㅇ
ㅈ
ㅊ
ㅋ
Е
ㅍ
ㅎ

택시	명 такси́	딱시
탤런트	명 актёр телеви́дения	악쬬르 찔리비졔니야
터, 부지, 대지, 플랫폼	명 площа́дка	쁠라샅까
터치스크린	명 сенсо́рный экра́н	셴소르늬 이끄란
턱	명 подборо́док	빠드바로덕
턱받이	명 де́тский нагру́дник	졔쯔끼 나그룯닉
턱수염, 구레나룻	명 борода́	버라다
테니스	명 те́ннис	떼니스
테두리, 변방, 가장자리	명 край	끄라이
텍스트, 본문, 가사	명 текст	쪡스트
텔레비전	명 телеви́зор	찔리비저르
텔레비전 방송	명 телепереда́ча	쪨례뻬리다차
토끼	명 за́яц, кро́лик	자이쯔, 끄롤릭
토대, 기반, 기초, 근본, 원리	명 осно́ва	아스노바
토마토	명 помидо́р, тома́т	빠미도르, 따맡
토양, 흙, 기반, 근저	명 по́чва	뽀치바

토요일	명 суббо́та	수보따
토의하다, 협의하다, 고찰하다	동 обсужда́ть- обсуди́ть	압수즈다치- 압수지치
토파즈, 황옥	명 топа́з	따빠스
톤(t)	명 то́нна	똔나
톨게이트, 요금소, 차단기	명 доро́жная заста́ва, шлагба́ум	다로즈나야 자스따바, 실락바움
톱	명 пила́	삘라
통과, 통로	명 прохо́д	쁘라홑
통과, 패스(시합 등에서)	명 пас	빠스
통과하다, 패스하다(카드, 게임)	동 пасова́ть- спасова́ть	빠사바치- 스빠사바치
통역사, 번역사	명 перево́дчик	삐리뽙칙
통일하다, 합치다, 연합하다	동 объединя́ть- объедини́ть	압이지냐치- 압이지니치
통조림 식품	명 консе́рвы	깐세르브이
통조림으로 만들다, 저장식품으로 만들다	동 консерви́ровать	깐세르비라바치

ㄱ
ㄴ
ㄷ
ㄹ
ㅁ
ㅂ
ㅅ
ㅇ
ㅈ
ㅊ
ㅋ
ㅌ
ㅍ
ㅎ

통행하는, 통과하여 지나가는// 행인, 통행인	형 명 прохо́жий	쁘라호지
퇴직, 사직, 사임	명 отста́вка	아쯔땁까
투사, 전사	명 бое́ц	바예쯔
투표, 표결	명 голосова́ние	걸라사바니예
투표로 선택하다, 선출하다, 고르다	동 избира́ть-избра́ть	이즈비라치-이즈브라치
튀다, 튀기다, 내뿜다, 솟구치다	동 бры́згать	브리즈가치
튤립	명 тюльпа́н	쮤빤
트럼펫	명 труба́	뜨루바
트럼펫 연주자	명 труба́ч	뜨루바치
트레이너, 코치, 감독	명 тре́нер	뜨례녜르
트렌치코트	명 тренч, плащ, тренчкот	뜨렌치, 쁠라시, 뜨렌치콭
트롬본	명 тромбо́н	뜨람본
트림	명 отры́жка	앝릐시까
트림하다	동 рыга́ть-рыгну́ть	리가치-리그누치

특제품의, 특산품의, 회사의, 훌륭한, 잘 만든, 특제	형 фи́рменный	피르멘늬
티셔츠	명 футбо́лка	푼볼까
티슈	명 косметическая бумага	까스미찌치스까야 부마가

ㄱ
ㄴ
ㄷ
ㄹ
ㅁ
ㅂ
ㅅ
ㅇ
ㅈ
ㅊ
ㅋ
E
ㅍ
ㅎ

ㅍ

파	몡 зелёный лук	질료늬 룩
파도, 물결, 파동, 파장	몡 волна́	발나
파란, 푸른	혱 си́ний	시니
파리(곤충)	몡 му́ха	무하
파마	몡 пермане́нтная зави́вка	페르마녠뜨나야 자빞까
파스	몡 пла́стырь ⓜ	쁠라스띠리
파업, 쟁의	몡 забасто́вка	자바스똡까
파우더	몡 пу́дра	뿌드라
파운데이션	몡 тона́льный крем	따날늬 끄렘
파인애플	몡 анана́с	아나나스
파출소	몡 полице́йский уча́сток	빨리쩨이스끼 우차스턱
파프리카	몡 па́прика	빠쁘리까
판, 판자, 도마	몡 доска́	다스까
판다(동물)	몡 па́нда	빤다
판매원	몡 продаве́ц	쁘라다베쯔
팔꿈치	몡 ло́коть ⓜ	로꺼치

팔다, 판매하다	동 продава́ть-прода́ть	쁘라다바치-쁘라다치
팔아 치우다, 처분하다	동 сбыва́ть-сбыть	즈비바치-즈비치
팔찌	명 брасле́т	브라슬롇
팝콘	명 попко́рн, возду́шная кукуру́за	빱꼬른, 바즈두시나야 꾸꾸루자
팟캐스트	명 подка́ст	빧까스뜨
패배, 장애, 병변	명 пораже́ние	빠라제니예
패배시키다, 없애버리다, 죽이다, 종 치기를 마치다	동 добива́ть-доби́ть	다비바치-다비치
패스트푸드	명 фаст-фуд	파스트 푸드
팩시밀리, 팩스	명 факси́миле, факс	팍시밀레, 팍스
팬티	명 трусы́	뜨루식
팬티스타킹	명 колго́тки	깔곧끼
팽팽하게 펴다, 구김, 주름을 펴다, 매끄럽게 하다	동 загла́живать-загла́дить	자글라쥐바치-자글라지치
팽팽한, 단단한, 조이는	형 туго́й	뚜고이
페미돔	명 феми́дом	페미돔

ㄱ
ㄴ
ㄷ
ㄹ
ㅁ
ㅂ
ㅅ
ㅇ
ㅈ
ㅊ
ㅋ
ㅌ
ㅍ
ㅎ

펜치, 집게	명 плоскогу́бцы, кле́щи	쁠라스까굽찍, 끌례시이
펭귄	명 пингви́н	삔그빈
편도 승차권	명 биле́т в оди́н коне́ц	빌롙 바진 까녜쯔
편두통	명 мигре́нь⒥	미그롄
편수 냄비, 편수 바가지, 국자	명 ко́вшик, ковш	꼽식, 꼽시
편지, 서신, 쓴 것	명 письмо́	삐시모
평균	명 сре́днее	스롄니예
평범한, 보통의, 통상적인	형 обы́чный	아븨치늬
평상복	명 повседне́вная оде́жда	빠프시드녭나야 아졔즈다
평일	명 бу́дний день, бу́дни	붇니 졘, 붇니
평지, 평원, 평야	명 равни́на	라브니나
평행사변형	명 параллелогра́мм	빠랄롈라그람
평화로운, 평화의, 태평한	형 ми́рный	미르늬
폐(肺)	명 лёгкое (⒫лёгкие)	료흐꺼예 (료흐끼예)
폐쇄회로 텔레비전, CCTV	명 ка́мера наблюде́ния	까메라 나블류졔니야

폐지하다, 취소하다, 철폐하다	동 **отменя́ть-** **отмени́ть**	앝미냐치- 앝미니치
폐품, 잡동사니	명 **хлам**	흘람
포기하다, 단념하다, 부인하다, 인정하지 않다	동 **отрека́ться-** **отре́чься**	앝리까짜- 앝례치샤
포니테일, 말총머리	명 **ко́нский хвост**	꼰스끼 흐보스트
포도	명 **виногра́д**	비나그랕
포도주, 와인	명 **вино́**	비노
포스트 잇	명 **закла́дки ли́пкие,** **закла́дки с** **ли́пким сло́ем**	자끌랕끼 맆끼예, 자끌랕끼 스 맆낌 슬로옘
포크	명 **ви́лка**	빌까
포플러, 미루나무	명 **то́поль** ⓜ	또뽈
폭포	명 **водопа́д**	바다빹
표, 도표, 일람표	명 **табли́ца**	따블리짜
표, 티켓	명 **биле́т**	빌롙
표면에 덮다, 잠자리를 펴다	동 **постила́ть-** **постели́ть** **(постла́ть)**	빠스찔라치- 빠스찔리치 (빠스틀라치)
표시, 부호, 기호, 표식	명 **знак**	즈낙

ㄱ ㄴ ㄷ ㄹ ㅁ ㅂ ㅅ ㅇ ㅈ ㅊ ㅋ ㅌ ㅍ ㅎ

표시, 표시하기, 해시태그	명 ме́тка, хештег	몔까, 헤시떽
표시하다, 명시하다, 강조하다	동 обознача́ть-обозна́чить	아바즈나차치-아바즈나치치
표정	명 выраже́ние лица́	븨라제니예 리짜
표현	명 выраже́ние	븨라제니예
표현하다, 나타내다, 표명하다	동 выража́ть-вы́разить	븨라자치-븨라지치
풀, 접착제	명 клей	끌례이
풀다, 끄르다(단추, 벨트 등을)	동 расстёгивать-расстегну́ть	라스쬬기바치-라스찌그누치
풀다, 해결하다, 해답을 얻다	동 реша́ть-реши́ть	리샤치-리싀치
품질, 질, 성질, 품성	명 ка́чество	까체스트바
풍경, 경치, 산수화, 풍경화	명 пейза́ж	뻬이자시
풍선	명 возду́шный ша́рик	바즈두시늬 샤릭
프라이팬	명 сковоро́дка	스까바롣까
프로그램, 공연목록, 커리큘럼	명 програ́мма	쁘라그람마

프로젝트, 설계도, 시안, 초안	명 прое́кт	쁘라엑트
프리랜서, 자유직 종사자	명 фрила́нсер	프릴란세르
프린터	명 при́нтер	쁘린떼르
플라타너스	명 плата́н, чина́ра	쁠라딴, 치나라
플래카드	명 плака́т	쁠라깥
플랫폼, 단(檀)	명 перро́н	삐론
플러그	명 шт́епсель ⓜ, ви́лка	시뗍셸, 빌까
피, 혈액	명 кровь ⓕ	끄로피
피곤한, 피로에 지친	형 уста́лый	우스딸리
피난처, 보육원, 보호시설	명 прию́т	쁘리윷
피록(파이)	명 пиро́г	삐록
피망	명 сла́дкий пе́рец	슬랕끼 뻬리쯔
피부	명 ко́жа	꼬자
피부과	명 дерматологи́ческое отделе́ние	지르마딸라기치스 까예 앋질례니예
피아노	명 пиани́но	삐아니나
피아니스트	명 пиани́ст	삐아니스뜨

피임 도구/콘돔	명 презервати́в/кондо́м	쁘리지르바찦/깐돔
피임약	명 противозача́точное сре́дство	쁘라찌바자차따츠나예 스레쯔뜨바
피자	명 пи́цца	삐짜
피해자	명 пострада́вший, же́ртва	빠스뜨라답시, 제르뜨바
필름, 얇은 비닐	명 плёнка	쁠룐까
필름, 영화	명 фильм	필름
필요한, 요구되는	형 ну́жный	누즈늬
필통	명 пена́л	삐날

ㅎ

하게 되다, 할 수밖에 없다, 맞게 되다, 어울리게 되다	통 приходи́ться- прийти́сь	쁘리하지짜- 쁘리이찌스
하고 싶다 (무인칭)	통 хоте́ться- захоте́ться	하쩨짜-자하쩨짜
하늘	명 не́бо	녜바
하다, 공부하다, 연구하다	통 занима́ться- заня́ться	자니마짜-자냐짜
하다, 만들다, 제작하다, 창조하다	통 де́лать-сде́лать	졜라치-즈졜라치
하드디스크	명 жёский диск	조스끼 지스크
하마	명 бегемо́т	비기몯
하수도, 배수 시설	명 канализа́ция	꺼날리자찌야
하이힐	명 ту́фли на высо́ком каблуке́	뚜플리 나 븨소깜 까블루꼐
하키	명 хокке́й	하꼐이
하품	명 зево́та	지보따
하품하다, 멍하게 바라보다	통 зева́ть	지바치

학, 두루미	몡 жура́вль ⑩	주라블
학과(學科)	몡 ка́федра	까페드라
학교(초/중/고)	몡 шко́ла	시콜라
학년(대학), 진로, 방향, 환율	몡 курс	꾸르스
학부, 분과	몡 факульте́т	파꿀리쪨
학사	몡 бакала́вр	바깔라브르
학사 학위 과정	몡 бакалавриа́т	바깔라브리알
학위 논문, 논문	몡 диссерта́ция	지세르따찌야
한국어로, 한국식으로	凰 по-коре́йски	빠까례이스끼
한국의, 한국인의	혱 коре́йский	까례이스끼
한국인, 한인	몡 коре́ец (⑦коре́янка)	까례이쯔 (까리얀까)
한반도	몡 Коре́йский полуо́стров	까례이스키 빨루오스뜨롭
한입 베어 물다, 물어서 잘라내다	동 отку́сывать- откуси́ть	앝꾸싀바치- 앝꾸시치
할 수 있다, 가능하다	凰 мо́жно, мочь-смочь	모즈나, 모치-스모치
할 줄 알다, ~할 능력이 있다	동 уме́ть	우메치
할 필요가 있다, 해야 한다	凰 на́до	나다

할머니, 조모	몡 бáбушка	바부시까
할아버지, 조부	몡 дéдушка, дед	졔두시까, 졔뜨
할인 판매, 가격 낮춤	몡 распродáжа, скúдка	라스쁘라다자, 스낃까
합리적으로 쓰다, 경제적으로 쓰다, 아끼다, 절약하다	동 эконóмить-сэконóмить	이까노미치-세까노미치
합리적으로, 상식적으로	부 здрáво	즈드라바
합의하다, 교섭하여 결정하다, ~하기로 하다, 동의하다	동 договáриваться-договорúться	다가바리바짜-다가바리짜
항공편 번호	몡 нóмер рéйса	노몌르 레이사
항구, 항(港)	몡 порт	뽀르트
항복하다, 굴하다, 투항하다	동 сдавáться-сдáться	즈다바짜-즈다짜
항상, 언제나	부 всегдá	프시그다
항아리, 단지	몡 горшóк	가르쇽
해, 년, 년도	몡 год(복수 생격 лет)	곹 (렏)
해, 태양	몡 сóлнце	손쩨
해골, 골격, 뼈대	몡 скелéт	스곌롇
해녀, 잠수부	몡 нырáльщица	늬랼시이짜

해바라기	명 подсо́лнечник	빠쫄니치닉
해바라기유	명 подсо́лнечное ма́сло	빠쫄니츠나예 마슬라
해방하다, 자유롭게 하다, 풀어주다, 구하다, 면제하다, 떠나다, 비우다	동 освобожда́ть-освободи́ть	아스바바즈다치-아스바바지치
해변, 물가, 바닷가, 해수욕장	명 пляж	쁠랴시
해산물, 해물	명 морепроду́кты	모례쁘라둑띄
해설자(경기, 시합 등)	명 коммента́тор	까민따따르
해외여행	명 путеше́ствие за грани́цу (за рубе́ж)	뿌찌셰스뜨비예 자 그라니쭈 (자 루볘시)
해협	명 проли́в	쁘랄립
핸들, 타(舵) 조타 장치	명 руль ⓜ	룰
햄스터	명 хомя́к	하먁
햇볕에 타다, 그을리다, 선탠하다	동 загора́ть-загоре́ть	자가라치-자가례치
행동, 행위, 실천, 활동	명 де́йствие	졔이스뜨비예

행동이나 태도를 보이다	통 вести́ себя́	비스찌 시뱌
행동하다, 대하다, 대우하다, ~한 상태로 들어가다, 입학하다, 가입하다	통 поступа́ть-поступи́ть	빠스뚜빠치-빠스뚜삐치
행동하다, 작동하다, 효력을 미치다	통 де́йствовать	졔이스뜨바바치
행복, 다행	명 сча́стье	샤스찌예
행복, 안녕, 성공, 번창	명 благополу́чие	블라가빨루치예
행복한	형 счастли́вый	시슬리비
행성(行星)	명 плане́та	쁠라녜따
행운, 성공	명 уда́ча	우다차
행운을 누리다, 운 좋게 ~하게 되다	통 посчастли́виться	빠시슬리비짜
행주	명 посу́дное полоте́нце	빠수드너예 빨라쪤쩨
향기, 향료	명 арома́т	아라맡
향상하다, 나아지게 하다, 높이다	통 улучша́ть-улу́чшить	울루차치-울루치치

향수	명 духи́	두히
향하다, 전환하다, 바꾸다	동 обраща́ть-обрати́ть	아브라샤치-아브라찌치
허락하다, 허가하다, 승인하다, 해결하다, 풀다	동 разреша́ть-разреши́ть	라즈리샤치-라지리싀치
허리	명 та́лия	딸리야
허리띠, 벨트, 혁대, 끈	명 реме́нь ⓜ, по́яс	리멘, 뽀이스
허벅지	명 бедро́	비드로
헐거운, 느슨한	형 ненатя́нутый	니나쨔누띄
험한 말을 하다, 욕설을 하다, 다투다	동 руга́ться	루가짜
헛간, 창고	명 сара́й	사라이
헤드라이트	명 фа́ра	파라
헤어 컨디셔너, 린스	명 кондиционе́р для воло́с	껀지쯰아녜르 들랴 발로스
헤어드라이어	명 фен	펜
헤어젤	명 гель ⓜ для воло́с	겔 들랴 발로스
헤어지게 하다, 떼어놓다, 떨어뜨리다	동 разлуча́ть-разлучи́ть	라즐루차치-라즐루치치

헤어지다, 이별하다, 관계를 끊다	동 расставáться- расстáться	라스따바짜- 라스따짜
헤어컷, 이발, 머리 자르기	명 стрúжка	스트리시까
헤엄치다, 뜨다, 부유하다, 떠돌아다니다	동 плáвать	쁠라바치
헤엄치다, 항행하다(정해진 방향으로), 떠가다, 흘러가다	동 плыть	쁠리치
헬기, 헬리콥터	명 вертолёт	비르딸룥
헬멧	명 кáска, шлем	까스까, 실롐
헬스	명 фúтнес	핕니스
헬스클럽	명 фúтнес-клуб	핕니스-끌룹
헷갈리다, 혼동하다, 뒤죽박죽되다	동 перепýтываться- перепýтаться	삐리뿌띠바짜- 삐리뿌따짜
혀, 언어, 말	명 язы́к	이즉
혁신주의, 혁신	명 новáторство	나바또르스뜨바
현관, 로비	명 фойé, вестибю́ль⒨	파이예, 비스찌뷸
현관문, 출입구	문 подъéзд	빧예즈뜨

현금 자동 입출금기, ATM	명 банкома́т	반까맡
현금, 현찰	명 нали́чные	날리츠늬예
현대의, 요즘의, 현대식의	형 совреме́нный	사브리몐늬
현명함, 지혜	명 му́дрость ⓕ	무드라스치
현실에서	児 наяву́	너이부
현재	명 настоя́щее	나스따야시예
혈관	명 кровено́сный сосу́д	끄라비노스늬 사숱
협탁	명 ту́мбочка	뚬바치까
형, 오빠	명 ста́рший брат	스따르시 브랕
형사, 수사관	명 сле́дователь ⓜ	슬례다바쪨
형상, 형, 모습	명 о́браз	오브라스
형제	명 брат (ⓟбра́тья)	브랕 (브라찌야)
형태, 모양	명 фасо́н	파손
형태, 형상, 몸매, 도형	명 фигу́ра	피구라
혜성, 꼬리별	명 коме́та	까몌따
호두	명 гре́цкий оре́х	그례쯔끼 아례흐
호랑이	명 тигр	찌그르
호박	명 янта́рь ⓜ	얀따르

호수	명 **óзеро**	오지라
호의, 호감	명 **симпáтия**	심빠찌야
호주머니, 주머니	명 **кармáн**	까르만
호크, 걸쇠	명 **крюк, крючóк**	끄륙, 끄류촉
호텔	명 **отéль** ⓜ, **гостúница**	아뗄, 가스찌니짜
호흡, 숨결, 생기	명 **дыхáние**	디하니예
호흡하다, 한숨짓다	동 **вздыхáть- вздохнýть**	브즈디하치- 브즈다흐누치
혼인, 혼례	명 **женúтьба**	즤니지바
혼합하다, 반죽하다, 뒤섞다	동 **перемéшивать- перемешáть**	삐리몌시바치- 삐리미샤치
홀, 실, 강당	명 **зал**	잘
홀수	명 **нечётное числó**	니춅나예 치슬로
홀아비	명 **вдовéц**	브다볘쯔
홈, 바큇자국	명 **паз**	빠스
홍수, 범람	명 **наводнéние**	나받녜니예
화가 나다, 화내다, 성을 내다	동 **сердúться- рассердúться**	시르지짜- 라시르지짜

화답하다, 응답하다, 의견을 말하다, 평가하다, 반응하다	동 отзыва́ться-отозва́ться	앝즤바짜-아따즈바짜
화를 내다, 짜증을 내다	동 зли́ться-разозли́ться	즐리짜-라자즐리짜
화물, 짐	명 груз, бага́ж	그루스, 바가시
화물차, 트럭	명 грузови́к	그루자빅
화산	명 вулка́н	불깐
화상	명 ожо́г	아족
화성(火星)	명 Марс	마르스
화요일	명 вто́рник	프또르닉
화장(장례 형태)	명 крема́ция	끄리마쯰야
화장대, 경대	명 туале́тный сто́лик	뚜알롙늬 스똘릭
화장솜	명 ва́тные ди́ски	밭늬예 지스끼
화장실	명 туале́т	뚜알롙
화장지	명 туале́тная бума́га	뚜알롙나야 부마가
화장품	명 косме́тика	까스몌찌까
화장하다	동 сде́лать макия́ж	스젤라치 마끼야시
화제, 이야깃거리	명 те́ма, предме́т разгово́ра	쪠마, 쁘릳몔 라즈가보라
화학(化學)	명 хи́мия	히미야

화해하다, 만족하다	동 примиря́ться-примири́ться	쁘리미랴짜-쁘리미리짜
화해하다, 순응하다	동 мири́ться-помири́ться	미리짜-빠미리짜
확고한, 견고한, 단단한, 탄탄한	형 сто́йкий	스또이끼
확산하다, 퍼뜨리다, 전파하다, 공유하다, 넓히다	동 распространя́ть-распространи́ть	라스쁘라슽라냐치-라스쁘라슽라니치
확신시키다, 설득하다	동 уверя́ть-уве́рить	우비랴치-우볘리치
확신하다, 자신하다, 굳게 믿다	동 убежда́ться-убеди́ться	우비즈다짜-우비지짜
확인되다, 판명되다, 알게 되다, 드러나다	동 ока́зываться-оказа́ться	아까즤바짜-아까자짜
환승, 갈아타기, 이식, 이식술	동 переса́дка	삐리샅까
환승하다, 갈아타다, 옮겨 앉다	동 переса́живаться-пересе́сть	삐리사즤바짜-삐리셰스치
환약, 알약	명 пилю́ля	삘류랴
환자, 병자	명 больно́й, пацие́нт	발노이, 빠찌옌트

러시아어 단어 | 563

환전소	명 пункт обме́на валю́т	뿐크트 압몐나 발륱
활엽수	명 ли́ственное де́рево	리스뜨빈나예 제리바
활주로	명 взлётно-поса́дочная полоса́	브즐룥나 빠사다치나야 빨라사
황소, 암소	명 бык, коро́ва	빅, 까로바
회계 업무 담당자, 회계사	명 бухга́лтер	부흐갈쩨르
회사, 상사	명 фи́рма	피르마
회사, 상사, 동아리, 패거리	명 компа́ния	깜빠니야
회색의	형 се́рый	셰리
회의, 모임, 회합	명 заседа́ние, собра́ние	자시다니예, 사브라니예
회전 관람차	명 чёртово колесо́	초르따바 깔리소
회전목마	명 карусе́ль ⑦	까루셀
후보, 후보자	명 кандида́т	깐지닫
후식, 디저트	명 десе́рт	지셰르트
후에, 나중에, 더 늦게	부 по́зже	뽀즈제
후춧가루	명 пе́рец, чёрный мо́лотый пе́рец	뻬리쯔, 초르늬 몰라띠 뻬리쯔

후퇴하다, 물러서다, 퇴각하다, 벗어나다	동 отступа́ть-отступи́ть	아쯔뚜빠치-아쯔뚜삐치
훈련, 연습	명 трениро́вка	뜨레니롭까
훈련하다, 연습하다	동 трениров́аться-натренирова́ться	뜨리니라바짜-나뜨리니라바짜
훈련하다, 익히도록 하다	동 упражня́ть	우쁘라즈냐치
훔치다, 도둑질하다	동 ворова́ть	바라바치
훔치다, 빼앗다, 절도하다	동 красть-укра́сть	끄라스치-우끄라스치
휘발유	명 бензи́н	빈진
휘파람	명 свист	스비스트
휠체어	명 коля́ски для инвали́дов, кре́сло-ката́лка инвали́дная	깔랴스끼 들랴 인발리닪, 끄례슬라-까딸까 인발린나야
휴가, 외출, 조퇴를 청하다, 내다	동 отпра́шиваться-отпроси́ться	앝쁘라시바짜-앝쁘라시짜
휴가, 휴직	명 о́тпуск	옽뿌스끄
휴대전화	명 моби́льный телефо́н, моби́льник	마빌늬 찔리폰, 마빌닉

휴일	명 **выходно́й день**	비할노이 젠
흐린, 음침한, 음산한	형 **па́смурный**	빠스무르니
흑빵, 빵	명 **чёрный хлеб, хлеб**	초르늬 흘롑, 흘롑
흔들어 섞다, 흔들다	동 **встря́хивать-встряхну́ть**	프스뜨랴히바치-프스뜨리흐누치
흘러내리다, 미끄러지다, 비뚤어지다, 이사 가다	동 **съезжа́ть-съе́хать**	스예즈자치-스예하치
흡수되다, 빨리다	동 **вса́сываться-всоса́ться**	프사싀바짜-프사사짜
흡입하다, 숨을 들이키다, 불어넣다, 고무하다, 느끼게 하다	동 **вдыха́ть-вдохну́ть**	브드이하치-브다흐누치
흥미, 관심	명 **интере́с**	인찌례스
흥미를 일으키다, 관심을 끌다	동 **интересова́ть**	인찌리사바치
흥분 상태, 히스테리, 신경질, 성깔, 떼	명 **исте́рика**	이스쩨리까
흥분, 자극, 선동	명 **возбужде́ние**	바즈부즈졔니예

흩어져 내달리다, 이리저리로 뛰어서 흩어지다, 있는 힘껏 달리다	동 **разбега́ться-** **разбежа́ться**	라즈비가짜- 라즈비자짜
흩어지다, 뿔뿔이 흩어지다, 헤어지다, 흩어져 돌아가다, 해산하다, 벗어나다	동 **расходи́ться-** **разойти́сь**	라스하지짜- 라자이찌스
희망, 바람, 소망	명 **наде́жда**	나졔즈다
흰, 백색의	형 **бе́лый**	벨리
흰머리, 새치	명 **седина́**	시지나
흰빵, 긴 빵	명 **бато́н**	바똔
힌두교	명 **индуи́зм**	인두이즘
힘, 세력	명 **си́ла**	실라
힘들게 다다르다, 노력하여 어떤 것을 이해하다, 알게 되다	동 **добира́ться-** **добра́ться**	다비라짜- 다브라짜
힘줄, 근육	명 **му́скул**	무스꿀

|부록|

여행회화

В аэропорту́
공항에서

Приве́т, Росси́я!

❖ 모스크바의 공항

모스크바에는 3개의 공항이 있다. 대한항공과 아이에로플로트를 이용하면 도착하게 되는 쉐레메쪠보공항 SVO, 러시아의 최대 공항 도모제도보공항 DME은 대부분의 국제노선이 이용하며, 브누꼬보공항 VKO은 모스크바에서 약 30킬로미터 정도 떨어진 곳에 위치하며 러시아 국내 지역과 유럽 운항편이 많다.

항공권 예약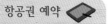

항공권을 예약하고 싶은데요.

Я бы хоте́л(хоте́ла) заброни́ровать биле́т на самолёт.

모스크바행 항공권을 예약하고 싶습니다.

Я бы хоте́л(хоте́ла) заказа́ть биле́т до Москвы́.
Я бы хоте́л(хоте́ла) заброни́ровать биле́т на мо ско́вский рейс.

모스크바행 비즈니스석/일반석 항공권 한 장 부탁합니다.

Оди́н биле́т до Москвы́ в би́знес-кла́ссе/эконо́м-кла́ссе, пожа́луйста.

저는 모스크바~서울 편 저녁 7시 45분 항공편을 예약하고 싶어요.

Я бы хоте́л(хоте́ла) заброни́ровать биле́т на вече́рний рейс из Москвы́ в Сеу́л в 19:45.

모스크바행 항공권은 얼마입니까?

Ско́лько сто́ит биле́т на самолёт в Москву́?

어린이 요금은 얼마인가요?

Ско́лько сто́ит де́тский биле́т?

다른 할인 항공권이 있나요?

Есть ли каки́е-нибу́дь ски́дки?

모스크바 데모데도보 공항으로 가는 항공편이 어떤 게 있습니까?

Каки́е ре́йсы есть до аэропо́рта Домоде́дово в Москве́?

이것은 경유 항공편인가요?

Э́то рейс с переса́дкой?

이 항공편은 중간에 어딜 거치나요?

В э́том ре́йсе есть промежу́точные поса́дки?

이 항공편은 직항인가요?
Это прямо́й рейс?

이 항공편은 어디를 거치나요?
Где у нас бу́дет промежу́точная поса́дка?

비행시간이 얼마나 걸리나요?
Как до́лго продолжа́ется полёт?

기내식이 제공되나요?
Во вре́мя полёта бу́дут корми́ть?

기내로 반입할 수 있는 품목은 무엇인지요?
Что я могу́ взять с собо́й в сало́н?

창가 자리로 주시면 좋겠어요.
Я бы предпочёл(предпочла) место у окна.

통로 옆자리로 주시면 좋겠습니다.
Я бы предпочёл(предпочла) место рядом с проходом.

공항까지 가는 버스가 있나요?
В аэропорт ходит автобус?

몇 시에 체크인해야 하나요?
В какое время я должен(должна) пройти регистрацию на рейс?

어디서 체크인을 하나요?
Где проходит регистрация?

탑승 시간이 언제입니까?

Когда́ поса́дка?

Когда́ начина́ется поса́дка на рейс?

내일 항공편 예약을 확인하려고 전화했는데요. 대한항공 KE641편입니다.

Я звоню́ подтверди́ть своё брони́рование на за́втра. Э́то Korean air, рейс KE641.

제 예약을 변경하고 싶어요.

Я бы хоте́л(хоте́ла) измени́ть своё брони́рование.

제 예약을 취소하고 싶어요.

Я бы хоте́л(хоте́ла) отмени́ть своё брони́рование.

런던행 다음 비행편이 언제인가요?

Когда́ сле́дующий/ближа́йший рейс до Ло́ндона?

이 항공편은 정시에 출발하나요?

Э́тот рейс отпра́вится по расписа́нию/во́время?

어디로 가시나요?

Куда́ вы лети́те?

최종 목적지가 어딘가요?

Како́в ваш пункт прибы́тия?

창가와 통로 좌석 중에서 어디가 좋으세요?

Вы предпочита́ете ме́сто у окна́ и́ли ря́дом с прохо́дом?

탑승시간은 7시입니다.

Поса́дка на рейс начнётся в 19:00.

비행기 출발 45분 전에 탑승이 시작합니다.

Поса́дка начнётся за 45 мину́т до отправле́ния.

짐(위탁수하물)을 부치고 싶은데요.

Я хочу́ зарегистри́ровать свой бага́ж.

수하물 무게 초과분 1kg당 얼마를 내야 하나요?

Ско́лько ну́жно доплати́ть за ка́ждый ли́шний килогра́мм?

수하물에 '취급주의' 스티커를 붙여주세요.

Пожа́луйста, отме́тьте э́тот бага́ж как «хру́пкий».

귀하의 여권을 주세요.

Ваш па́спорт, пожа́луйста.

수하물이 있습니까?

У вас есть бага́ж?

수하물을 체크인하셔야 합니다.
Вы должны́ зарегистри́ровать свой бага́ж.

검사할 수 있도록 가방을 열어주시기 바랍니다.
Пожа́луйста, откро́йте свой чемода́н для досмо́тра.

부치는 짐이 총 몇 개입니까?
Ско́лько багажа́ вы везёте? (коли́чество су́мок)

저울에 짐을 올려주세요.
Поста́вьте свою́ су́мку на весы́.

휴대 수하물을 가지고 가시나요?
У вас есть ручна́я кладь?

휴대 수하물의 무게는 10㎏을 초과할 수 없습니다.
Вес ручно́й кла́ди не до́лжен превыша́ть 10 кг.

귀하의 수하물은 허용 중량을 6㎏ 초과합니다.
Переве́с ва́шего багажа́ составля́ет 6 кг.

귀하의 수화물은 허용 중량을 초과합니다.
Ваш бага́ж ве́сит бо́льше поло́женного ве́са.

한도 초과 수화물 요금을 내셔야 할 것 같습니다.
Я бою́сь, вам ну́жно бу́дет доплати́ть за переве́с.

세관 검사

가방에서 태블릿을 꺼내주세요.

Доста́ньте, пожа́луйста, ваш планше́т из су́мки.

휴대전화를 꺼내서 트레이에 놓아주세요.

Доста́ньте, пожа́луйста, свой моби́льный телефо́н и положи́те его́ на подно́с.

금속 제품을 모두 꺼내서 이 트레이에 놓아주세요.

Сними́те, пожа́луйста, все металли́ческие предме́ты и положи́те их на э́тот подно́с.

이 액체를 기내로 반입하실 수 없습니다.

Вы не мо́жете взять э́ту жи́дкость в самолёт.

가방을 열어주세요.

Откро́йте, пожа́луйста, су́мку.

세관에 신고해야 할 품목을 가지고 계십니까?

У вас есть что-нибудь, подлежащее декларированию?

가방에 마약, 무기, 폭발물질 같은 금지 품목이 있습니까?

У вас есть в чемодане запрещённые к провозу вещи: наркотики, оружие, взрывчатые вещества?

기내 수하물에 날카롭거나 위험한 물건이 있습니까?

В вашей ручной клади есть острые или опасные предметы?

이 물건을 제가 압수할 수밖에 없습니다.

Я вынужден конфисковать эти вещи.

통과하시면 됩니다.

Вы можете проходить.

저는 세관 신고 대상 물품이 없습니다.
Мне не́чего деклари́ровать.

세관신고서 용지가 필요합니다.
Мне ну́жен бланк деклара́ции.

주류는 몇 병 반입할 수 있나요?
Ско́лько спиртно́го я могу́ везти́?

담배는 몇 보루를 반입할 수 있나요?
Ско́лько бло́ков сигаре́т я могу́ провезти́?

모스크바행 333편 탑승 수속은 5번 창구에서 하시면 됩니다.

У сто́йки но́мер 5 продолжа́ется регистра́ция биле́тов и багажа́ на рейс но́мер 333 до Москвы́.

Lufthansa Airlines 777 항공편은 지연되어 19시 출발 예정입니다.

Рейс но́мер 777 авиали́ний Lufthansa Airlines откла́дывается до 19:00.

모스크바행 333편의 탑승 수속이 완료되었습니다.

Зако́нчена регистра́ция биле́тов на рейс но́мер 333 до Москвы́.

이륙 15분 전 탑승 게이트가 닫힙니다.

Вы́ход закрыва́ется за 15 мину́т до вы́лета.

30A 좌석은 어디입니까?

Где нахо́дится ме́сто 30A?

제 자리가 어디인지 보여주시지 않겠습니까?

Не могли́ бы вы показа́ть, где нахо́дится моё ме́сто?

저와 자리를 좀 바꿔주시면 안 될까요?

Могу́ я поменя́ться с ва́ми места́ми?
Я бы хоте́л(хоте́ла) поменя́ть ме́сто.

짐을 올릴 수 있도록 좀 도와주시겠어요?

Не могли́ бы вы помо́чь мне с ручно́й кла́дью?

제게 담요를 좀 가져다주시겠어요?

Не могли́ бы вы принести́ мне одея́ло?

음료 부탁합니다.

Я бы хоте́л(хоте́ла) что-нибу́дь вы́пить.

음료 한 잔 더 주시겠어요?

Мо́жно мне ещё оди́н напи́ток?

제가 의자를 뒤로 젖혀도 되겠습니까?

Мо́жно мне отки́нуть спи́нку сиде́нья?

실례지만, 지나가도 될까요?

Извини́те, мо́жно пройти́?

제 몸이 안 좋습니다.

Я пло́хо себя́ чу́вствую.

위생봉투 좀 부탁합니다.
Мне ну́жен гигиени́ческий паке́т.

귀하의 방문 목적은 무엇입니까?

Какова́ цель ва́шего визи́та?

이 나라에 얼마나 체류하실 예정입니까?

Как до́лго вы плани́руете остава́ться в стране́?
Как до́лго вы предполага́ете остава́ться здесь?

어디에 체류하실 겁니까?

Где́ вы остано́витесь?

예전에 러시아에 오신 적이 있습니까?

Вы ра́ньше быва́ли в РФ?

세관 신고서 작성하셨나요?

Вы запо́лнили бланк тамо́женной деклара́ции?

외화를 얼마나 소지하고 계시는가요?
Ско́лько иностра́нной валю́ты у вас с собо́й?

소지하신 외화가 있습니까?
У вас есть иностра́нная валю́та?

출장 중입니다. (방문 목적을 물을 때)
Я в командиро́вке (о це́ли прие́зда).

여행 중입니다.
Я прие́хал отдыха́ть.

세계여행 중입니다.
Я путеше́ствую по ми́ру.

저는 1주일 체류할 계획입니다.

Я собира́юсь остава́ться в стране́ одну́ неде́лю.

저는 호텔/친척 집/친구 집에 머물 계획입니다.

Я остановлю́сь в оте́ле/ у ро́дственников/ друзе́й.

저는 이 나라에 처음 왔습니다.

Э́то мой пе́рвый визи́т (в страну́).

세관 신고서 한 장 더 주시겠습니까?

Мо́жно мне друго́й бланк деклара́ции?

뜻밖의 상황

저는 항공권/탑승권/여권/기내 수하물을 잃어버렸습니다.
Я потеря́л(потеря́ла) свой биле́т/поса́дочный тало́н/ па́спорт/ручну́ю кладь.

제 아이를 잃어버렸어요.
Я потеря́л(потеря́ла) своего́ ребёнка.

같이 온 단체 사람들이 어디 있는지 모르겠어요.
Я отста́л(отста́ла) от гру́ппы (туристи́ческой).

탑승 수속할 때 저는 물표를 받지 못했습니다.
Мне не вы́дали бага́жную квита́нцию при регистра́ции.

제 짐이 파손됐고 물품 몇 개가 사라졌어요.
Мой бага́ж повреждён, и не́которых веще́й не хвата́ет.

제 짐이 안 나왔어요.
Мой бага́ж не прибыл.

내 짐이 분실됐어요.
Мой бага́ж потеря́лся.

В рестора́не

식당에서

Вку́сно!

❖ **아르바트 거리**

모스크바에 있는 번화가로 유명 관광지다. 대부분 관광객들을 상대하는
음식점과 카페들로 거리 전체가 꾸며져 있으며, 화가들이 초상화를 그
려주고 아마추어들의 연주나 공연 등 여러 재미있는 볼거리가 넘친다.
1980년대 자유와 반항정신을 대변한 가수 빅토르 최 추모벽도 있다.

예약하기

안녕하세요! 식당에 자리를 예약하고 싶은데요.

Здра́вствуйте! Я бы хоте́л(хоте́ла) зарезерви́ровать сто́лик.

언제 몇 시로 예약하시길 원하세요?

В како́й день Вы хоте́ли бы прийти́ и в како́е вре́мя?

오늘 저녁 7시요.

Сего́дня ве́чером в 7 часо́в.

몇 명이 오시나요?

Ско́лько челове́к бу́дет?

2인용 자리로 예약하고 싶어요.

Я бы хоте́л(хоте́ла) сто́лик на двои́х.

흡연석, 비흡연석 중에서 어떤 자리로 해드릴까요?

Зал для куря́щих и́ли некуря́щих?

비흡연석으로 해주세요.

Для некуря́щих, пожа́луйста.

예약하시는 분 성함을 말씀해주시겠어요?

Могу́ я узна́ть Ва́ше и́мя?

안나 도스토옙스카야입니다.

А́нна Достое́вская.

혹시 더 요청하실 사항이 있나요?

Я могу́ для Вас ещё что́-то сде́лать?

없습니다. 감사합니다!
Э́то всё. Спаси́бо!

전화해 주셔서 감사합니다. 나중에 뵙겠습니다.
Спаси́бо за звоно́к. До свида́ния!

일반 표현

메뉴판 좀 주시겠어요?

Меню́, пожа́луйста.
Мо́жно мне меню́?
Могу́ я посмотре́ть меню́?

주문하시겠어요?
Гото́вы ли Вы сде́лать зака́з?

네, 주문할게요.
Да, я гото́в.

아니요, 조금 있다 할게요.
Я ещё не гото́в.

저는 ~로 주세요.
Я бу́ду...
Я бы хоте́л(хоте́ла)...
Мо́жно мне...

이 음식은 어떤 건가요?

Что́ это за блю́до?

(메뉴판 그림을 가리키며) 이걸로 주세요.

Я возьму́ э́то.

저는 세트 메뉴로 주세요.

Я бы хоте́л(хоте́ла) ко́мплексный обе́д.

추천 메뉴가 있나요?

Что Вы рекоменду́ете?
Каки́е у Вас фи́рменные блю́да?

추천해주셔서 감사해요.

Спаси́бо за рекоменда́ции.

래어Rare/미디엄medium/웰던well done.
С кро́вью/сре́дней прожа́рки/прожа́ренный.

요리에 밥(채소)을 곁들여 주세요.
Я бы хоте́л рис(о́вощи) к э́тому блю́ду.

와인 리스트를 보여주시겠어요?
Могу́ я посмотре́ть ка́рту вин?

레드 와인으로 하고 싶어요.
Я бы хоте́л кра́сного вина́.

글라스 와인으로 주문 가능한가요?
Вы подаёте вино́ на разли́в?

더 필요한 건 없습니다.

Бо́льше ничего́, спаси́бо.
Я сыт(сыта́), спаси́бо.

음료는 뭐로 하시겠습니까?

Что Вам предложи́ть из напи́тков?
Вы бу́дете что-нибу́дь пить?
Могу́ я принести́ Вам что-нибу́дь из напи́тков?

디저트는 뭐로 하시겠습니까?

Что бы Вы хоте́ли на десе́рт?

더 필요한 게 있습니까?

Вы хоте́ли бы что-нибу́дь ещё?
Вам принести́ что-нибу́дь ещё?

음식 곧 준비해드리겠습니다.

Я сейча́с верну́сь с Ва́шим зака́зом.

맛있게 드십시오.

Прия́тного аппети́та!

제게는 견과류/밀/꿀 알레르기가 있어요.

У меня́ аллерги́я на оре́хи/пшени́цу/мёд.

이 음식에 달걀/견과류/꿀이 들어갔나요?

Э́то (блю́до) включа́ет в себя́ я́йца/оре́хи/мёд?
В э́том блю́де есть я́йца/оре́хи/мёд?

제가 채식주의라서요. 여기 채식 메뉴가 있을까요?

Я вегетариа́нец. У Вас есть каки́е-нибу́дь вегетариа́нские блю́да?

채소 대신 샐러드로 바꿀 수 있나요?

Мо́жно мне сала́т вме́сто овоще́й?
Могу́ я поменя́ть о́вощи на сала́т?

이거 매운가요?

Э́то о́строе?

좀 싱겁게 해주세요.

Пожа́луйста, сде́лайте блю́до ме́нее солёным.

케첩은 빼고 주실 수 있나요?

Мо́жно мне э́то (блю́до) без ке́тчупа?

죄송합니다만 음식이 식었어요. 데워주실 수 있나요?

**Извини́те, но э́то (блю́до) холо́дное. Вам не сл
о́жно подогре́ть э́то?**

다른 나이프를 갖다 주시겠어요?

Мо́жно мне друго́й нож?

빵 좀 더 주시겠어요?

Мо́жно нам ещё хле́ба?

아무 소스나 좀 더 주세요.

Мо́жно нам како́й-нибу́дь со́ус, пожа́луйста.

케첩 좀 갖다 주세요.

Вы мо́жете принести́ нам ке́тчуп?

주문을 바꿔도 되나요?

Могу́ я измени́ть свой зака́з?

여기 인터넷 되나요?

У Вас здесь есть до́ступ к Интерне́ту?

와이파이 비밀번호가 어떻게 되나요?

Како́й паро́ль у Wi-Fi?

음식이 언제 나오나요? 제가 시간이 별로 없어서요.
Когда́ э́то бу́дет гото́во? Я тороплю́сь.

포장해 가도 (테이크아웃) 되나요?
Могу́ я взять э́то с собо́й?

의자 하나 더 주시겠어요?
Мо́жно нам дополни́тельный стул?

어린이 의자 있나요?
У Вас есть специа́льный стул для дете́й?

음식이 너무 안 나오네요.
Мы ожида́ем уже́ доста́точно до́лго.

제가 주문한 메뉴가 아닌데요.
Это не то, что я зака́зывал.

음식 맛이 너무 이상해요.
Это блю́до стра́нное на вкус.

스테이크가 너무 질겨요.
Стейк сли́шком жёсткий.

고기가 덜 익었어요/탔어요.
Это мя́со недожа́рено/пережа́рено.

샐러드가 너무 짜요.
Сала́т пересо́лен.

음식이 너무 매워요.
Э́то (блю́до) сли́шком о́строе.

생선이 싱싱하지 않아요.
Э́та ры́ба не совсе́м све́жая.

매니저 좀 불러주세요.
Могу́ я уви́деть администра́тора?

지금 계산하고 싶은데요.

Я бы хоте́л(хоте́ла) рассчита́ться сейча́с.

계산서 가져다주시겠어요?

Мо́жно мне счёт?

계산해도 될까요?

Мо́жно нам расплати́ться?

모두 얼마인가요?

Какова́ о́бщая су́мма?

계산서에 봉사료가 포함되나요?

Счёт включа́ет чаевы́е?

제가 낼게요.

Я плачу́ за всех.
Я оплачу́ счёт.

각자 따로 계산할게요.

Мы пла́тим отде́льно.

Visa 카드로 계산할 수 있나요?

Могу́ я заплати́ть ка́ртой Ви́за?

잔돈 안 주셔도 됩니다.

Оста́вьте сда́чу себе́.

한꺼번에 계산하시겠습니까?

Вы бу́дете плати́ть вме́сте?

각자 따로 계산하시겠어요?

Вы хоте́ли бы, что́бы я раздели́л счёт ме́жду ва́ми?

계산서 가져다 드리겠습니다.

Я сейча́с принесу́ счёт.

카드로 계산하시겠어요?

Вы пла́тите ка́ртой?

계산이 잘못된 것 같아요.

Я ду́маю, Вы допусти́ли оши́бку.
Вы да́ли мне непра́вильный счёт.

다시 계산해 주시겠어요? 실수가 있었던 것 같아요.

Не могли́ бы Вы прове́рить мой счёт? Ка́жется,
в нём оши́бка.

이곳이 정말 마음에 들어요. 감사합니다.
Спаси́бо, э́то бы́ло восхити́тельно.
Я получи́л настоя́щее удово́льствие.
Всё бы́ло су́пер.

또 올게요.
Я приду́ ещё.

주방장에게 맛있었다고 전해주세요.
Мои́ комплиме́нты по́вару.

Общение в путешествии

여행지 기본 회화

Приезжайте в Россию!

❖ **붉은 광장**

붉은 광장은 '아름다운 광장'이라는 뜻으로, 러시아의 대표적인 건축물인 바실리성당과 레닌의 묘, 러시아 석기시대에서부터 혁명 전까지의 유물들이 소장되어 있는 국립역사박물관, 120년이 넘는 역사를 가진 굼 백화점 등이 있다.

만났을 때 인사

안녕하세요!

Здра́вствуйте!

안녕!

Приве́т!

안녕, 안녕하세요! (오전)

До́брое у́тро!

안녕, 안녕하세요! (오후)

До́брый день!

안녕, 안녕하세요! (저녁)

До́брый ве́чер!

안녕히 가세요!

До свида́ния!

안녕!

Пока́!

편안한 밤 보내세요!

Споко́йной но́чи!

또 만납시다!

До встре́чи!

즐거운 하루 보내세요!

Хоро́шего дня!

'부탁합니다'의 의미가 있는 겸손한 표현으로 명령형 문장 뒤에
자주 붙임

пожа́луйста

감사합니다.

Спаси́бо.

정말 감사합니다.

Большо́е спаси́бо.

별말씀을요. ('고맙습니다'에 대한 대답)

Не сто́ит благода́рности.
Пожа́луйста.
Не́ за что.

죄송합니다.

Извини́те.
Прости́те.

문제없습니다. 괜찮습니다.

Ничего́ стра́шного.

괜찮습니다. 마음 쓰지 마세요.

Всё в поря́дке.

신경 쓰지 마세요. 마음 쓰지 마세요.

Не сто́ит беспоко́йства.

영어 하실 줄 아세요?

Вы говори́те по-англи́йски?

저는 영어를 못 합니다.

Я не говорю́ по-англи́йски.

저는 영어를 조금 합니다.

Я немно́го говорю́ по-англи́йски.

조금 천천히 말씀해주십시오.

Пожа́луйста, говори́те поме́дленнее.

다시 한번 말씀해주십시오.

Повтори́те, пожа́луйста.

한 글자씩 불러주시기 바랍니다.

Продикту́йте по бу́квам, пожа́луйста.

이것을 영어로는 뭐라고 합니까?

Как по-англи́йски бу́дет это?

이것을 어떻게 글자로 씁니까?

Как э́то пи́шется?

이 단어는 어떻게 발음합니까?

Как произно́сится э́то сло́во?

무슨 말인지 알아듣습니다.

Я понима́ю.

무슨 말인지 모르겠습니다.

Я не понима́ю.

길을 물을 때

A까지 어떻게 가는지 알려주시겠어요?

Вы не подска́жете, как добра́ться до А?

A가 어디인지 혹시 모르세요?

Вы не зна́ете, где нахо́дится А?

A까지 가려면 먼가요?

Как далеко́ до А?

공항

аэропо́рт

기차역

железнодоро́жный вокза́л

버스터미널
автобусная станция

버스정류장
автобусная остановка

그곳을 지도에서 좀 보여주시겠어요?
Вы можете показать мне на карте?

저는 이 주소를 찾고 있습니다.
Я ищу этот адрес.

그곳은 이쪽으로 갑니다.
Это сюда.

그곳은 저쪽으로 갑니다.

Э́то туда́.

저기요, 그쪽이 아닙니다.

Вы идёте не в ту сто́рону.

이 길로 따라가세요.

Сле́дуйте по э́той доро́ге.

좌회전하세요.

Поверни́те нале́во.

우회전하세요.

Поверни́те напра́во.

직진하세요.

Иди́те пря́мо.

가시다가 첫 번째 모퉁이에서 좌회전하세요.

Поверни́те на пе́рвом поворо́те нале́во.

가시다가 첫 번째 모퉁이에서 우회전하세요.

Поверни́те на второ́м поворо́те напра́во.

교차로에서 오른쪽으로 도세요.

На перекрёстке поверни́те напра́во.

계속해서 직진하세요.

Продолжа́йте идти́ пря́мо.

우체국 건물을 지나가세요.

Проходи́те ми́мо зда́ния по́чты.

왼쪽에 공원이 있을 겁니다.

Сле́ва бу́дет парк.

···만큼 더 가세요.

Пройди́те ещё…

100미터

сто ме́тров

킬로미터

киломе́тр

왼쪽에
сле́ва

오른쪽에
спра́ва

서 계신 곳 바로 앞에
пря́мо пе́ред ва́ми

이것은 무엇입니까?

Что э́то?

이것을 뭐라고 부릅니까?

Как э́то называ́ется?

잠시만 시간을 내주실 수 있나요?

У вас есть мину́тка?

저를 좀 도와주시겠어요?

Вы не могли́ бы мне помо́чь?

펜 좀 빌려주시겠어요?

Я могу́ позаи́мствовать ва́шу ру́чку?

전화 좀 잠시 써도 될까요?

Я могу́ воспо́льзоваться ва́шим телефо́ном?

입구
Вход

출구
Вы́ход

비상구
Запа́сный вы́ход

밀기, push
От себя́

당기기, pull
На себя́

 화장실

Туале́т

 고장

Не рабо́тает

 금연

Не кури́ть

 출입 금지

Вход воспрещён

개인 소유물

Ча́стная со́бственность

도와주세요!

Помоги́те!

주의하세요!

Бу́дьте осторо́жны!

조심하세요!

Осторо́жно!

뭔가 잘못됐나요?

Что́-то не так?

무슨 일입니까?

В чём де́ло?

괜찮으십니까?

Всё в поря́дке?

무슨 일인가요?

Что происхо́дит?

어떻게 된 거예요?

Что случи́лось?

저는 도움이 필요해요.

Мне нужна́ по́мощь.

의사를 불러주세요.

Мне ну́жен врач.

응급차를 불러주세요!

Вы́зовите ско́рую!

사고가 났어요.

Произошёл несча́стный слу́чай.

제가 칼에 베였어요.

Я поре́зался.

저는 화상을 입었어요.

Я обжёгся.

다리/손/머리를 다쳤어요.

Я повреди́л но́гу/ру́ку/го́лову.

저는 길을 잃었습니다.

Я заблуди́лся.

우리는 길을 잃었습니다.

Мы заблуди́лись.

제 열쇠/여권/휴대전화를 찾을 수가 없네요.

Я не могу́ найти́ мои́ ключи́/мой па́спорт/мой моби́льный телефо́н.

저는 제 지갑/가방/카메라를 잃어버렸습니다.

Я потеря́л мой кошелёк/мою́ су́мочку/мой фотоаппара́т.

제발 저를 좀 내버려 두세요.

Пожа́луйста, оста́вьте меня́ в поко́е.

나가 주세요.

Уйди́те.

경찰을 부르겠어요.

Я вы́зову поли́цию.

경찰을 부르세요!

Вы́зовите поли́цию!

내 지갑/노트북을 도난당했어요.

Укра́ли мой кошелёк/ноутбу́к.

나는 강도를 당했어요.

Меня́ огра́били.

길에서 습격을 당했어요.

На меня́ напа́ли.